Direito e Tecnologia

REFLEXÕES SOCIOJURÍDICAS

D598 Direito e tecnologia: reflexões sociojurídicas / Amália Rosa de Campos ... [et al.] ; Denise Fincato, Mauricio Matte, Cíntia Guimarães (organizadores). – Porto Alegre: Livraria do Advogado Editora, 2014.

264 p.; 23 cm.

ISBN 978-85-7348-900-2

1. Direito. 2. Tecnologia. 3. Sociedade do conhecimento. 4. Direito contemporâneo. 5. Direito digital. I. Campos, Amália Rosa de. II. Fincato, Denise. III. Matte, Mauricio. IV. Guimarães, Cíntia.

CDU 34:62
CDD 344.095

Índice para catálogo sistemático:
1. Direito : Tecnologia 34:62

(Bibliotecária responsável: Sabrina Leal Araujo – CRB 10/1507)

Denise Fincato
Mauricio Matte
Cíntia Guimarães
(Organizadores)

Direito e Tecnologia

REFLEXÕES SOCIOJURÍDICAS

Amália Rosa de Campos
Bruna Bier da Silva
Bruna Manhago Serro
Cândido Anchieta Costa
Carolina Oselame
Cíntia Guimarães
Daniel Timmers Machado
Denise Fincato
Fabiana Schmidt da Camara Canto
Fernanda Dalla Valle
Graziela Greco
Karoline Marthos da Silva
Larissa de Oliveira Elsner
Lucas Moser Goulart
Manoela de Bitencourt
Patricia Costa Martins
Rafael Eduardo de Andrade Soto

Porto Alegre, 2014

Capa, projeto gráfico e diagramação
Livraria do Advogado Editora

Revisão
Rosane Marques Borba

Direitos desta edição reservados por
Livraria do Advogado Editora Ltda.
Rua Riachuelo, 1300
90010-273 Porto Alegre RS
Fone/fax: 0800-51-7522
editora@livrariadoadvogado.com.br
www.doadvogado.com.br

Impresso no Brasil / Printed in Brazil

Sumário

Apresentação

Apresentar esta obra é um privilégio. Trata-se de oportuna coletânea de estudos sobre o Direito na Sociedade do Conhecimento, especificamente analisando o impacto das tecnologias da informação e comunicação em algumas de suas searas (trabalhista, processual, penal, etc.). A obra foi concebida e gestada nas reuniões do Grupo de Pesquisas Novas Tecnologias e Relações de Trabalho, vinculado ao Programa de Pós-Graduação em Direito da PUCRS e ao CNPq – Conselho Nacional de Desenvolvimento Científico e Tecnológico –, o qual tenho a honra de coordenar.

Os autores, estudiosos que se dedicam à reflexão sobre o Direito contemporâneo, debruçam-se sobre temas inquietantes e voláteis, como o contexto de que brotam. Ao jurista, é desafiante a compreensão do novo fato jurídico, principalmente quando de sua ocorrência decorrem reflexos ainda não normatizados. E, neste aspecto, a obra ora prefaciada é singular e necessária.

A obra ocupa espaço até então vazio no âmbito das publicações jurídicas. Com perfil interdisciplinar (e talvez até transdisciplinar) aborda de forma completa as questões a que se propõe, com destaque aos estudos que envolvem o impacto da tecnologia no trabalho, a compreensão da Sociedade Digital, particularidades sobre o teletrabalho – como a fiscalização patronal domiciliar e as enfermidades oriundas da nova forma de trabalho, o Direito Digital como categoria jurídica, a certificação digital e seu ingresso no espaço processual, a chamada prova eletrônica, a perícia digital, a privacidade do empregado e uso de tecnologias no exercício do poder diretivo, o impacto das redes sociais nas Relações de Trabalho, a segurança da informação no Direito Penal, a responsabilidade dos servidores e empregados nas questões de Direito Digital, o uso de ferramentas eletrônicas pela Administração Pública, a eliminação do uso de papel na gestão pública, o sigilo fiscal ante a tecnologia da informação, os problemas operacionais eletrônicos e seus riscos à Administração Pública, além de um levantamento e comentários sobre a jurisprudência brasileira acerca do Direito Digital.

Como se vê, o estudo atende aos profissionais jurídicos (e não jurídicos) de diversas áreas, fomenta dúvidas, provoca reflexões e aponta diversos caminhos. É, portanto, preciosa a contribuição dos estudos ora publicados para a compreensão do atual e do porvir, pelo que se recomenda sua leitura.

Denise Fincato
Advogada. Professora e Pesquisadora.
Doutora em Direito.

— 1 —

Trabalho e tecnologia: reflexões

DENISE FINCATO[1]

Sumário: 1. Introdução; 2. Trabalho e tecnologia: Vidas que se entrecruzam; 3. Conclusão; 4. Referências bibliográficas.

1. Introdução

A relação entre o trabalho e tecnologia é antiga, pode-se dizer que se entrecruzam desde as origens da história da humanidade. Quando se fala em tecnologia, não se pode limitar a esta ou àquela ferramenta tecnológica. Aliás, pecado comete quem fala em "nova" tecnologia como algo universal: o que é novo para uma comunidade pode ser antigo para outra.

A tecnologia atrela-se ao trabalho para facilitar e otimizar o fazer humano. Assim ocorreu com as ferramentas de agricultura (enxadas, pás), com os teares, com o computador. A ideia de sua utilização sempre foi o de facilitar o trabalho e, com isto, economizar tempo e esforço humano.

As promessas advindas da inserção das tecnologias da informação e comunicação no espaço laboral sintetizavam-se nesta liberação do homem trabalhador para atividades de desenvolvimento pessoal, intensificação da vida afetivo-familiar e do exercício do que se convencionou chamar de "ócio criativo".

Na Sociedade do Conhecimento, entretanto, verificam-se reflexos distintos dos outrora projetados. O uso das tecnologias permitiu ao homem trabalhar mais e mais rápido. Permitiu-lhe, ainda, trabalhar mesmo que fora de seu local de trabalho. A quebra do tempo-espaço de trabalho trouxe conflitos essenciais, que desafiam as estruturas do Direito do Trabalho, enquanto normatização protetiva em sua natureza.

---

[1] Advogada. Doutora em Direito. Pesquisadora. Professora do PPGD – PUCRS.

A normatização existente não atende aos novos padrões de trabalho. Mas os velhos padrões seguem em uso, não permitindo seu descarte completo (revogação). Os novos padrões produtivos são inusitados e voláteis, tornando difícil a elaboração de uma legislação (sentido estrito) que contemple sua complexidade e emergência.

São dimensões de trabalho que se agregam formando a complexa espiral do trabalho humano contemporâneo, que não permite a simplória análise em gerações (que se sucedem), exigindo do operador jurídico ou do analista social a necessária observância concomitante do velho e do novo.

Nesse cenário, em que a cultura positivista ainda impera, questiona-se como produzir normas flexíveis, dinâmicas e consentaneamente construídas para o "novo trabalho".

2. Trabalho e tecnologia: vidas que se entrecruzam

Ao buscar o elo que conecta trabalho e tecnologia, inevitavelmente passa-se pelo questionamento acerca do trabalho em si e sua razão em face do ser humano. Ao expandir territorialmente a análise da intersecção trabalho-tecnologia, inevitavelmente passa-se pelo estudo da globalização e seus reflexos.

Historicamente, pode-se dizer que o trabalho foi naturalmente desenvolvido pelo ser humano, que com ele buscava apenas atender suas necessidades essenciais, subsistenciais.

Em largos saltos históricos, notoriamente quando seu produto passa a ser destinado a terceiro (que retribui o tempo e a energia do trabalhador com algum bem), o trabalho passa a ter interpretações sociais, econômicas, religiosas e políticas. De castigo a credencial para aceitação social, o trabalho passou (e em algumas sociedades ainda passa) por diversas leituras.

Notável foi o contributo da Revolução Industrial no amadurecimento do que hoje se tem como limites na relação capital e trabalho. Nesse período, o trabalho rural, por exemplo, de características manufatureiras e individuais "evoluiu" para o trabalho urbano, mecanizado e sem rosto, mas com força coletiva.

A globalização, que não é fenômeno moderno, ganha corpo, principalmente com sua vocação pela busca de novos mercados (quebra de fronteiras), com a redistribuição (ou concentração em novos cenários) de capitais (livre circulação de bens, produtos e serviços) e o impulso das tecnologias de informação e comunicação (internet).

Justamente pelos impactos que gera, a globalização tem sido alvo de considerações divergentes, via de regra porque atreladas a convicções ideológicas. Os defensores da interação global indicam-na como principal motivadora do crescimento global nas últimas décadas, além de apontá-la como criadora de inúmeras oportunidades de desenvolvimento e progresso. De outra banda, os opositores da globalização atribuem-lhe a culpa pela geração de pobreza e instabilidade global. Em verdade, ambos os grupos têm razão. Os fenômenos (lato senso) tem efeitos positivos e nem tão positivos e sua ocorrência está vinculada à estrutura política, econômica e social de cada realidade nacional.

O termo *globalização* foi, é e será estudado e conceituado por diversos autores e ramos da ciência. Domenico De Masi[2] fala em dez fases da globalização, classificando-a conforme o objetivo visado nas diferentes fases de expansão. Já Thomas Friedman[3] fala nas "três grandes eras" da globalização e Manuel Castells[4] debruça-se sobre a globalização econômica, sendo a expansão do trabalho o ponto comum entre todos os autores.

Se no início o Estado era ausente das relações de trabalho, a partir dos princípios reforçados pela Revolução Francesa e em razão do que se testemunhou na Revolução Industrial, paulatinamente, passou a interferir na relação particular de prestação de serviços subordinados, notoriamente com intenção protetiva.

Nesse aspecto, impossível deixar de fazer referência à construção internacional dos marcos de Direitos Humanos, especialmente os focados no ser humano trabalhador (p.ex: a *Rerum Novarum,* de 1891) e, *a posteriori,* aos fluxos de internalização, em que os Estados esforçam-se por constitucionalizar os direitos essenciais à preservação da dignidade do ser humano trabalhador (como exemplo, a Constituição do México de 1917, a da Alemanha de 1919 e até mesmo a Constituição do Brasil de 1934). Na esteira dos destaques, merece registro a Constituição brasileira de 1988 que foi erigida com eixo no ser humano e seus direitos fundamentais, dentre os quais os sociais.

Este foco humanizado decorre do fato de que após o alargamento das fronteiras econômicas e culturais, foi necessário um repensar jurídico sobre as conquistas e consolidações humanas, o que repercutiu no aprofundamento da importância do indivíduo nos textos legislativos e

[2] De MASI, Domenico. *O futuro do trabalho.* Fadiga e Ócio na Sociedade Pós-Industrial. Rio de Janeiro: José Olympio. 1999, p. 186-194.

[3] FRIEDMAN, Thomas L. *O mundo é plano.* 3 ed. Rio de Janeiro: Objetiva, 2009, p. 19-96.

[4] CASTELLS, Manuel. *La era de la información.* vol. 1 La Sociedad Red. 2 ed. Madrid: Alianza Editorial, 2001.

na proteção de todos os direitos que cercam e ainda hoje garantem sua dignidade.

Em razão de uma cultura positivista, houve uma crescente busca por verdades concretas e acabadas, um período de positivação de direitos que não conseguiu acompanhar e lastrear a realidade das mudanças sociais e tecnológicas. É cediço que o direito codificado não consegue responder às rápidas mudanças da chamada pós-modernidade.[5] Nas palavras de Dorothee Rüdiger,[6] vive-se uma época caracterizada pela constante revolução dos costumes:

> As fronteiras entre o passado, o presente e o futuro se desfazem. [...] Transgressões entre a realidade e a virtualidade, entre o sonho e o cotidiano, entre a razão e fantasia, entre o masculino e feminino, entre o ser humano e o ser andróide, são temas de filmes [...]

Assim, se por um lado observa-se o desfazimento das instituições tradicionais e a transmutação da economia e da vida privada pela crescente inserção da tecnologia informacional e comunicacional, vive-se, por outro, a intensificação das conexões, a consolidação da sociedade em rede, a instabilidade de valores sociais.

Sem dúvidas, é via tecnologia que os grandes saltos e rupturas do desenvolvimento se processam. Basta que se mencionem as grandes invenções (escrita, eletricidade, telefone) e se observe o que lhes sobreveio no campo do trabalho. Também já atestada historicamente, na âmbito do trabalho, que a evolução tecnológica traz consigo a necessidade e o implemento de novos processos produtivos e a necessidade de mais especialização e/ou capacitação de parte dos trabalhadores.

Se na cultura manufatureira o conhecimento da produção pertencia inteiramente ao trabalhador, com a cultura industrial, o conhecimento passa a pertencer ao empregador, dono do capital (das máquinas, dos projetos, dos processos), que fraciona o trabalho em tarefas estanques e permite ao prestador do serviço a compreensão apenas de seu quinhão. Este mesmo fracionamento permite a imposição de ritmos diferenciados ao trabalho, evidentemente mais acelerados, além da produção em cadeia/massa.

As tecnologias da comunicação e informação tumultuam ainda mais este quadro. Especialmente, permitem a fluidificação da relação de trabalho, uma vez que a matéria-prima passa a ser o próprio conhecimento,

---

[5] Não há uma definição uníssona e pacífica sobre a pós-modernidade. Basicamente, diferencia-se-a da modernidade em razão de sua proposta de superação, desestabilização e fluidez nos conceitos, relações e paradigmas até então construídos sobre bases históricas, concretas e permeadas por certezas e previsibilidades.

[6] RÜDIGER, Dorothee Susanne. Relações de trabalho e política empresarial: uma questão global. In: LEAL, Mônia Clarissa Hennig; CECATO, Maria Aurea Baroni; RÜDIGER, Dorothee Susanne (orgs.). *Trabalho, Constituição e Cidadania. Reflexões Acerca do Papel do Constitucionalismo na Ordem Democrática.* Porto Alegre: Verbo Jurídico, 2009, p. 129-147.

que não trafega mais em esteiras rolantes, mas sim, na rede mundial de computadores. Trabalhador e tomador de serviços não necessariamente se conhecerão: podem inclusive pertencer a nacionalidades distintas (e o produto do trabalho ser destinado a uma terceira nacionalidade), com regramentos trabalhistas completamente diferentes.

Se já era difícil a mobilização coletiva de trabalhadores em prol de melhores condições de trabalho, na denominada "infoera" isto se tornou quase impossível (apesar da crescente conexão das pessoas). O grau de compromisso com causas metaindividuais e a fraternidade (em seu sentido jurídico) reduzem-se a cada dia. Há evidente enfraquecimento dos sindicatos à formação de um exército operário de reserva, ávido a ocupar postos de trabalho formal, não permite grandes resistências.

Neste sentido, Oliveira[7] ilustra:

> No referido cenário, há diminuição dos postos de trabalho. A automação, a robótica, a tecnologia e a microeletrônica sedimentam-se.
>
> O desemprego passa a apresentar cariz estrutural. O trabalho fica submetido a um ataque de perda de sua centralidade, consoante o qual deixaria de ser o eixo da sociedade. A externalização gerada pela utilização indiscriminada da terceirização, até mesmo na Administração Pública, solidifica-se. A fragmentação da empresa mostra suas nuanças, com a política de redução de custos.
>
> Avoluma-se o número de mulheres integradas no mercado de trabalho, embora em atividades preponderantemente precarizadas, com tendência de divisão sexual do trabalho no cenário de produção.
>
> A transferência antes ocorrida da mão de obra do setor primário (agrícola) para o secundário (de manufatura, industrial), após para o de serviços (terciário), ocorre hoje para o setor quaternário (de conhecimento, sociedade informacional).

E Delgado[8] segue com a descrição dos tempos atuais:

> [...] houve uma redução do proletariado industrial tradicional ("mestres em manufatura, carpinteiros, torneiros mecânicos, chefes administrativos") que cedeu lugar a formas mais flexíveis de contratação trabalhista presentes nas mais diversas modalidades de trabalho precarizado-toyotizado, com destaque para os "trabalhadores de telemarketing e call center, motoboys, empregados de fast-food, de hipermercados", entre outros. Paradoxalmente, houve um aumento no proletariado de serviços básicos ("asseio e conservação, segurança pública e privada,construção civil", entre outros), sobretudo devido à ênfase nos processos de terceirização. Além disso, em meio às flexíveis formas de contratação trabalhista também se destaca a maciça utilização de mão de obra informal ou "subterrânea" o que, em geral, implica na maior precariedade do mercado de trabalho [...] Outra tendência presente no atual mercado de trabalho é o crescimento do desemprego entre trabalhadores com maior tempo de escolaridade, sobretudo jovens e adultos com idade

---

[7] OLIVEIRA, Christiana Dárc Damasceno. *O Direito do Trabalho Contemporâneo.* Efetividade dos Direitos Fundamentais e dignidade da pessoa humana no mundo do trabalho. São Paulo: LTr, 2010, p. 34

[8] DELGADO, Gabriela Neves. A constitucionalização dos direitos trabalhistas e os reflexos no mercado de trabalho. *Revista LTr*, São Paulo, ano 72-05, p.564-5, maio de 2008.

máxima de quarenta anos. Paradoxalmente, quando os trabalhadores qualificados ocupam postos de trabalho, o fazem em ocupações de menor grau de exigência profissional, "(...) como fenômeno resultante do acirramento da competição no mercado de trabalho, e a marginalização dos trabalhadores com baixa qualificação" (...) Além disso, o mercado conta com o desenvolvimento do trabalho no "terceiro setor", onde formas alternativas e comunitárias de trabalho se destacam. É nesse contexto que se apresenta o trabalho voluntário como alternativa ao desemprego, mas muitas vezes o que se percebe é que ele é utilizado à margem do Direito do Trabalho, enquanto mecanismo de descaracterização da relação de emprego.

Como os tempos atuais pugnam pela não remuneração "do tempo",[9] o paradigma "jornada —> salário" é alterado para o padrão "metas —> partilha". No panorama do emprego, trata-se de alteração drástica, especialmente no que toca ao padrão retributivo que, em apressada conclusão, poderá até permitir a partilha do risco do empreendimento.

Empresários não mais nominam seus empregados com esta alcunha. Utilizam-se outros termos, tais como "colaboradores" ou "associados", com o objetivo de enfraquecer, via discurso, as características da relação de emprego e o sentimento de classe. Com tal debilidade, os sindicatos limitam-se a manter direitos já existentes. Novas realidades não geram novas regras protetivas e/ou norteadoras. Sinale-se que, a longo prazo, a circunstância se tornará prejudicial também a empregadores, uma vez que a ausência de norma, em sociedades que delas carecem para regrar suas relações, gera a possibilidade de decisão casuística. Insegurança Jurídica é o resultado.

É bem verdade que a insegurança jurídica pode ser mera sensação e, como tal, temporária. Afirma-se isto porque se admite a (remota) possibilidade de acomodação da sociedade a um novo paradigma que, desvinculado do padrão positivista, possa ter respostas da Ciência Jurídica com o mesmo padrão "líquido".

Por isso se fez necessária a atenção e o desenvolvimento das questões sociais fundamentais, em essência as já consagradas em cartas internacionais. As últimas, ao menos e do que se crê, permanecerão como esteios para a (re)construção do paradigma juslaboral.

Diante do exposto, vê-se que as promessas da pós-modernidade não se concretizaram: com a agregação da tecnologia ao trabalho, o ser humano teria mais tempo para o ócio, para a sociabilidade, para a capa-

[9] No ciberespaço, não há território ou tempo. Isto revela possibilidade de trabalho 24hs por dia, 7 dias por semana, ininterruptamente. Por esta razão, a remuneração do tempo posto à disposição deixa de ser interessante. De outro lado, o padrão "metas" ao mesmo tempo que induz um maior engajamento do trabalho com o negócio, revela a possibilidade de confusão nos "tempos" destinados ao trabalho e ao ser humano, ou seja, torna-se muito provável a hipótese de que o trabalhador "funda" seus tempos e trabalhe ininterruptamente.

citação e educação, para o convívio familiar. Ao contrário, vislumbra-se que o ritmo de trabalho aumentou, que o tempo livre reduziu, que a alienação "operária" se ampliou.

A tecnologia da informação e comunicação, ao invés de permitir ao ser humano a ampliação de sua gama de conhecimentos e relacionamentos, quando conjugada ao trabalho nos padrões do capitalismo a todo custo, leva o ser humano à hiperconexão, modalidade neoescravista, que além de gerar o adoecimento psíquico[10] não por acaso tem redundado em condenações judiciais por danos existenciais.

Assim, tem-se por verdadeira a assertiva de que as ferramentas tecnológicas para geração, trato, armazenamento e tráfego de informações são dinamizadoras do trabalho. No entanto, diante do que se observa, é imperioso que se disponha de um mínimo de regramento-base para seu uso.

Dispositivos genéricos (como o novel art. 6º da CLT) ou a aplicação por analogia de outros dispositivos (forjados à luz de outra cultura e realidade) não se revelam eficazes a garantir a proteção do trabalhador e a segurança do empregador nos relacionamentos que mantém sob a roupagem das ditas novas tecnologias.

Daí, sugerir-se que o tema seja enfrentado com seriedade não apenas no meio acadêmico, que já o faz com rotina e profundidade, mas principalmente pelos Sindicatos (em suas negociações coletivas) e pela Organização Internacional do Trabalho – OIT –, não apenas com a edição de Convenções ou Recomendações, mas com atuação efetiva na condução da proteção do trabalho (e do trabalhador) ante a realidade laboral que se apresenta.

3. Conclusão

Nos dias atuais, a construção internacional pretérita volta a relevo, eis que a transnacionalização do trabalho exige códigos de postura igualmente transnacionais. Seus postulados essenciais devem servir de base para erigir-se nova gama de elementos norteadores, baseados nas características do trabalho pós-moderno, um trabalho imaterial e sem fronteiras, mas que (como outrora) pode revelar-se libertador ou escravista.

Em países com cultura positivista, em que seja difícil, moroso ou impossível passar ao platô das chamadas normas abertas, ainda há ca-

[10] É de se observar o aumento das demandas judiciais por doenças ocupacionais de natureza psíquica, atreladas ao ritmo e intensidade do trabalho, impostos pelo empregador e, no mais das vezes, potencializado pelo uso das tecnologias da informação e comunicação, sem a devida precaução juslaboral.

rência de regras para as novas configurações do trabalho. O tempo, na atualidade, corre com outra velocidade (obviamente mais acelerado). E se já é clássica a ideia de que após a ocorrência do fato há sua valoração social e só então o surgimento da norma, gerando sensação de descompasso e, porque não, certo desamparo, em dias atuais o intervalo entre o fato e a norma aumenta, eis que a valoração do fato é demasiadamente complexa e controversa.

Sabe-se, portanto, que o tempo da lei é outro e, diante desta premissa, as negociações coletivas (em âmbito nacional e regional, principalmente) revelam-se espaços democráticos, dinâmicos e flexíveis para a regulamentação essencial de que se ressente o meio laboral de determinadas sociedades ante o avanço das tecnologias.

Registre-se, por oportuno, que normalmente o velho e o novo trabalho convivem. Não se pode afirmar que há, ou houve a superação do trabalho manufaturado pelo trabalho mecanizado ou mesmo do trabalho nacional pelo transnacional. Não se pode sequer falar em superação da Sociedade Industrial pela Sociedade do Conhecimento.

Destarte, de fato, a tarefa dos que avaliam e conduzem os processos produtivos e as relações de trabalho nos tempos atuais é árdua. Há que se pensar no porvir, sem tirar o olho do atual e do (que se pensa) pretérito.

Assim, dá-se razão a Friedman, quando diz que quem protege o trabalhador é o próprio mercado. Não há alternativa.

O trabalho clássico (presencial, mecanizado ou artesanal) ainda é realidade e, porque não dizer, essência em diversos países. No entanto, há um certo protesto por "flexibilizações" na regulamentação trabalhista que advém do cenário internacional mas que encontra ressonância em âmbito interno aos países (principalmente os em desenvolvimento). O elevado número de operários na reserva e a crescente automatização dos processos de produção é ameaça concreta e real a este cenário tradicional. E, máxime de experiência, para o eficaz cumprimento de regras trabalhistas, não se tem vislumbrado grande eficácia, notoriamente de longo prazo, nas políticas de arrocho fiscalizatório, ao menos no Brasil.

O trabalho na Sociedade do Conhecimento parte de novas premissas. O trabalhador intelectualizado, a pulverização das redes sociais, a ausência de fronteiras ... tudo leva à crença de que a proteção clássica do hipossuficiente será impossível, por quem historicamente o protege. A própria ideia de hipossuficiência passa a ser questionada, ante o grau de preparo cognitivo do cibertrabalhador.

Daí o retorno ao mercado.

Garantir igualdade e liberdade, já se o faz, com maestria, em diversos países e em razão de inúmeros documentos nacionais ou internacionais.

Fazer com que a proteção ao ser humano em sua matriz de dignidade fundamental se dê, em razão simplesmente da consciência de que é preciso se dar, é muito mais difícil. E a raiz desta consciência não está na dupla igualdade-liberdade, mas sim, na fraternidade (o princípio revolucionário historicamente esquecido).

A fraternidade, o terceiro elemento da tríade francesa que dá fundamento e função à Igualdade e à Liberdade e que parte da premissa da irmandade jurídica é calcada singelamente na condição humana que todos detêm.

Com base na fraternidade, verifica-se, por exemplo, a edição de norma estandartizadora internacional calcada no "sentimento" de responsabilidade social. No texto supra, destacou-se a palavra "sentimento", uma vez que a norma é destinada a pessoas jurídicas, obviamente desprovidas de afetos. A norma ISO 26000 traz em si o apelo ao cuidado com o ser humano, individualmente considerado (o trabalhador, o prestador de serviços, o estagiário) e com o entorno afetado pela empresa (o meio ambiente sociocultural: concretizado em práticas de assistência e participação nos eventos e mecanismos de atenção e desenvolvimento sociais). Nascida no seio da Sociedade do Conhecimento, invoca a fraternidade de outrora, no momento em que permite às empresas, por exemplo, via da adesão voluntária, condicionarem a celebração de seus negócios a pares igualmente (pré)ocupados com a questão social.

É o paradoxo: em tempos líquidos e fragmentados, onde a máquina dita o ritmo do trabalho, a "norma de mercado" invoca a fraternidade e o cuidado com o outro.

Não, não é o fim. É só o início.

4. Referências bibliográficas

CASTELLS, Manuel. *La era de la información*. la *sociedad red*. vol. 1. 2 ed. Madrid: Alianza Editorial. 2001.

DE MASI, Domenico. *O futuro do trabalho. Fadiga e Ócio na Sociedade Pós-Industrial.* Rio de Janeiro: José Olympio. 1999. p 186-194.

DELGADO, Gabriela Neves. A constitucionalização dos direitos trabalhistas e os reflexos no mercado de trabalho. *Revista LTr,* São Paulo, ano 72-05, p.564-5, maio de 2008.

FRIEDMAN, Thomas L. *O mundo é plano*. 3 ed. Rio de Janeiro: Objetiva. 2009. p. 19-96.

OLIVEIRA, Christiana D´Arc Damasceno. *O Direito do Trabalho Contemporâneo.* Efetividade dos Direitos Fundamentais e dignidade da pessoa humana no mundo do trabalho. São Paulo: LTr, 2010. p. 34

RÜDIGER, Dorothee Susanne. Relações de trabalho e política empresarial: uma questão global. In: LEAL, Mônia Clarissa Hennig; CECATO, Maria Aurea Baroni; RÜDIGER, Dorothee Susanne (orgs.). *Trabalho, Constituição e Cidadania. Reflexões Acerca do Papel do Constitucionalismo na Ordem Democrática.* Porto Alegre: Verbo Jurídico. 2009. 129-147.

— 2 —

Aspectos do trabalho na sociedade "dita" digital

LUCAS MOSER GOULART[1]

Sumário: 1. Introdução; 2. Mudanças sociais ; 3. Mudanças tecnológicas; 4. Problemática dessas mudanças; 5. Visão empresarial; 6. Novas exigências; 7. Considerações finais; 8. Referências.

1. Introdução

O termo "globalização" sempre atraiu inúmeros intelectuais, pesquisadores e cientistas de diversas áreas. Durante certo tempo, muito se observou dos estudos atinentes a tal assunto, os quais frequentemente singraram entre as mudanças e as causas conectadas ao indefectível estreitamento econômico e geográfico do globo. Desta maneira, tornou-se comum se fazer valer de análises retratadas por um processo definitivo, ou ainda fenomenológico, sempre delimitado. Entretanto, com o tempo surgiram mudanças sociais drásticas, urgindo por análises inovadoras acerca da temática, sempre complementada por inúmeras subjetividades.

Tanto o trabalho quanto a forma de trabalhar, ambos vêm sendo drasticamente modificados, ao passo que o avanço tecnológico vem podando as raízes mais arraigadas das relações laborais. Cada vez mais se observa que a globalização não se trata apenas de estatísticas, índices e análises micro e/ou macroeconômicas. A partir da detecção de novos sintomas, cujos elementos científicos denotam política, sociologia, antropologia, direito, filosofia, psicologia e comunicação social, fortifica-se o estudo do então denominado processo fenomenológico da globalização. Constatou-se o surgimento da sociedade da informação, da massificação dos meios informacionais, da digitalização e virtualização de quase tudo, bem como – e aqui reside a chave mestra da sociedade digital – a des-

[1] Bacharel em Direito pela Pontifícia Universidade Católica do Rio Grande do Sul. Membro do Grupo de Pesquisas em Novas Tecnologias e Relações do Trabalho.

territorialidade, afinal de contas, hoje, podemos nos conectar com praticamente tudo e todos, com base apenas das tecnologias de informação e comunicação.

Mesmo assim, ainda que reconhecida a irrefutável fase pueril em que se encontra este mote de pesquisa, frequentemente se vê a incansável repetição de que globalização é apenas processo de integração socioeconômica. Neste sentido, não resta dificuldades para concluir que se carece de uma análise substancial quanto à dialética multidisciplinar que o tema necessita, principalmente no que tange ao que alguns chegaram a chamar de aldeia global.[2] Atesta-se estar se delimitando em demasia o escopo dos resultados de um fenômeno tão recente (e que ainda não traz clareza em seus limites de alcance) ao reduzi-lo a aspectos de gestão governamental ou relativos ao desempenho econômico dos países e de suas empresas. Neste sentido, afigura-se insuficiente esta conceituação, tendo em mente que se vive hoje em um momento de transição,[3] tanto cultural quanto estrutural. A partir desta premissa, esboçam-se preocupações que surgem sem indícios de pronta resposta, sintomaticamente, das fortes mudanças que a sociedade digital causa e ainda causará ao meio laboral.

Mas então, do que realmente se trata a dita sociedade digital? Materializa-se cada vez mais a íntima relação entre a logística social e sua vertiginosa dependência dos meios tecnológicos, primordialmente ao que tange as tecnologias da informação e comunicação. Atualmente, transparece a impossibilidade de se pensar em uma organização social sem uma rede de computadores interligados, conectando diferentes setores e instituições. A sociedade digital advém principalmente dessa virtualização de praticamente todos meios em que se organizam pessoas.

O velho modelo econômico de produção e prestação laboral, baseado na indústria, já vem há tempos dando mostras de sua obsolescência frente a esta nova dinâmica social, alicerçada no atroz processamento e permuta de informações. As barreiras geográficas estão sendo "reduzidas" cada vez mais, trazendo consigo a aproximação de novos mercados e novas demandas. A quantidade de informação tornou-se uma medida sem escala: *quanto mais, melhor*. Essas mudanças introduzem alterações significativas nas relações humanas e nas estruturas de subordinação das relações laborais. Fazem desprender, cada vez mais, daquele modelo de outrora, denomina do trabalho "alienado clássico". As alterações inse-

---

[2] Conceito criado pelo filósofo e educador canadense Marshall McLuhan, ao se referir e observar muito bem que o processo de globalização reduziria o planeta aos mesmos aspectos comunicacionais, sejam dificuldades ou vantagens, de uma aldeia.

[3] Thomas L. Friedman e Domenico De Masi abordam o tema ao afirmarem que a sociedade vive um momento de transição entre a sociedade industrial e a sociedade pós-industrial, em suas obras "O Mundo é Plano" e "O Futuro do Trabalho", respectivamente.

rem, nessa estrutura laboral, de pressão da categoria patronal sobre a econômica, uma nova dinâmica, que rompe com as distâncias geográficas, revelando uma subordinação contínua e uma disponibilidade diuturna de seus sujeitos; cria uma espécie de escravidão, a psicológica.

O ser humano, hoje, se vê escravo de uma constante necessidade de utilização da internet, a rede mundial de compartilhamento e transferência de dados. Fotos, vídeos e arquivos, servem de pilar a sociedade baseada no radical intercâmbio de informação. Através dos computadores, que atualmente "cabem" dentro de telefones móveis, pode-se oferecer e executar serviços para empregadores de qualquer canto do globo, em tempo real e sem intromissão efetiva de qualquer órgão de proteção sindical, Ministério Público ou repartição governamental. O trabalhador está apto a compartilhar ideias e a fazer quase tudo o que pode fazer presencialmente, porém, de forma telemática. Essa possibilidade da mundialização do indivíduo e do trabalho quebrou as barreiras da velha hierarquização de pessoas e entidades, dando forma ao então denominado por Friedman, "Mundo Plano". Segundo as observações do autor, avista-se hoje uma ambientação laboral em que as pessoas não mais sofrem dificuldades em se relacionarem corporativamente.

O mundo plano traz consigo a lógica da cooperação horizontal, em que muitos têm voz e possibilidades de fluidez entre as inúmeras funções de uma empresa ou entidade governamental. Atualmente, fala-se na "quebra das barreiras hierárquicas", no sentido de que o funcionário/empregado de hoje pode ser o chefe/empregador de amanhã, em uma transposição de escalada social muito menos "sofrida" do que antigamente, justamente por estarmos neste mundo de cooperação horizontal.

2. Mudanças sociais

A modernidade,[4] como salientavam os mais célebres sociólogos e filósofos do século XX (ao surgirem com tal termo correlato ao da sociedade pós-industrial), já não pode ser mais tratada da mesma forma. Este novo formato social, diferentemente do que se via na sociedade dita moderna, consiste – e aqui, segundo as observações pertinentes do sociólogo polonês Zygmunt Bauman – na artificialização das relações entre os seres humanos e na liquidificação da sociedade. Sociedade que outrora consistia e baseava-se na forte interação presencial e humanizada das pessoas. Atualmente, por outro lado, este formato apresenta-se de forma

[4] Conceito filosófico teórico que se relaciona ao período que compreende o início da era capitalista, o advento da Revolução Industrial e o desenvolvimento da sociedade moderna, cuja tecnologia, arte, política e a sociedade como um todo, sofreram mudanças bruscas em suas raízes.

evanescente, efêmera e muitas vezes simplesmente inexistente. O cenário real muito deve sua modificação à inserção "forçada" e à consequente primazia da sociedade chamada pós-moderna, baseada puramente no virtual, no intelectual e no processamento altamente veloz de informações digitais, feito através de tecnologias da informação e comunicação (TICs). Acerca do tema, Thomas L. Friedman, em sua obra intitulada "O Mundo é Plano", afirma que a sociedade está ingressando em uma fase que assistirá à digitalização, virtualização e automação de praticamente tudo. Serão vistos saltos de produtividade imensos para as estatísticas de países, e empresas e indivíduos que forem capazes de absorver essas novas ferramentas tecnológicas. Não só há de se concordar plenamente com isso, como também há de se entender que este processo "globalizatório" vem reorientando toda lógica social até então estanque, alterando costumes seculares que vinham perdurando há muito tempo.

A possibilidade da comunicação e interação que se observa atualmente – ao contrário do que afirmam os sensores comuns – acabou afastando as pessoas de uma forma abissal. A desnecessidade de se "estar junto" trouxe consigo um dos maiores paradigmas atuais da sociedade pós-moderna: as pessoas, através das ferramentas de tecnologia da informação e da comunicação, interagem com um número maior de pessoas, por mais tempo e de forma mais veloz, porém sozinhas, afastadas, apartadas, eis que através de seus computadores, celulares, *tablets*, etc. De forma similar ao que a autora Sherry Turkle[5] descreveu em seu livro "*Alone together: why we expect more from technology and less from each other*" (Sozinhos juntos: por que esperamos mais da tecnologia e menos uns dos outros). Deve-se entender que este estudo traz consigo um pertinente questionamento que baliza as relações sociais e laborais atuais e futuras: seria esse tipo de interação social – seja ela em âmbito laboral e/ou socioafetivo – realmente saudável?

3. Mudanças tecnológicas

As inovações tecnológicas já não esperam aceite e capacitação metódica para o seu uso. Atualmente, elas marcam presença em lares, escritórios, empresas e universidades, para que, com a ajuda delas, se chegue a um patamar de produção nunca antes visto. Seja essa produção meramente intelectual (imaterial) ou material. Por conseguinte, observa-se um avanço astronômico no consumo de bens e no volume do transporte de mercadorias, sejam elas essenciais ou ditas supérfluas. Não somente

[5] TURKLE, Sherry. *Alone Together*: why we expect more from technology and less from each other? New York: Basic Books, 2011.

isso, diariamente se confirma o avanço escalonado de maiores índices de compartilhamento, fluxo e processamento de informações, tudo oportunizado pelas novas ferramentas da tecnologia da informação. A dinâmica do consumo, dos transportes, das comunicações e da produção está totalmente vinculada a essa nova "realidade". É justamente desta nova dinâmica que surgem as modificações das relações laborais.

Pergunta-se se tudo isso estaria fazendo bem para o ser humano. Em especial, quando se fala em saúde psicológica, respeito à dignidade humana e manutenção de direitos sociais do labor. Enfim, seria o ser humano capaz de lidar de forma legal e saudável com os novos cenários, ferramentas e fluxos da sociedade dita digital? Ou estar-se-ia à beira de neoescravismos, em que se assistirá à mitigação de direitos sociais?

Chegou-se a um ponto em que, se não houver constantes atualizações tecnológicas, no sentido de aprendizagem e capacitação pessoal do trabalhador, a inércia provavelmente acarretará em uma exclusão compulsória dessa nova sistemática laboral social. A era da velocidade não espera pela falta de aceleração. Diz-se isso fazendo menção não tão somente ao mercado de trabalho que cada vez mais exige conhecimento em línguas e mecanismos informacionais, mas também nas relações sociais que por sua vez foram totalmente reconfiguradas, afinal de contas, atualmente, quem não tem um perfil no *Facebook* é considerado estranho ou antiquado, por exemplo. Pessoas que não têm telefone móvel são "difíceis de contatar". Pessoas que não sabem utilizar a ferramenta de mensagem de texto em seus telefones perderão oportunidades imediatas. O sentimento de aqui e agora nunca esteve tão presente nas relações sociais. A sensação de poder ser encontrado em qualquer hora e lugar passou de sorte e coincidência para exigível e esperado.

Ao passo disso, surgiram os primeiros vínculos laborais em que a prestação de serviço ocorre fora da sede do empregador, e o trabalho é prestado através do controle e/ou compartilhamento de informações via telemática. A telemática se compreende pelo conjunto de tecnologias de transmissão de dados resultante dos recursos disponíveis para as empresas de telecomunicações (telefonia, satélite, cabo, fibras ópticas, etc.) e da informática (computadores, periféricos, *softwares* e sistemas de redes), que, por sua vez, possibilita o processamento, a compressão, o armazenamento e a comunicação de grandes quantidades de dados (nos formatos texto, imagem e som), em curto prazo de tempo, entre usuários localizados em qualquer ponto do planeta.

Assim sendo, aprimorou-se a sociedade moderna para uma realidade pós-moderna. Além do que os teóricos vinham trabalhando como sendo uma realidade pós-industrial, tomando como ponto de referência a Revolução Industrial do século XVIII. Juntamente à pós-modernidade, surgiram expressivas levas de novos trabalhadores, compondo uma realidade nunca enfrentada antes e, assim, urgindo por uma tutela sociojurídica inovadora.

Frequentemente, observam-se inúmeros artifícios para a obtenção de melhores resultados econômicos, deixando à mercê a ética dita corporativa ou empresarial, a qual é amplamente difundida no formato teórico.[6] Assim como afirma Thomas L. Friedman ao aduzir que todos gostam e almejam maiores lucros, mas poucos ou nenhum gostam ou observam as mudanças necessárias, no sentido de prevenção da saúde do trabalhador ou observância da dignidade humana.[7] O que, infelizmente, não nos é nenhuma surpresa ou novidade. Adam Smith, em sua célebre obra "A Riqueza das Nações", já observava que:

> Não é da benevolência do açougueiro, do cervejeiro e do padeiro que esperamos nosso jantar, mas da atenção que dão a seus próprios interesses. Nós não nos dirigimos à humanidade deles, mas a seu egoísmo; e não é nunca das nossas necessidades que lhes falamos, é sempre do benefício deles.[8]

É histórico o entendimento de que pressupomos de mecanismos garantidores de relações jurídicas dignas entre hipossuficientes e seus superiores. A doutrina jurídica, em sua vanguarda, já vem aprofundando seus estudos em ramos atuais do Direito, compreendidos nas esferas Digital, Eletrônica, Propriedade Intelectual, Ambiental, entre outros. Sabe-se que o mundo, em experimento direto com seu momento de transição, vem criando um profundo impacto na forma de transmissão e gestão de regras jurídicas, algumas milenares, mas que são cada vez mais questionadas em face de uma sociedade que se orienta através do universo eletrônico, trafegando dados em linguagem digital. Um mundo em que a presunção da vontade e a doutrina da formação dos contratos estão sujeitas a novos desafios que levam os antigos e milenares códigos acordarem de um pesado sono, induzindo governantes, políticos, empresários e cidadãos a revolucionar as formas de se comunicar, comercializar e governar.[9]

A coletividade urge por mudanças. Entretanto, cabe subscrever o que Domenico De Masi diz quando conclui que, "lamentavelmente, a evolução social é bem mais lenta do que a científica e tecnológica".[10] O futuro do trabalho pressupõe de regulamentações mínimas.

---

[6] COMTE-SPONVILLE, André. *O Capitalismo é Moral?* São Paulo: Martins Fontes, 2005, *passim*.

[7] FRIEDMAN, Thomas L. *O Mundo é Plano*: O mundo globalizado do século XXI. Rio de Janeiro: Objetiva, 2009, *passim*.

[8] SMITH, Adam. *A Riqueza das Nações*. São Paulo: Martins Fontes, 2003, *passim*.

[9] OZAKI, Adalton; VASCONCELLOS, Eduardo. *Sociedade da Informação*: Os desafios da era da colaboração e da gestão do conhecimento. São Paulo: Saraiva, 2008.

[10] DE MASI, Domenico. *O Futuro do Trabalho*: Fadiga e Ócio na Sociedade Pós-Industrial. 10. ed. Rio de Janeiro: José Olympio, 2010, *passim*.

Atualmente, à medida que cada vez mais as máquinas absorvem o trabalho repetitivo de mera execução (sendo ele físico ou intelectual), aos trabalhadores resta o monopólio do trabalho criativo, que empenha o cérebro mais do que os músculos e que, por sua natureza, não encontra pausa no tempo e é perfeitamente conciliável com a desestruturação do tempo e do espaço de trabalho. Ou seja, a partir dessa simples incursão mental, percebe-se a necessidade de uma nova regulamentação de jornada de trabalho para tipos específicos de trabalho (o teletrabalho, por exemplo).

4. Problemática dessas mudanças

É sempre bom observar que é da natureza do ser humano se deparar com um problema ou uma oportunidade – seja qual for sua origem – e iniciar uma resolução mental para a obtenção do melhor resultado possível. Não é muito diferente no mundo capitalizado e do trabalho mercantilizado.[11] Os objetivos se resumem praticamente ao que circunscreve a obtenção de uma maior receita, através de meios que não comprometam as empresas e os empregadores integralmente com o fisco, a justiça e com o marketing externo. Em outras palavras, que respeitem a moda da moral e da ética empresarial.[12]

Neste sentido, percebeu-se o início de uma nova análise situacional, advinda da tendência de todas as funções dominantes da sociedade (processos econômicos, culturais e midiáticos) ficarem cada vez mais atreladas e organizadas em rede. Segundo o *Massachussets Institute of Technology* (MIT), referência mundial em estudo e pesquisas científicas, não supreendentemente considerou a internet como sendo a maior invenção da humanidade, dentre uma listagem de 25 grandes invenções que compreenderam o último quarto do século XX.[13] A rede realmente revolucionou o mundo e ainda tem muito ao que agregar e transformar, seja no âmbito público ou privado. Tudo se baseando cada vez mais em ferramentas de tecnologia da informação e comunicação, dando novas

---

[11] BAUMAN, Zygmunt. *Capitalismo Parasitário*. Rio de Janeiro: Zahar, 2010, *passim*.

[12] De que se trata essa ética empresarial? "Também neste caso, trata-se muito mais de discursos do que de comportamentos. Ouço muito dizer, aqui e ali, leio na imprensa, tanto profissional como para o grande público, observações como estas: 'A ética (subentendido, nesse contexto, a ética empresarial) melhora o clima interno da empresa, logo a produtividade'; 'A ética melhora a imagem da empresa, logo as vendas'; 'A ética melhora a qualidade da produção ou do serviço, logo, de novo, as vendas' ... Resumindo, a ética é eficiente, a ética vende! 'Ethic pays', dizem do outro lado do Atlântico: a ética compensa. Alguns chegaram a forjar o curioso neologismo 'markética', para designar o filho, bizarramente formado, dos estranhos amores entre o marketing e a ética...". Fragmento de: COMTE-SPONVILLE, André. *O Capitalismo é Moral?* São Paulo: Martins Fontes, 2005, p. 42.

[13] OZAKI, Adalton; VASCONCELLOS, Eduardo. *Sociedade da Informação*: Os desafios da era da colaboração e da gestão do conhecimento. São Paulo: Saraiva, 2008, *passim*.

nuances para a morfologia social. Balizando, deste modo, a atual estruturação organizacional em que a sociedade se insere.

Nesta seara, deleitaram-se as empresas muito bem atentas ao novo patamar de transição do trabalho industrial para o intelectual, sua evolução pós-moderna que põe em evidência a aplicação tecnológica do conhecimento de forma descentralizada. Não mais se clama pelo numeroso proletariado, capacitado apenas por sua força (d)e vontade, criando multidões em frente às fábricas. Cada vez mais se procura um trabalhador pelas qualidades de aplicação de conhecimento e captação de informações. Mas e qual seria a diferenciação de conhecimento e informação neste contexto de sociedade pós-moderna e digital? A informação é

> "um conjunto de dados que carregam um sentido e significado". Por outro lado, o conhecimento "é uma mistura fluida de experiência condensada, valores, informação contextual e insight experimentado, a qual proporciona uma estrutura para a avaliação e incorporação de novas experiências e informações".[14]

Ou seja, em meio a essa mudança de rumo da economia mundial, ficou patente a primazia do conhecimento e processamento de informações, no intuito de realização de serviços, sobre a força de trabalho clássica de produção. É assim que ruma a nova sociedade pós-moderna, pós-industrial e globalizada. E é assim que a classe empregadora percebeu o mercado, perspicazmente, antes de todos. Domenico De Masi pronunciou-se acerca da seguinte maneira:

> Mas, falando de trabalho e de horários, a figura referencial continua sendo aquele tipo cada vez mais raro de metalúrgico cuja produção era estritamente proporcional ao número de minutos e segundos passados na linha de montagem.
>
> Na verdade, esse tipo de operário é minoritário há décadas, pois a grande maioria dos trabalhadores é composta de empregados, profissionais liberais, gerentes, dirigentes, *knowledge workers* cuja produção intelectual nada tem a ver com a quantidade de horas passadas no escritório ou com o decrépito e desencorajador ritual dos cartões de ponto e das portas e cancelas militarmente guardadas.[15]

Explica Armand Mattelart, sociólogo belga radicado na França, especializado no estudo da comunicação internacional, ao dizer que atualmente se vivencia a construção de

> uma sociedade submetida a uma quíntupla mutação: (a) o deslocamento do componente econômico principal (passagem de uma economia de produção para uma economia de serviços); (b) uma mudança na estrutura dos empregos (preeminência da classe profissional e técnica); (c) a nova centralidade adquirida pelo saber teórico como fonte de inovação e de formulação de políticas públicas; (d) a necessidade de balizar o futuro antecipando-o;

[14] OZAKI, Adalton; VASCONCELLOS, Eduardo. *Sociedade da Informação*: Os desafios da era da colaboração e da gestão do conhecimento. São Paulo: Saraiva, 2008, *passim*.

[15] DE MASI, Domenico. *O Futuro do Trabalho*: Fadiga e Ócio na Sociedade Pós-Industrial. Rio de Janeiro: José Olympio, 2010, p. 40.

(e) o desenvolvimento de uma nova "tecnologia intelectual" voltada para a tomada de decisões.[16]

Através desses cinco elementos o autor convergiu em seus estudos com a ideia da desmaterialização do trabalho na economia pós-industrial, que consente com a ideia de que já que a codificação do saber imprime doravante sua dinâmica à inovação, a nova sociedade se caracteriza não mais pela teoria do valor do trabalho, mas sim pela teoria do valor do conhecimento. Destarte, legitima-se cada vez mais, a necessária escalada de trabalhadores detentores de conhecimento e que saibam aplica-lo tecnologicamente, ou seja, transformá-lo em informação. A tecnologia, por sua vez, encarregar-se-á através de sua maquinaria computacional pela sua aplicação material, ou seja, seu processamento.

5. Visão empresarial

Através dessas observações, foram-se adotando novas medidas para que se aproveitasse essa nova morfologia social de aplicação de conhecimento em prol do trabalho, de um modo que se produzisse mais em menos tempo e gastando-se menos. Sendo assim, voltando a premissa da obtenção de maiores lucros. A título de exemplo dessa integração informação-rede-conhecimento, há empresas que adotam um tipo de otimização denominada "vendor managed inventory". O VMI (sigla adotada em inglês) consiste no gerenciamento do estoque do distribuidor pelo fornecedor. Ou seja, ao invés da empresa-cliente – uma empresa que fabrica pasta dental, por exemplo – monitorar o estoque de sua matéria-prima e solicitar a compra do produto ao atingir o ponto de reposição, o próprio fornecedor se incumbe desse trabalho, monitorando o estoque do cliente e providenciando o reabastecimento automaticamente. Quando é atingido o ponto de posição, o sistema processa essa informação enviando um aviso ao fornecedor, seja por e-mail, mensagem de texto no celular ou ainda um arquivo de dados no sistema integrado empresa-cliente. Basta haver alguém conectado para ordenar o transporte, liberando a mercadoria. Passou-se, desta maneira, a um sistemático e exponencial crescimento do tempo de conexão em rede, afinal de contas tudo está conectado.

Trazendo o enfoque para uma análise estatística, o tempo que uma pessoa passa conectada durante o dia a dia vem aumentando consideravelmente nos últimos anos.[17] Isso ocorre ao passo que cada vez mais

[16] MATTELART, Armand. *História da Sociedade da In formação*. São Paulo: Loyola. 2006, *passim*.

[17] Segundo a Statistics Brain, empresa norte-americana especializada em estatísticas, o tempo mensal médio de conexão da população mundial que tem acesso à internet é de 66 horas. Existem mais

funções essenciais à manutenção da lógica social como, por exemplo, sistemas bancários, justiça, Receita Federal, repartições governamentais, autárquicas e institucionais, estão adaptando-se para o funcionamento em rede, principalmente via internet. Disponibiliza-se aos montes serviços que há pouco tempo só se realizariam mediante deslocamento e comparecimento pessoal, como movimentações financeiras, recebimento de documentos, requerimento de certidões e cópias de registros, etc. Essas funções essenciais à burocracia humana estão, hoje, dispostas em ambientes virtualizados, de fácil e pronto acesso, bastando um computador ligado à internet ou ainda um celular ou *tablet* com sinal 3G.[18] Deste modo a operacionalização de determinadas tarefas ficau infindavelmente mais célere, abrindo o leque da multifuncionalidade para inúmeros profissionais que há um tempo "perdiam tempo" com funções como protocolos, entregas, deslocamento para reuniões, autenticações, legalizações, envios, recebimentos, obtenção de documentos, etc. Foi possível, através dessa nova morfologia social, dinamizar-se o tempo poupado em novas tarefas e assim alcançar novos patamares de produtividade, descentralizando tarefas.

Desta forma, entende-se que desde a popularização das ferramentas de tecnologia informacional (muito há de se considerar como protagonista a *world wide web (www)*, o tempo que se passava interagindo com outras pessoas e bancos de dados se multiplicou inúmeras vezes, mesmo que sendo somente através da tela do computador.[19] O uso assíduo da internet fez com que as pessoas regulassem suas vidas conforme as novas funcionalidades e benefícios que ela trouxe consigo. Programa-se o pagamento de contas através do *home banking*; envia-se por *e-mail* o trabalho pronto ou a ser feito; requer-se certidões da justiça, das juntas comerciais, dos cartórios; peticiona-se para um juiz; monitoram-se locais a distância; enviam-se comandos de regar o jardim ou apagar as luzes da casa quando se está em férias, fora do país, por exemplo. Entre inúmeras outras funções que não cabe aqui esgotá-las. Em outras palavras, os benefícios são inúmeros e açambarcam quantos mais ainda advierem graças à criatividade humana.

A partir dessa nova realidade, é idiótico negar o surgimento de uma dependência sistemática e muitas vezes patológica do uso da internet. Quanto mais utilizarem-se tais ferramentas, mais tempo passa-se conectado a elas e mais dependente a pessoa se tornará. Como não se "viciar"

---

ou menos 1.319.872.109 pessoas conectadas à internet. Disponível em <http://www.statisticbrain.com/ internet-statistics/>. Acessado em 15/10/2013.

[18] Serviço de transmissão de dados a longas distâncias prestadas pelas empresas de telefonia móvel.

[19] TURKLE, Sherry. *Alone Together*: why we expect more from technology and less from each other? New York: Basic Books, 2011, p. *passim*.

em algo que *a priori* nos traz tantos benefícios? Conforme a doutrina da psicologia, que há considerável tempo já estuda os efeitos das ferramentas tecnológicas à *psiquè* humana, a *internet*

> é o produto tecnológico que exerce mais influência nos hábitos e nos modos de vida das pessoas. Ela é a expressão da telemática – a união entre as telecomunicações e a informática, o que permite que vários computadores se comuniquem entre si e troquem todo tipo de documento (file). A sociedade se redefiniu em torno desse fenômeno, e a "Rede das Redes" criou novas abordagens de experimentação do mundo; com isso, as pessoas podem conhecer-se, interagir e ter acesso a todo tipo de conhecimento num espaço virtual totalmente diferente do espaço físico: o cyberspaço. O termo "virtual" provém do latim, virtus, que significa força, poder; assim o "virtual" é o que existe em potência, e não em ato, é algo que pode ser posto em ato, mas ainda não o foi.[20]

Esse novo ambiente de inúmeras temáticas e incontável volume de conteúdo fez com que o chamado *"network effect"* atingisse a todos os usuários da rede. Segundo Robert Hassan, *"o network effect significa que a velha mídia acelera, a comunicação acelera, a economia acelera e a vida acelera. E esse ritmo acelerado de vida tem seus benefícios e seus custos"*.[21] Ele ainda aduz que no contexto da sociedade da informação[22] isso é capaz de produzir tanto sonhos como pesadelos. A velocidade exigida pelo mercado de trabalho hoje é construída baseando-se na lógica dos computadores ligados em rede, máquinas que são, por excelência, processadoras de dados. No âmbito do ser humano, considerando suas qualidades e limitações, velocidade pode ser boa ou ruim, dependendo das circunstâncias. A velocidade também confunde a percepção e entorpece a sutileza. Ela pode confundir e atrapalhar o pensamento humano, justamente por não ser máquina, e a pressão da velocidade pode levar-nos a agir rápido demais.

6. Novas exigências

A lógica da velocidade mecanicista é algo que já impregna o dia a dia do ser humano, seja em seu local de trabalho, casa, escola ou demais ambientes que regularmente frequenta ou que venha a frequentar. O *network effect* está ligado diretamente com a problemática da gestão do

---

[20] GUERRESCHI, Cesare. *New Addictions* – As novas dependências. Tradução Benôni Lemos, Patrizia G. E., Collina Bastianetto. São Paulo: Paulus, 2007, p. 23.

[21] Trecho original: "The network effect means that old media speeds up, communication speeds up, economies speed up and life speeds up. And this fast pace of life has its benefits and its costs". Fragmento de: HASSAN, Robert. *The Information Society*. Cambridge: Polity. 2008, *passim*.

[22] A sociedade não é um elemento estático, muito pelo contrário, está em constante mutação e como tal, a sociedade contemporânea está inserida num processo de mudança em que as novas tecnologias são as principais responsáveis. Alguns autores identificam um novo paradigma de sociedade que se baseia num bem precioso, a informação, atribuindo-lhe várias designações, entre elas a Sociedade da Informação.

grande volume de conteúdo que atualmente circula livremente. Pessoas irritam-se de forma muitas vezes assustadora quando uma página da internet demora mais de dez segundos para carregar, por exemplo. O próprio Google, maior *site* de buscas da internet, traz aproximadamente 253.000.000 resultados quando digitada a palavra "máquina" em seu campo de buscas, tudo isso em uma fração de 0,15 segundos. O que se quer dizer aqui é que essa nova velocidade, que surgiu da introjeção do exímio e célere processamento de dados, possibilitado pelas novas ferramentas de tecnologia e comunicação, trouxe consigo a criação de novos paradigmas de funcionalidade, desempenho e relações humanas. Isso altera consubstancialmente as relações interpessoais e tanto pessoais do ser humano para/com ele mesmo. A ideia de processamento de dados, velocidade e eficiência que se tem das máquinas não deve e não poderia servir de paradigma para as ações humanas. O que ocorre atualmente, todavia, é uma exigência absurda por parte das pessoas – dos empregadores principalmente – para que se redirecionem as ferramentas tecnológicas de uma forma que potencialize a própria capacidade de processamento de dados do seu usuário, uma gestão de informação sobre-humana. O que se observa, na verdade, é o que se denomina por esgotamento cognitivo. Atualmente, é esperado que todas as pessoas apresentem uma característica *multitasking*,[23] assim como os processadores eletrônicos de ponta. Aquele exemplo do número de resultados que o Google apresentou para a palavra "máquina" revela que não é mais necessário esgotar-se fisicamente, deslocando-se atrás e através das informações e ferramentas necessárias para a realização dessa tarefa. Exige-se, por outro lado, uma capacidade monstruosa de saber qualificar, localizar, separar e processar as informações úteis ou necessárias para a realização da determinada tarefa. O volume de conteúdo é algo que nunca esteve tão disponível para tantas pessoas ao mesmo tempo. O conceito de sobrecarga de informação é concebido como um *input* de informação no sistema urbano a uma taxa que ultrapassa sua possibilidade de tratá-la eficientemente, isto é, de traduzi-la em uma tomada de decisão, sem erro excessivo, sem distorção, sem sequelas.[24] A cognição e o intelecto nunca foram postos tão em teste quanto agora, nesta nova realidade. A psicologia e a medicina já vêm alertando sobre o que se denomina por *information overload*, a citada sobrecarga cognitiva. A era digital e sua razão de ser fazem com que se transborde a capacidade humana de memorização e processamento de dados, causando uma série de malefícios, não tão somente para a saúde, mas como também para o convívio familiar e laboral.

---

[23] Multitarefa, em computação, é a característica dos sistemas operativos que permite repartir a utilização do processador entre várias tarefas simultaneamente.

[24] MATTELART, Armand. *História da Sociedade da In formação*. São Paulo: Loyola, 2006, *passim*.

O que quer se dizer aqui é que justamente essa velocidade que na sociedade atual impera; essa dependência criada pela virtualização de praticamente tudo; esse paradigma da mudança do valor agregado de produção para o valor agregado de conhecimento, todos convergem para o benefício dos tomadores de serviço. Criam-se legiões de pessoas viciadas em trabalho devido à confusão do ambiente de trabalho com o ambiente de "não trabalho".[25] Trabalha-se excessivamente devido a descentralização e falta de linhas limítrofes visíveis e definidas entre a vestimenta "trabalhador" e a vestimenta do ser humano enquanto ser social, dotado de necessidades básicas como descanso (no caso, o direito à desconexão), cuidados próprios e a simples interação social.

7. Considerações finais

Ao pesar do ombro daqueles hipossuficientes, aproveita-se o limiar da nova morfologia social, da interação em rede, para que, com isso, o trabalho transcenda os limites clássicos da jornada estipulado pelo velho cartão ponto. Uma vez conectados, os trabalhadores estão dispostos, a qualquer momento, a receberem informações sobre aquilo que desejar procurá-los. Na prática, tem-se observado que não há respeito para/com os limites de jornada de trabalho. O próprio *network effect* trabalha de forma difusa como integração e mecanismo psicológico que impede o teletrabalhor de se desconectar, uma vez que há muitas outras funções conectadas que não tão somente seu trabalho. No ambiente virtual, já não se sabe o que é o que, justamente pelos efeitos causados pela desterritorialidade. Conectam-se amigos, familiares, casa, escola, *hobbies*, trabalho. Tudo em rede. Isso faz emergir uma série de patologias e doenças ocupacionais, uma vez que o ser humano passa muito mais tempo conectado do que o recomendável pela medicina. Aumentando-se as horas diante do computador, ou qual for a ferramenta que se estiver utilizando, diminui-se o tempo disponível para pessoas significativas e para a família, ou seja, interação social humanizada. Desse modo, ficam prejudicadas as relações entre pais e filhos, as amizades importantes e principalmente as relações amorosas, que se ressentem mais da interferência do uso patológico da rede.

---

[25] "A dependência do trabalho assume as aparências de uma dependência 'bem vestida', 'limpa', porque, apesar de tratar-se de um fenômeno invasivo e em evidente progressão, parece que a sociedade ainda não está em condição de reconhecê-la. A ética do trabalho encoraja esse fenômeno, tanto é que, diferentemente das outras dependências, a pessoa que dedica toda a sua vida ao trabalho não parece ser portadora de um incômodo ou de uma patologia; ao contrário, seu comportamento permite-lhe receber prestígio, poder e dinheiro. Por outro lado, qual a empresa que não preferiria ter entre seus empregados um dependente do trabalho em vez de um alcoólatra?". Fonte: GUERRESCHI, Cesare. *New Addictions* – As novas dependências. Tradução Benôni Lemos, Patrizia G. E., Collina Bastianetto. São Paulo: Paulus, 2007, *passim*.

No sentido da liquidificação das relações interpessoais, Bauman elucida a situação do excesso de conectividade ao aduzir que

> nós entramos em nossas casas separadas e fechamos a porta, e então entramos em nossos quartos separados e fechamos a porta. A casa torna-se um centro de lazer multiuso em que os membros da família podem viver, por assim dizer, separadamente lado a lado.[26]

Ver uma mesa de bar repleta de amigos interagindo em rede com terceiros – muitas vezes abstraindo-se da ambientação, dos próprios amigos presentes e do intuito principal de confraternização –; observar salas de aulas repletas de alunos presentes somente de corpo, com suas cabeças baixas, conferindo seus *tablets*, *notebooks* e celulares; descobrir trabalhadores escondendo telas do programa de *e-mails* de seus familiares nas férias; tudo isso, e outros inúmeros possíveis exemplos, vêm se tornando cada dia mais frequentes. A confusão entre os inúmeros ambientes em que a vida discorre é patente. A ambientação virtual desses mesmos ambientes fez algo como jogar várias esferas coloridas em uma piscina de bolinhas, dentre as muitas existem duas mais relevantes para esse ensaio: a esfera trabalho e a esfera não trabalho. Na dúvida vivencia-se tudo ao mesmo tempo, com a maior intensidade, força e desgaste possível.

8. Referências

BAUMAN, Zygmunt. *Amor Líquido*: sobre a fragilidade dos laços humanos. Rio de Janeiro: Zahar, 2004.

——. *Capitalismo Parasitário*. Rio de Janeiro: Zahar, 2010.

——. *O Mal-Estar da Pós-Modernidade*. Rio de Janeiro: Zahar, 1998.

COMTE-SPONVILLE, André. *O Capitalismo é Moral?* São Paulo: Martins Fontes, 2005.

DE MASI, Domenico. *O Futuro do Trabalho*: Fadiga e Ócio na Sociedade Pós-Industrial. Rio de Janeiro: José Olympio. 2010. Página 263.

——. *O Ócio Criativo*. Rio de Janeiro: Sextante, 2000.

FRIEDMAN, Thomas. *O Mundo é Plano*: o mundo globalizado no século XXI. Rio de Janeiro: Objetiva, 2009.

GUERRESCHI, Cesare. *New Addictions* – As novas dependências. Tradução Benôni Lemos, Patrizia G. E., Collina Bastianetto. São Paulo: Paulus, 2007.

HASSAN, Robert. *The Information Society*. Cambridge: Polity. 2008.

MATTELART, Armand. *História da Sociedade da Informação*. São Paulo: Loyola. 2006.

OZAKI, Adalton; VASCONCELLOS, Eduardo. *Sociedade da Informação*: Os desafios da era da colaboração e da gestão do conhecimento. São Paulo: Saraiva, 2008.

SMITH, Adam. *A Riqueza das Nações*. São Paulo: Martins Fontes, 2003.

TURKLE, Sherry. *Alone Together*: why we expect more from technology and less from each other? New York: Basic Books, 2011.

---

[26] BAUMAN, Zygmunt. *Amor Líquido*: sobre a fragilidade dos laços humanos. Rio de Janeiro: Zahar, 2004, p. 84.

— 3 —

A sociedade moderna e a tecnologia à luz do Direito do Trabalho

FERNANDA DALLA VALLE[1]

Sumário: 1. Introdução; 2. Da evolução das sociedades sob a ótica do Direito do Trabalho; 3. A manifestação da tecnologia na sociedade moderna: o mundo do trabalho; 4. Considerações finais; Referências bibliográficas.

1. Introdução

O estudo da tecnologia e da sociedade moderna possui cada dia mais relevância, pois envolve elementos atuais do cotidiano do mundo globalizado, especialmente atinentes às relações sociais e ao trabalho do homem. O mundo está em constante modificação e a globalização e internacionalização fazem com que a sociedade se adapte a tais alterações, principalmente, porque tais inovações tecnológicas acabam por se refletirem na rotina da sociedade e também influenciarem no trabalho do homem.

Deste modo, verificar-se-ão as mudanças decorrentes da tecnologia na sociedade moderna, a fim de estudá-las frente ao fenômeno do trabalho, que é, sem dúvida, a grande força motriz de qualquer sociedade.

Para tanto, analisar-se-á brevemente a história mundial das sociedades já vistas pela humanidade, iniciando pela sociedade rural, passando pelas demais sociedades como a marcante sociedade industrial e a moderna sociedade pós-industrial com o objetivo de entender o processo de transformação, bem como compreender os fenômenos da sociedade moderna, seu conceito e sua abrangência.

Em seguida, estudar-se-ão as manifestações da tecnologia na sociedade moderna à luz do direito do trabalho, identificando o teletrabalho como a principal e mais importante manifestação tecnológica da atuali-

[1] Especialista em Direito e Processo do Trabalho da PUC-RS. Advogada trabalhista no escritório Souto Correa Cesa Lummertz & Amaral Advogados. Integrante do Grupo de Pesquisa Novas Tecnologias e Relações de Trabalho.

dade em se tratando de relações trabalhistas. Diante disso, analisar-se-á brevemente o instituto jurídico do teletrabalho, demonstrando sua relevância e seus principais aspectos, apontando as principais vantagens decorrentes da sua crescente aplicação. Em contrapartida, igualmente ponderar-se-ão os possíveis efeitos negativos do teletrabalho, visando à plena conscientização acerca dos riscos de tal modalidade.

Por fim, apresentar-se-ão algumas ponderações finais, uma vez que o tema abordado no presente artigo é extremamente amplo e não se pretende esgotá-lo, mas apenas traçar algumas considerações a respeito da tecnologia na sociedade moderna e seus reflexos no direito do trabalho, considerando principalmente a sua relevância na atualidade.

2. Da evolução das sociedades sob a ótica do Direito do Trabalho

Não é novidade que a sociedade industrial há muito está sucumbida, abrindo-se espaço à sociedade pós-industrial, a qual não tem um conceito definido, pois em constante alteração, mas difere-se muito do modelo de sociedade tipicamente social. Portanto, embora haja incertezas conceituais, sabe-se definir exatamente o que a sociedade pós-industrial não é.

O mundo está em constante mudança, e a sociedade evolui para outros padrões, principalmente, motivada por transformações econômicas e sociais ligadas primordialmente ao campo do trabalho. O trabalho possui uma relevância quando da realização do ser humano como ser social.

Anteriormente ao desenvolvimento da economia agrícola, predominava na sociedade a economia isolada e extrativista de modo que o homem trabalhava exatamente na medida para sua subsistência. Se a história retroceder ainda mais e alcançar a antiguidade, verificar-se-á que as concepções grega e romana acerca do trabalho são relacionadas a um pesar ou fardo, pois inexistia a ideia de trabalho como realização pessoal, sendo esse somente um ideal do homem moderno. A mão de obra pesada era oriunda dos escravos e aqueles responsáveis pela execução de atividades laborais, mas necessárias para a manutenção da sociedade, eram reputados socialmente inferiores aos demais.

Com o decorrer dos anos, o regime escravista decai, e o Império Romano passa a implementar políticas mais igualitárias. Tais políticas eram voltadas ao regime humanitário em razão da ascensão do cristianismo. O novel modelo se formou, sobretudo, em razão da busca dos antigos escravos, já alforriados, pela segurança e proteção ofertada pelos senhores feudais em seus feudos.[2]

Deste modo, pouco a pouco, as relações escravistas foram parcial e gradativamente substituídas pelas relações de servidão, as quais eram mantidas pela agricultura. Observa-se que a transformação ocorrida entre o baixo império e a Idade Média acarretou uma primeira libertação: a da escravidão. Ao longo da história, de certa forma, a libertação da escravidão é também importante, pois sugere outras duas libertações: a da fadiga, quinze séculos mais tarde pela mecanização industrial e pelo taylorismo, bem como a terceira libertação, a do trabalho, vigorando hoje em dia na forma de desemprego.[3]

A sociedade rural, predominante desde a Idade Média, evoluiu indubitavelmente para a sociedade industrial, em virtude do crescimento das cidades, do êxodo rural, do crescimento do consumo e pela vertiginosa produção em massa. Assim, a sociedade rural, que era marcada pela economia agrícola e extrativa, com ritmos de trabalho ditados pela natureza e caracterizada pelo predomínio do trabalho físico do homem, em condições precárias e principalmente em torno do seu domicílio, evoluiu para a sociedade industrial, a qual era marcada pela produção acentuada de bens em processo maciço e mecanizado. Desse modo, no final do século XVIII inúmeros camponeses chegaram às indústrias e transformaram-se em trabalhadores subordinados, deixando de sobreviverem da agricultura para se adequarem aos ritmos de produção das máquinas.[4]

Nessa linha explica Domenico De Mais:[5]

> Lá pelo fim da Idade Média, ao lado da divisão do trabalho entre o campo produtor de bens agrícolas e a cidade produtora de bens industriais, delinearam-se também algumas concentrações de atividades industriais nas próprias áreas rurais e o surgimento do fenômeno que será chamado de proto-industrialização. A partir das últimas décadas do século XIII, com as descobertas científicas das quais falamos, criaram-se também outras condições favoráveis à indústria, sobretudo na Inglaterra, em algumas regiões dos Países Baixos e da Alemanha, que no tempo de Bacon se tornaram determinantes. Dentre essas condições, destacam-se o crescimento demográfico e a consequente subocupação na agricultura, a expansão do mercado neocolonial e a oportunidade dada aos mercados de investir onde se podia explorar a força do trabalho rural.

A noção de modernidade, a formação de centros urbanos e, sobretudo, o advento da Revolução Francesa corroboram e muito para a trans-

---

[2] MONTOYA, Alfredo Melgar. *Derecho Del Trabajo*. 24 ed. Madrid: Tecnos, 2003, p. 56-58 *apud* NASCIMENTO, Carlota Bertoli. A necessidade de regulamentação do Teletrabalho como meio de efetivação dos Direito Fundamentais dos Trabalhadores. Porto Alegre: 2012, p. 13.

[3] DE MAIS, Domenico. Desenvolvimento sem trabalho. São Paulo: Editora Esfera, 1999, p. 23.

[4] NASCIMENTO, Carlota Bertoli. A necessidade de regulamentação do Teletrabalho como meio de efetivação dos Direito Fundamentais dos Trabalhadores. Porto Alegre: 2012, p. 14.

[5] DE MAIS, Domenico. Desenvolvimento sem trabalho. São Paulo: Editora Esfera, 1999, p. 37-38.

formação da sociedade industrial. Ainda aponta-se como marco histórico para eclosão da sociedade industrial a Reforma Protestante, pois o movimento impulsionado por Martinho Lutero agregou novo significado ao trabalho, de modo que a concepção de trabalho da religião cristã foi substituída pela concepção protestante, que entendia o labor como um meio de servir a Deus, e a profissão, uma vocação divina.[6]

Nessa linha, refere-se que, no fim do século XVIII, na Inglaterra, a escassez de proletários e a exigência de subordinados mais motivados ao trabalho levaram à mecanização da fiação da tecelagem, que deu origem ao modo de produção industrial. Nesse passo, fora deflagrada a Revolução Industrial, caracterizada pela presença de inovações tecnológicas em substituição do trabalho do homem pelo trabalho das máquinas, bem como a substituição do esforço físico do homem, e também dos animais, por energia inanimada, possibilitando o ingresso da sociedade em uma economia moderna.[7]

Desta forma, a sociedade industrial nasceu do notório crescimento econômico mundial, o qual foi intimamente ligado ao crescimento dos postos de trabalho, e se estruturou produtivamente mediante as estratégias do fordismo e taylorismo, ambas visando à otimização do processo produtivo e a produção em massa.[8] Consagrou-se, destarte, a sociedade industrial, lastreada na produção em série de bens materiais em que havia predominância do setor industrial como grande alocador da força de trabalho.

Traçando-se um paralelo entre as teorias de produção que marcaram a sociedade industrial é possível caracterizar a primeira como sendo um sistema denominado *Just in case*, ou seja, o modo de produção contínua e desvinculada das flutuações de demanda do mercado. Ainda nesse modelo, em que ocorria a mecanização da produção, as tarefas eram simplificadas e divididas, e a produção era rigidamente separada tonificando a distinção entre aqueles que dirigem e planejam daqueles que executam.[9]

O modelo fordista de produção é marcado pela fragmentação, por suas unidades fabris, concentradas, verticalizadas e pela produção cronometrada. Embora não se possa traçar uma forma de divisão clara entre

---

[6] DORNELES, Leandro do Amaral D. A Transformação do Direito do Trabalho: da lógica da preservação à lógica da flexibilidade – São Paulo: LTr, 2002, p.18-19.

[7] LANDES, David Sanches *apud* DE MAIS, Domenico. O Desenvolvimento sem trabalho:[tradução Eugência Deheinzelin] – São Paulo: Editora Esfera, 1999, p. 39.

[8] DORNELES, Leandro do Amaral D. Teoria Geral da Relação de Emprego e Sociedade Pós-Industrial: algumas reflexões. *In* Temas de Direito e Processo do Trabalho. Volume I- Relação de Emprego: Estudos em Homenagem Paulo Orval Particheli Rodrigues. Organizadores: Cínthia Machado de Oliveira e Leandro do Amaral Dorneles de Dorneles. Porto Alegre: Verbo Jurídico, 2012, p. 35-36.

[9] Op. cit., 2012, p. 39-41.

estes dois modelos de produção ou forma de trabalho, pela comparação entre as técnicas de Ford e Taylor, a separação entre execução e planejamento, fragmentação e tempo controlado do trabalho se mantém na produção em massa fordista. Paralelamente, o gerenciamento da produção fordista parece mais desenvolvido se considerar o valor dado à dimensão subjetiva do trabalhador e à redução dos níveis hierárquicos, sugerindo uma descontinuidade dialética com os fundamentos do método de Taylor.[10]

Verifica-se, por vezes, que tais modelos se complementavam. Sendo assim, o modelo de produção em massa fordista foi universalizado e combinado com as técnicas de administração científica tayloristas, ao passo que foram ampliados diversos direitos sociais, o que suavizou temporariamente o conflito inerente à relação capital-trabalho até a crise de seu padrão de acumulação. Por sua vez, o Estado arrecadava os impostos e assegurava certos direitos trabalhistas, o patronato se comprometia com o pagamento dos altos salários inspirados no modelo produtivo de Ford, e os trabalhadores suportavam as formas fordistas-tayloristas de exploração do trabalho.[11]

O modelo taylorista de produção pode ser definido como um método em que o trabalhador desconhecia todas as etapas do processo de produção, reservando-se apenas à realização de sua tarefa mecânica e repetitiva. Dessa forma, é possível ter um controle máximo sobre a produção e a execução do trabalho para assim a empresa ampliar sua produtividade. Para obter tal resultado, exigia-se dos trabalhadores um grau de treinamento e especialização fragmentada, ou seja, tornar o trabalhador excelente em apenas uma etapa da produção para que haja maior produtividade.[12]

A fim de eliminar todo e qualquer desperdício de produção e de superar o modelo de massa americano, surge um novo modelo de produção denominado Toyotismo, que era fundamentado em duas premissas: *just-in-time*[13] e a automação com um toque humano. Tais fundamentos desenvolveram a ideia do trabalho em equipe, dos círculos de controle da qualidade (CCQs), da multifuncionalidade, da flexibilidade e do estí-

---

[10] BATISTA, Érika. Fordismo, Taylorismo e Toyotismo: apontamentos sobre suas rupturas e continuidades. Londrina: 2008. In <www.uel.br/grupopesquisa/gepal/terceirosimposio/erika batista.pdf>. Acesso em 30/05/2013, às 9h25min

[11] Ibidem

[12] GUIMARÃES, Cintia Ione Santiago. Teleoperadores de Call Center de uma empresa de comunicação de Porto Alegre: um estudo sociológico. Porto Alegre, 2012, p. 25.

[13] A expressão *just-in-time* pode ser definida como uma estratégia de produção que busca melhorar o retorno do investimento empresarial adequando a compra da matéria prima e a produção ao exato volume de demanda: ou seja, cada etapa é realizada em seu determinado tempo, de modo que a matéria prima só será adquirida quando de fato for necessário, bem como os produtos somente seram fabricados a tempo de serem vendidos ou montados.

mulo à iniciativa do trabalhador, e que já estavam presentes no modelo fordista, ainda que de forma elementar e não sistematizada.[14]

Em paralelo à sociedade industrial, inúmeras transformações mundiais iniciavam a época da sociedade pós-industrial, na qual a produção de bens é ultrapassada pela predominância da prestação de serviços cuja matéria prima essencial era a informação. Além disso, a tecnologia sempre foi elemento essencial ao desenvolvimento da vida humana, o que acelerou o processo de transformação da sociedade.

Nesse sentido, refere o sociólogo De Masi que assim como a sociedade industrial expropriou os camponeses de suas terras e do seu modo de vida, a sociedade pós-industrial expropria os trabalhadores de seus empregos.[15] Desenha-se na sociedade pós-industrial o chamado capital contemporâneo[16] em que ocorre a nítida redução da classe operadora industrial, a desmaterialização do trabalho, a informatização, a intelectualização do trabalho e, ao contrário do que ocorria na sociedade industrial, o crescimento econômico se desvincula do aumento dos números de postos de trabalhos formais.

Nessa linha, principalmente a partir da década de 70, em que foram publicadas importantes obras e estudos para a então chamada sociedade da informação, entende-se que o mundo ingressa na "Revolução Tecnológica", a qual passa a influenciar cada vez mais o modo de pensar, agir e viver da sociedade mundial.[17] Alguns classificam esse período de "Terceira Revolução Industrial", ou ainda de "Revolução da Informação", todavia, a par da denominação concedida, o importante é o seu resultado, qual seja, o rápido avanço das tecnologias da informação e das telecomunicações, com visíveis modificações nas formas de relacionamentos sociais, pessoais, familiares e laborais.

Essas novas tecnologias precisaram de uma condição *sine qua non* de confiabilidade, para que a sociedade buscasse aos poucos a adaptação ao novo. Somente observar não bastaria. Sendo assim, nada melhor do que o apelo à sociedade para participar do todo reconstruído e a partir de então acompanhar as revoluções tecnológicas que vêm acontecendo no mundo. Assim, a aplicação imediata no próprio desenvolvimento da tecnologia gerada. Foi observada entre meados dos anos 70 e 90 do século

---

[14] BATISTA, Érika. Fordismo, Taylorismo e Toyotismo: apontamentos sobre suas rupturas e continuidades. Londrina: 2008. In <www.uel.br/grupopesquisa/gepal/terceirosimposio/erika batista.pdf>. Acesso em 30/05/2013, às 9h25min

[15] DE MASI, Domenico. O Futuro do trabalho, Brasília: UNB, 1999, p. 24.

[16] Expressão utilizada por André Gorz em sua obra intitulada *Adeus ao proletariado*, Rio de Janeiro: Forense, 1982.

[17] CORTMIGLIA, Angela Nogueira. As inovações tecnológicas na construção do conhecimento. *In Conversas e Controvérsias*, Porto Alegre, v.1, n.1, p. 19-30. 2010/1

passado. Principalmente, no final dos anos 90, a Revolução Informacional ganhou forte impulso nos Estados Unidos através da biotecnologia.

A Revolução Informacional ou o Informacionalismo pode ser assim entendida:

> [...] um novo modelo de desenvolvimento que privilegia o uso da tecnologia o, informacionalismo sucede ao industrialismo, mode de desenvolvimento surgido a partir da metade do século XVIII, que tinha por característica principal a ênfase na mecanização do trabalho braças, na obtenção de fontes de energia e na capacidade de descentralização do uso da energia ao longo dos processos de produção e circulação de mercadorias. Assim, se no industrialismo a tecnologia, entendida como aplicação do conhecimento aos processos de produção de mercadorias, está voltada para o crescimento da economia informacionalista, gerando níveis cada vez maiores de acumulação de conhecimento e de complexidade no processamento da informação.[18]

Muito embora a ideia de sociedade digital seja bastante destoante e inovadora em relação às sociedades anteriores já ultrapassadas pela humanidade, é inegável o curso social em rumo ao desenvolvimento tecnológico e ao estudo dos impactos das inovações tecnológicas nas relações sociais e, precipuamente, trabalhistas.

Em uma sociedade dessa espécie, a informação é o centro da vida econômica e social. Além disso, é também o agente transformador da sociedade.[19] O reconhecimento dessa sociedade da informação envolve critérios tecnológicos sociais, econômicos e também culturais.[20] Assim, entende-se que a sociedade da informação se consagra no contexto da Internet e das Tecnologia da Informação e Comunicação (TIC).

Nesse contexto, tem-se que a disseminação da rede e o impacto do *world wide web* (www) em meados da década de 90 foi ocupando um espaço cada vez maior e decisivo na sociedade global, tornando-se atualmen-

[18] BUZATO, Marcelo El Khouri. As (outras) quatro habilidades. Revista digital de tecnologia educacional e educação à distância, v.1, n.1, 2004. TEED – Grupo de Tecnologia Educacional e Educação à Distância – Disponível em www.pucsp.br/tead/n1a/artigos – Acesso em 31 de maio de 2013.

[19] WINTER, Vera Regina Loureiro. *Teletrabalho uma forma alternativa de emprego*. São Paulo: LTr, 2005, p. 63-64

[20] A Sociedade do século XXI e que envolve as TICs possui diversas denominações tais como "Aldeia global", "era tecnotrônica", "sociedade pós-industrial", "era – ou sociedade – da informação" e "sociedade do conhecimento" entende-se que não há divisão clara entre estas sociedades, pois estas se confundem. Portanto refere-se a sociedade pós-industrial como gênero e sociedade digital como especie de modo que esta última não deixa de estar inserida na na era pós-industrial. Entende-se, por fim que o concenito de Sociedade da Informação surge da necessidade de explicar e justicar esse conjunto de fenômenos sociais relacionados pricnipalmente aos avanços da tecnologia da informação. Ainda nessa linha, explica-se que as distintas terminologias utilizadas para retratar o padrão produtivo contemporâneo correspondem a aportes teóricos e abordagens que prosperam em distintas áreas do conhecimento, como a ciência da informação, ciências gerenciais e administrativas e ciências econômicas, dentre outras, e que procuram compreender e melhor interpretar esta nova sociedade. Contudo, a existência de distintas terminologias reflete interpretações diferentes e ênfases distintas a um ou outro aspecto deste complexo e multifacetado momento, e nesse sentido, as expressões usadas não são excludentes. Elas possuem em comum o fato de atribuírem papel fundamental às políticas públicas de ciência, tecnologia e inovação

te um recurso indispensável nas relações cotidianas de muitas pessoas na maioria das cidades do mundo.[21]

Na atualidade, é importante coordenar e fomentar ações para a utilização de Tecnologias de Informação, Educação e Comunicação, de forma a contribuir para a inclusão social de todos nessa nova sociedade. Ao mesmo tempo contribuir para que a economia do nosso país tenha condições de competir no mercado global. Investir na inclusão digital não significa apenas alfabetizar tecnologicamente os indivíduos, as famílias e comunidades, mas também inserir conteúdos, avaliar seus processos de recepção e mediação, tendo como finalidade a aplicabilidade social para que a sociedade esteja melhor preparada para os desafios da informação e do desenvolvimento tecnológico.[22]

Assim, tem-se que a tendência da modernidade é a imperiosa mudança social diante da sucessão de fases históricas ora brevemente analisadas, de modo que a conclusão que se chega não pode ser outra: não há como ignorar a crescente invasão da tecnologia das relações sociais e trabalhistas, sendo irreal não acompanhá-las.

3. A manifestação da tecnologia na sociedade moderna: o mundo do trabalho

O trabalho na atual sociedade moderna se constitui em um dos maiores valores econômico, social e cultural. É através do trabalho que se obtém educação, cultura, lazer, propriedade, liberdade e igualdade. Arrisca-se mais, pois é através do trabalho que o ser humano alcança dignidade. Não é a toa que a grande maioria da sociedade apresenta-se mencionando de praxe a sua profissão. Se antes o trabalho era visto como um pesar, como uma pena ou apenas comum para aqueles que supostamente seriam hierarquicamente inferiores, atualmente, o trabalho tem força e *status* social. Trabalha-se hoje muito mais pela obtenção do acúmulo de capital, trabalha-se para satisfazer-se pessoalmente.

Nessa linha, explica Luciano Martinez que:[23]

> A resignação da expressão "trabalho", como atributo de dignidade e de valor, decorreu de um novo sentido que lhe foi outorgado por aqueles que, sendo submissos (escravos

---

[21] GUERREIRO, Evandro Prestes. *Cidade Digital*: infoinclusão social e tecnológica em rede – São Paulo: Editora Senac São Paulo, 2006.

[22] CASTELLS, M. *A sociedade em rede*. São Paulo: Paz e Terra. 1999 *apud* POR UMA SOCIEDADE DIGITAL: INFORMAÇÃO E DESENVOLVIMENTO Trabalho apresentado ao VI Encontro Nacional de Pesquisa em Ciência da Informação – VI Enancib (GT 3: Mediação, Circulação e Uso da informação) Florianópolis, Santa Catarina, 2005 Antônio Lisboa Carvalho de Miranda e Ana Valéria Machado Mendonça.

[23] MARTINEZ, Luciano. *Curso de direito do trabalho*: relações individuais, sindicais e coletivas do trabalho. 2. ed. São Paulo: Saraiva, 2011, p. 37.

e servos), encontravam nele a chave para a liberdade e por aqueles que, sendo livres, atribuíam a ele o valor de lazer e aperfeiçoamento do espírito. Nessa ordem de coisas, o trabalho humano evoluiu "do sombrio ermo moral da escravidão para a aspereza relativa da servidão (à pessoa ou à gleba), que imperou na Idade Média, e desta para o remanso do humanismo renascentista e do iluminismo da Idade Moderna, até chegar ao contrato de trabalho concebido no ventre da Revolução Industrial.

Como exposto anteriormente, a influência tecnológica na sociedade e, portanto, também no trabalho, é algo irrefutável e que não permite retrocesso. O mercado de trabalho e o perfil dos empregados foram modificados. A tecnologia já está presente no cotidiano de cada trabalhador, trabalha-se utilizando celulares e *smartphones*, faz-se *call conference* ou *video conference*, utilizam-se cada vez mais ferramentas como *Skype*, *notebooks*, *tablets*, e a Internet já é essencial ao trabalho da grande maioria dos profissionais.

Sem sombra de dúvida, a tecnologia modificou as relações de trabalho no mundo, principalmente, porque a informação é o elemento central da sociedade contemporânea e a moeda de troca mais valiosa em qualquer lugar do mundo. Aliás, sempre as alterações tecnológicas foram importantes e impactaram nas relações trabalhistas. Veja-se que, se hoje estamos na sociedade pós-industrial e vivemos o Informacionalismo diante das principais mudanças decorrentes dos meios de informação e comunicação (TIC), antes a tecnologia mediante a criação da máquina a vapor, transformaram a sociedade de predominantemente rural em um sociedade industrial pelo impacto que as novas máquinas e os novos meios de produção causaram entre os empregados e os empregadores.

Professores podem ensinar a distância. O Ensino a Distância (EAD) vem crescendo como forma de ministrar aulas em todo o Brasil. Médicos cada vez mais operam mediante a utilização de equipamentos tecnologicamente sofisticados de modo que, algumas vezes, sequer o médico necessita estar presencialmente na sala de cirurgia. Não importa em que país se mora, o comércio dos dias atuais é mundial, sendo possível que qualquer pessoa compre produtos do mundo inteiro. O setor público também já utiliza a tecnologia a seu favor. Os servidores públicos, juízes, desembargadores, dentre outros, podem trabalhar remotamente do local que desejarem, acessando o sistema de intranet dos órgãos a que são vinculados. Tamanha é a tendência da modalidade na seara pública que o Tribunal Superior do Trabalho divulgou, em julho de 2012, a Resolução nº 109 do Conselho Superior da Justiça do Trabalho,[24] dispondo sobre a realização de teletrabalho, a título de experiência, no âmbito da Justiça do Trabalho de primeiro e segundo graus.

---

[24] A íntegra da Resolução nº 109/CSJT está disponível em <http://aplicacao.tst.jus.br/dspace/handle/1939/25000>.

O trabalho realizado mediante a utilização de meios telemáticos de comunicação é comum em todas as relações trabalhistas inclusive na relação de emprego.[25] O empregado que labora utilizando ferramentas de comunicação e meios telemáticos pode trabalhar *in loco*, ou seja, no interior do estabelecimento da empresa, ou também distante do local físico, isto é, trabalha em casa, em centros *coworkink*[26] ou de qualquer outra localidade que julgue pertinente, inclusive fora do país em que está situada a sede do seu empregador.

Deste modo, pode-se concluir que a principal manifestação da tecnologia no mundo do Direito do Trabalho tem sido, sem sombra de dúvidas, o teletrabalho. Em primeiro, porque, enquanto trabalho mediado pelas tecnologias da informação e comunicação, o teletrabalho é uma modalidade típica e decorrente da sociedade da informação. Ademais, tal modalidade altera substancialmente as relações trabalhistas, principalmente em relação à visão tradicionalista entre empregado e empregador. A fim de ilustrar essa forte tendência do Direito do Trabalho, traz-se à baila o seguinte quadro:[27]

Tabela 1 – Percentual de teletrabalhadores em vários países europeus, de indivíduos e de organizações interessados no teletrabalho

País	% de teletrabalhadores	Indivíduos interessados em teletrabalho	Organizações interessadas em teletrabalho
Inglaterra	7,4	43,5	34,4
França	7,0	49,8	39,3
Alemanha	4,8	40,5	40,4
Espanha	3,6	54,6	29,6
Itália	2,2	45,4	41,8

[25] Nesse sentido, ensina Maurício Godinho Delgado: "A Ciência do Direito enxerga clara distinção entre relação de trabalho e relação de emprego. A primeira expressão tem caráter genérico: refere-se a todas as relações jurídicas caracterizadas por terem sua prestação essencial centrada em uma obrigação de fazer consubstanciada em labor humano. Refere-se, pois, a toda modalidade de contratação de trabalho humano modernamente admissível. A expressão elação de trabalho englobaria, desse modo, a relação de emprego, a relação de trabalho autônomo, a elação de trabalho eventual, de trabalho avulso e outras modalidades de pactuação de prestação de labor (como trabalho de estágio, etc.). Traduz, portanto, o gênero a que se acomodam todas as formas de pactuação de prestação de trabalho existentes no mundo jurídico atual" (*Curso de direito do trabalho*. 4. ed. São Paulo: LTr, 2005). Nessa mesma linha de argumentação a Professora Alice Monteiro de Barros: "Existem relações de trabalho lato sensu que não se confundem com a relação de emprego, considerada relação de trabalho stricto sensu. São elas o trabalho autônomo, o eventual, o avulso, entre outros" (*Curso de direito do trabalho*. São Paulo: LTr, 2005, p. 200).

[26] A expressão *coworking* se refere a um espaço para trabalho para aqueles trabalhadores que geralmente trabalham em casa ou viajam muito e, a fim de evitar o isolamento, une-se a outros trabalhadores em uma espécie de escritório coletivo.

[27] TREMBLAY, D. G. Organização e satisfação no contexto do teletrabalho. *RAE: Revista de Administração de Empresas*, São Paulo, v. 42, n. 3, p. 54-65, 2002.

Depreende-se, de uma breve análise do quadro acima colacionado, que em média 37% dos indivíduos têm interesse em teletrabalho e aproximadamente a mesma média de organizações e empresas mostram-se favoráveis à contratação de teletrabalhadores.

Segundo Tremblay,[28]Professora e Diretora de Pesquisa da Téle-univesité da Universidade de Quebec, a satisfação do trabalhador virtualizado está bastante associada ao fato de flexibilizar seus horários e reduzir o tempo com deslocamentos, alternando a dinâmica social do convívio com a família. A referida conclusão foi obtida após uma pesquisa sobre teletrabalho conduzida entre os anos de 1999 e 2000 e coordenada pelo Centro Francófono de Informatização das Empresas. Conforme a pesquisa, a sociabilidade no trabalho é fruto da comunicação entre os trabalhadores, e essa comunicação precisa ocorrer no contexto virtual. Nilles[29] afirma que as trocas de informação, sejam estas formais ou informais, são peças importantes nas questões motivacionais do trabalhador.

Muitos criticam a influência da tecnologia de forma direta nas relações trabalhistas, pois acreditam que a flexibilização do direito do trabalho seja consequência dessa influência e que acarrete prejuízos irreversíveis aos trabalhadores. Ainda, alegam que os efeitos da tecnologia culminam no desemprego, no crescimento do mercado de trabalho informal e na terceirização.[30] Contudo, há de salientar que flexibilizar o direito do trabalho não significa desregulamentá-lo, mas sim, adequá-lo à modernidade dos dias atuais a fim de enfrentar os novos desafios impostos pelo século marcado pela tecnologia *hightech.*

A expressão "flexibilização das relações de trabalho" surgiu justamente em decorrência da adaptação do trabalho às necessidades econômicas e sociais da época em que está inserida a sociedade. Ocorre que tais adaptações contrastam com as relações trabalhistas oriundas do modelo de sociedade industrial lastreado nas formas de produção fordista, taylorista e toyotista, em que havia a necessidade da presença física do trabalhador.

A flexibilização do direito do trabalho significa utilizar as tecnologias da informação e comunicação em favor do trabalhador, criando novas formas de trabalho, como é o caso do teletrabalho, justificando-se, assim, adaptações no direito do trabalho para a realização de uma efetiva justiça social.

---

[28] TREMBLAY, D. G. Organização e satisfação no contexto do teletrabalho. *RAE: Revista de Administração de Empresas,* São Paulo, v. 42, n. 3, p. 54-65, 2002.

[29] NILLES, J. M. *Fazendo do teletrabalho uma realidade*: um guia para telegerentes e teletrabalhadores. São Paulo: Futura 1997.

[30] Nesse sentido, posiciona-se o estadunidense Jeremy Rifkin, autor do livro *The end of work,* e o autor brasileiro Gilberto Dupas, autor do livro *Economia Global e Exclusão Social.*

No teletrabalho, unem-se os conceitos de "trabalho" e "distância" através das telecomunicações, podendo ser em favor de alguém ou por conta própria. Entende-se o trabalho como toda atividade geradora de riquezas e impulsionadora da economia, e por distância, em seu entendimento geográfico, expressa a ideia de trabalhadores remotos, laborando fora do local físico tradicional do empregador. A mediação entre esses dois requisitos, como referido, é através da telecomunicação, sendo estes sistemas capazes de encurtar a distância física existente, mantendo as partes da relação trabalhista conectadas por meios de telecomunicação.[31]

O teletrabalho pode ser executado em domicílio do próprio trabalhador, em um centro satélite, em um telecentro, na sede do cliente ou de forma móvel.[32] As modalidades do teletrabalho são: teletrabalho *Off* – a comunicação é utilizada apenas para o cumprimento da tarefa, sendo a produção enviada por correio ou entregue pessoalmente; teletrabalho *One way line* – não há interatividade entre as partes da relação de trabalho, a comunicação é unimodal, por exemplo, por *pagers;* teletrabalho *On line* – trabalhadores e empresa se comunicam continuamente.[33]

É possível identificar inúmeras vantagens decorrentes pelo uso do teletrabalho. As vantagens não se limitam ao teletrabalhador, atingindo também a empresa que adota esta modalidade, assim como a sociedade. Ao teletrabalhador, identificam-se vantagens como, por exemplo, a redução de custos com alimentação, transporte e vestuário, mais tempo à sua disposição para lidar diretamente com os clientes, além de dispor de uma melhor forma do seu tempo de convívio familiar. Ainda mais vantajosa é a prerrogativa de possuir maior facilidade em determinar seu estilo de vida e de trabalho, reduzindo o tempo de locomoção aos escritórios e empresas, bem como o trabalho para pessoas com restrições de tempo e, principalmente, de trabalhadores portadores de deficiências físicas.

A ausência de restrição para locomoção do trabalhador concomitantemente pode ser vista como uma das mais importantes vantagens para a empresa. Observa-se que, com o advento da Lei n. 8.213, de 24 de julho

---

[31] FINCATO, Denise Pires. Teletrabalho: uma análise juslaboral. In: *Questões controvertidas do trabalho e outros estudos.* Gilberto Sturmer (org.); Amélia Elisabeth Baldoino da Silva Sturmer [et al.]. Porto Alegre: Livraria do Advogado, 2006, p. 47.

[32] Centro satélite é aquele local considerado pertencente da empresa, mas que não chega a ser filial da empresa, estando assim em pontos geograficamente distantes da empresa empregadora. Telecentros (também denominados de *coworking)* são espaços físicos que oferecem uma boa infraestrutura àqueles que precisam trabalhar e não estão ou não possuem um escritório ou estabelecimento para isso.

[33] FINCATO, Denise Pires. Teletrabalho: uma análise juslaboral. In: *Questões controvertidas do trabalho e outros estudos.* Gilberto Sturmer (org.); Amélia Elisabeth Baldoino da Silva Sturmer [*et al.*]. Porto Alegre: Livraria do Advogado, 2006, p. 51-52.

de 1991,[34] as empresas estão obrigadas a preencher 2% (dois por cento) a 5% (cinco por cento) dos seus cargos com beneficiários reabilitados ou pessoas portadoras de deficiência. As exigências de contratação variam com o número de empregados da empresa. Assim, os trabalhadores especiais deverão ser contratados na proporção de 2% (dois por cento) para empresas com até 200 (duzentos) empregados; 3% (três por cento) para empresas com 201 (duzentos e um) a 500 (quinhentos empregados), 4% (quatro por cento) para empresas com 501 (quinhentos e um) a 1.000 (um mil) empregados e de 5% (cinco por cento) para empresas com mais de 1.001 (um mil e um) empregados. Portanto, a contratação de teletrabalhadores portadores de deficiência ou reabilitados torna uma opção bastante viável para que as empresa de forma adequada e observando a necessidade destes trabalhadores, também cumpram com o seu dever legal de reinserir estas pessoas em cargos que garantam excelente retorno para ambas as partes. Ressalva-se apenas que a atividade explorada pela empresa deve ser compatível à atividade que permita a aplicação da modalidade do teletrabalho, pois, caso contrário, a contratação de teletrabalhadores não será viável.

Identifica-se também como vantagem para as empresas que empregam teletrabalhadores a diminuição da sua estrutura física. Todavia, tal fato não importará necessariamente na redução de gastos com a infraestrutura, considerando que a empresa deverá conceder todas as condições saudáveis para o bom desempenho do trabalho do teletrabalhador. Igualmente, a ampliação da área geográfica para recrutamento será mais vantajosa, vez que o teletrabalho reduz distâncias e permite a prestação de serviço mesmo fora do país da sede da empresa.

Existirão ainda óbvias vantagens para a sociedade que terá um número menor de veículos circulando nas ruas e também um menor consumo de energia, porque uma pessoa trabalhando em casa não consome a mesma energia que uma empresa para manter posições físicas de trabalho em seus estabelecimentos. Soma-se a isso a vantagem de melhor distribuição geográfica, pois o teletrabalhador que se fixa em sua cidade prestigia o comércio local, participa dos grupos sociais existentes e usufrui horas de lazer.

Embora o teletrabalho se mostre a tônica do mundo do trabalho, considerando os reflexos da tecnologia da sociedade da informação, é importante esclarecer que são também evidenciadas desvantagens nessa nova modalidade de contratação.

[34] BRASIL, Lei n. 8.213, de 24 de julho de 1991. Dispõe sobre os Planos de Benefícios da Previdência Social e dá outras providências. Disponível em: <http://www.planalto.gov.br/ccivil_03/leis/L8213compilado.htm>. Acesso em: 03 de junho de 2013.

As desvantagens podem variar desde a sensação de perda do "status" de trabalhador até o isolamento social.[35] Para as empresas, as maiores e mais custosas desvantagens são referentes aos custos de equipamentos, caso o teletrabalho seja realizado no domicílio do empregado, diante da necessidade de adaptação daquele ambiente de forma adequada para a execução da atividade laboral. Ainda, a ausência de legislação trabalhista clara que garanta ao empregador uma relativa segurança jurídica, mostra-se temerária àquelas empresas que gostariam de investir no teletrabalho.

A fim de evitar ou atenuar as desvantagens relacionadas ao teletrabalhador, aponta-se que é fundamental o modelo do teletrabalho ser utilizado apenas por trabalhadores que consintam com esta condição, sob pena do modelo fadar ao fracasso diante da não adaptação do trabalhador. Portanto, inegavelmente o teletrabalho deve ocorrer de forma voluntária e não imposta pelos empregadores.

A par das vantagens e desvantagens do teletrabalho, sem adentrar no mérito da questão, pois não se mostra tão relevante para o presente artigo, é importante destacar que é notória a interferência da tecnologia que domina a sociedade moderna no direito do trabalho, de modo que se vislumbra o teletrabalho como principal manifestação desta influência sob a ótica das relações trabalhistas. Assim, deve existir um esforço comum da sociedade, governantes, legisladores e empresas para que tal tecnologia seja utilizada de forma favorável a todos, principalmente, no que diz respeito ao teletrabalho.

Assim, tem-se que é necessária a mudança social diante da sucessão de fases históricas ora brevemente analisadas, de modo que a conclusão a que se chega não pode ser outra: não há como ignorar a crescente invasão da tecnologia nas relações sociais, sendo irreal não acompanhá-la, cabendo apenas a verificação da sua inclusão no trabalho, bem como análise das transformações decorrentes, sejam estas positivas ou negativas, para, ciente destes termos, adaptar a tecnologia da melhor forma possível ao trabalho da moderna sociedade atual.

4. Considerações finais

Com o amparo nas considerações feitas ao longo deste artigo, foi possível realizar uma breve análise da evolução histórica das sociedades sob a ótica do trabalho, sendo este relevante fator social. Desse modo,

[35] Para muitos estudiosos, o isolamento social é visto como a maior desvantagem do teletrabalho, considerando que tal sintoma poderá se desenvolver e acarretar em doenças como, por exemplo, a depressão.

constataram-se as mudanças decorrentes na sociedade como um todo, explorando a importância digital e seus reflexos no mundo do trabalho.

Visando a entender o momento em que a sociedade se encontra, buscou-se demonstrar de forma sucinta a evolução e a história das sociedades, principalmente em relação ao trabalho do homem. De tal modo, procurou-se a acepção da sociedade moderna e entendeu-se, por fim, que, embora a conceituação seja tarefa árdua, inegavelmente o agente transformador desta sociedade é a informação e os critérios tecnológicos sociais, econômicos e também culturais.

Após tais apontamentos históricos, analisou-se a manifestação decorrente da tecnologia na sociedade atual à luz do direito do trabalho e levantaram-se mudanças nele incidentes. Constatou-se que a sociedade moderna traz a informação, e a tecnologia traz a ampliação de espaços, a redução de distâncias e um maior tempo dedicado à família e ao lazer, o que implica um renascimento cultural do trabalhador. Contrastou-se essa nova concepção de trabalhador com a de antigamente, que, era caracterizado como aquele que realizava apenas um trabalho mecânico e repetitivo. Concluiu-se que a força motriz do trabalho não é mais a mão de obra, mas sim o conhecimento e a informação, e isso acarreta em uma quebra de paradigma do mundo e na sociedade que deverá se adaptar diante das fortes manifestações da tecnologia com reflexos eminentemente sociais.

Citou-se o teletrabalho como principal manifestação da sociedade moderna e da tecnologia em se tratando das relações trabalhistas. Observou-se que tal modelo pode se mostrar bastante vantajoso para a sociedade, empresas e também para os teletrabalhadores, salientando-se, em contrapartida, algumas desvantagens, sendo a mais grave delas o isolamento social.

Diante disso, concluiu-se que a sociedade moderna e as novas tecnologias da informação são a realidade do mundo atual e globalizado, de modo que cumpre apenas analisar as mudanças decorrentes dessa nova realidade, principalmente, com enfoque nas relações de trabalho. As novas perspectivas da sociedade da informação serão reflexos das mudanças até então vislumbradas. Independente de reputá-las como positivas ou negativas, as mudanças então decorrentes são estas: (i) libertação da ideia tradicional de trabalho, que era ligada a força física e a mecanização; (ii) trabalhador em busca de vivência, liberdade e auto satisfação; (iii) valorização do trabalho na sociedade (iv) possível marginalização de trabalhos físicos e maçantes; (v) rapidez e lógica para o armazenamento de todas as informações que vertem da sociedade atual; e (vi) o teletrabalho como exemplo de manifestação desse fenômeno.

Referências bibliográficas

BATISTA, Érika. Fordismo, Taylorismo e Toyotismo: apontamentos sobre suas rupturas e continuidades. Londrina: 2008. In <www.uel.br/grupopesquisa/gepal/terceirosimposio/erika batista.pdf>. Acesso em 30/05/2013, às 9h25min.

BRASIL, Lei n. 8.213, de 24 de julho de 1991. Dispõe sobre os Planos de Benefícios da Previdência Social e dá outras providências. Disponível em: <http://www.planalto.gov.br/ccivil_03/leis/L8213compilado.htm>. Acesso em: 03 de junho de 2013.

BUZATO, Marcelo El Khouri. As (outras) quatro habilidades. Revista digital de tecnologia educacional e educação à distância, v.1, n.1, 2004. TEED – Grupo de Tecnologia Educacional e Educação à Distância – Disponível em <www.pucsp.br/tead/n1a/artigos>. Acesso em 31 de maio de 2013.

CASTELLS, M. A sociedade em rede. São Paulo: Paz e Terra. 1999 *apud* Por uma sociedade digital: informação e desenvolvimento Trabalho apresentado ao VI Encontro Nacional de Pesquisa em Ciência da Informação – VI Enancib (GT 3: Mediação, Circulação e Uso da informação) Florianópolis, Santa Catarina, 2005 Antônio Lisboa Carvalho de Miranda e Ana Valéria Machado Mendonça.

CORTMIGLIA, Angela Nogueira. As inovações tecnológicas na construção do conhecimento. *In Conversas e Controvérsias*, Porto Alegre, v.1, n.1, p.19-30. 2010/1

DE MAIS, Domenico. *O Futuro do trabalho*, Brasília: UNB, 1999.

——. *Desenvolvimento sem trabalho*. São Paulo: Editora Esfera, 1999.

DORNELES, Leandro do Amaral D. *A Transformação do Direito do Trabalho*: da lógica da preservação à lógica da flexibilidade – São Paulo: LTr, 2002.

——. Teoria Geral da Relação de Emprego e Sociedade Pós-Industrial: algumas reflexões. *In Temas de Direito e Processo do Trabalho*. Volume I- Relação de Emprego: Estudos em Homenagem Paulo Orval Particheli Rodrigues. Organizadores: Cínthia Machado de Oliveira e Leandro do Amaral Dorneles de Dorneles. Porto Alegre: Verbo Jurídico, 2012.

FINCATO, Denise Pires. *Teletrabalho*: uma análise juslaboral. In: Questões controvertidas do trabalho e outros estudos. Gilberto Sturmer, org.; Amélia Elisabeth Baldoino da Silva Sturmer [*et al.*] – Porto Alegre: Livraria do Advogado, 2006.

FRIEDMAN, Thomas L. *O mundo é plano*: uma breve história do Século XXI / Thomas L. Friedman; tradução [da Ed. Atualizada e ampliada] Cristina Serra, Sergio Duarte, Bruno Casotti. – Rio de Janeiro: Objetiva, 2007.

GUERREIRO, Evandro Prestes. *Cidade Digital*: infoinclusão social e tecnológica em rede – São Paulo: Editora Senac São Paulo, 2006.

GUIMARÃES, Cintia Ione Santiago. *Teleoperadores de Call Center de uma empresa de comunicação de Porto Alegre*: um estudo sociológico. Porto Alegre, 2012.

MARTINEZ, Luciano. *Curso de direito do trabalho*: relações individuais, sindicais e coletivas do trabalho. – 2ª. ed. – São Paulo: Saraiva, 2011.

MONTOYA, Alfredo Melgar. *Derecho Del Trabajo*. 24 ed. Madrid: Tecnos, 2003, p. 56-58 *apud* NASCIMENTO, Carlota Bertoli. A necessidade de regulamentação do Teletrabalho como meio de efetivação dos Direito Fundamentais dos Trabalhadores. Porto Alegre: 2012.

NASCIMENTO, Carlota Bertoli. *A necessidade de regulamentação do Teletrabalho como meio de efetivação dos Direito Fundamentais dos Trabalhadores*. Porto Alegre: 2012.

NILLES, J. M. *Fazendo do teletrabalho uma realidade*: um guia para telegerentes e teletrabalhadores. São Paulo:Futura 1997.

ROCHA, Marcelo Oliveira. *Direito do Trabalho e internet: aspectos das novas tendências das relações de trabalho na "Era informatizada"*. São Paulo: Liv. e Ed. Universitária de Direito, 2004.

RESOLUÇÃO nº 109 do Conselho Superior de Justiça do Trabalho. Disponível em http://aplicacao.tst.jus.br/dspace/handle/1939/25000.

SCHIAVI, Mauro. O alcance da expressão "relação de trabalho" e a competência da Justiça do Trabalho um ano após a Emenda Constitucional nº 45/2004. Revista TST, Brasília, vol. 72, nº 1, jan/abr 2006 disponível em http://aplicacao.tst.jus.br/dspace/bitstream/handle/1939/2694/tst_72-1_dout_2.pdf?sequence=1 Acessado em 30 de maio de 2013.

TREMBLAY, D. G. Organização e satisfação no contexto do teletrabalho. *RAE: Revista de Administração de Empresas*, São Paulo, v. 42, n. 3, p. 54-65, 2002.

WINTER, Vera Regina Loureiro. *Teletrabalho uma forma alternativa de emprego*. São Paulo: LTr, 2005.

— 4 —

Das repercussões psicológicas que o isolamento pode conferir aos teletrabalhadores: comentários

LARISSA DE OLIVEIRA ELSNER[1]

Introdução

A mudança que propicia a evolução da sociedade só é possível quando esta a recebe e intenta adaptar-se àquela. Assim, a mudança capaz de fazer evoluir as concepções sobre cultura, medicina, tecnologia e formas de trabalho é resultado da aceitação dos indivíduos que as receberam como algo positivo, com intuito de lhe propiciar mais benefícios e facilidades.

Nesse sentido, a evolução das formas de trabalho foi decorrente das mudanças apresentadas pela sociedade em cada momento histórico, ou seja, a cada descoberta de novas tecnologias, os indivíduos puderam adaptar-se a maneiras novas de executar seu trabalho.

Assim, a sociedade atual possui como marco essencial o surgimento da *internet*, e as comunicações móveis, pois essas tecnologias proporcionaram a flexibilização das formas convencionais de trabalho, abrindo espaço para uma nova forma de trabalhar, o teletrabalho.

O teletrabalho surge como nova modalidade de trabalho, proporcionando aos trabalhadores executarem suas tarefas a distância, sem manter contato físico com a empresa, permanecendo ligados a seus empregadores através dos meios de comunicação eletrônicos.

---

[1] Graduada na Faculdade de Direito da Pontifícia Universidade Católica do Rio Grande do Sul. Advogada.

Por se tratar de uma nova forma de trabalho, importante se faz analisar os benefícios advindos desta, bem como os eventuais desconfortos para a adequação dos trabalhadores.

Assim, com base na principal característica do teletrabalho, busca-se analisar como os trabalhadores reagem à proposta de desenvolverem seu trabalho longe das dependências de uma empresa, de forma mais isolada que o convencional, e mantendo contato com seus empregadores por meios eletrônicos.

1. A nova modalidade de trabalho: o teletrabalho

A evolução de uma sociedade é marcada pelas mudanças que essa é capaz de promover, aceitar e adaptar-se. Mudança é uma sucessão de eventos singulares, distintos uns dos outros, e que afetam uma realidade que sem ela seria estável.

Nessa esteira, a realidade social que presenciamos atualmente só pôde ser construída por uma sucessão de mudanças e, principalmente, pela adaptação dos indivíduos a essas novas propostas que atingiram os campos da educação, cultura, tecnologia, medicina e organização de formas de trabalho.

No tocante ao trabalho, o ser humano, ao longo de sua existência, evoluiu suas capacidades intelectuais e também laborais e, concomitantemente, modificou suas formas de trabalho.

O autor Idalberto Chiavenatto[2] analisa quatro momentos históricos da sociedade humana que para ele foram os marcos da evolução das formas de trabalho, quais sejam: a Era da Agricultura, a Era do Artesanato, a Era Industrial e a Era da Informação.

De forma sintética, cumpre destacar as seguintes características de cada momento histórico referido:

> **Era da Agricultura**: Compreendeu o início da humanidade até a Revolução Industrial em 1776. Foi a base de sustentação do homem, porém sua evolução foi lenta e forçada não pelos novos métodos de trabalho, mas sim, com os eventos naturais que ocorriam e eram tomados como aperfeiçoamento.
>
> **Era do Artesanato**: Até 1860, ainda na primeira fase da Revolução Industrial, o artesanato passou a ser fonte de riqueza, trazendo consigo o processo de mecanização, a aplicação da força motora nas produções com a introdução da máquina a vapor, com o desenvolvimento do sistema de produção das indústrias fabris e pela divisão do trabalho e pelo

---

[2] CHIAVENATO, Idalberto. *Novos paradigmas*: como as mudanças estão mexendo com as empresas. 5. ed. rev. e atual. São Paulo: Manole, 2008. Disponível em: <http://books.google.com.br/books>. Acesso em 29/09/13.

crescimento dos transportes e de meios de comunicação como a locomotiva a vapor e o telefone.

Era da Industrialização: A partir de 1860, segunda fase da Revolução Industrial, o capital passou a ser a maior riqueza. O ferro foi substituído pelo aço como principal matéria-prima industrial e a eletricidade passou a ser a principal fonte de energia. Estas inovações trouxeram a automatização e a especialização do trabalho e a entrada das instituições de cunho financeiro como os bancos e a junção de empresas (fusões).

Era da Informação: O final do século XX é marcado pela transformação do conhecimento em nova riqueza. A ênfase das organizações é a integração interna entre pessoas e organização, com estrutura matricial em lugar de equipes de trabalho, a burocracia é substituída pela inovação e criação do conhecimento. A competitividade leva as empresas a buscarem incansavelmente a inovação e a mudanças como vantagem competitiva. A tecnologia passa a ser mais valorizada que a economia, a sociedade e a cultura. A informação vale mais do que o próprio capital da empresa. Além disso, a internet com seu acesso ilimitado permite a utilização da informação de forma construtiva para a organização.

É possível vincular a supervalorização da tecnologia a uma ideia de facilidade e de meio de ligação entre as pessoas, pois através da *internet*, por exemplo, as barreiras da distância física foram superadas, sendo possível o contato imediato com qualquer pessoa em qualquer país que disponha desta tecnologia.

Da mesma forma, esta facilidade modifica as formas de trabalho, uma vez que não existe mais a limitação ao espaço físico, ou seja, os empregados não estão mais vinculados a um ambiente laboral, e sim, a um emprego, uma vez que não se faz necessária a presença do indivíduo em um determinado local para estar vinculado a uma empresa.

Em síntese, as novas tecnologias, em especial a *internet* e os meios de comunicação móvel, possibilitam que um empregado seja subordinado a um empregador, recebendo ordens e apresentando os resultados de seu trabalho, sem que esse empregado compareça à sede da empresa para realizar essas ações.

Sendo possível a comunicação a distância, evidentemente que é possível a transmissão de tarefas e execução de trabalhos a distância.

Através dessas breves conclusões, o conceito de uma nova modalidade de trabalho apresenta-se com o objetivo de facilitar, expandir e, talvez, até mesmo melhorar as relações de trabalho já existentes.

Diante disso, cumpre então conceituar esta forma de trabalho que se utiliza da tecnologia como ferramenta de ligação entre o empregado e seu empregador: o teletrabalho.

Teletrabalho é todo e qualquer trabalho realizado a distância (tele), ou seja, fora do local tradicional de trabalho (escritório da empresa), com a utilização da tecnologia da informação e da comunicação, ou mais especificamente, com computadores, telefonia fixa e celular e toda tecnologia que permita trabalhar em qualquer lugar e receber e transmitir informações, arquivos de texto, imagem ou som relacionados à atividade laboral.[3]

A definição apresentada pela SOBRATT – Sociedade Brasileira de Teletrabalho e Teleatividades – transmite uma visão simplificada desta modalidade de trabalho que tem como características centrais a realização do trabalho a distância, fora da sede do empregador e a utilização da tecnologia para a execução do trabalho e também como meio de ligação entre o empregado e o seu empregador.

Logo, o requisito fundamental para caracterização do teletrabalho consiste no fato de o empregado não manter um vínculo físico com a sede de seu empregador, e sim, desenvolver suas atividades a distância, não impedindo que ele seja alocado em outro posto de trabalho que não a empresa a qual está vinculado.

Ensina Robortela que "o trabalho pode ser executado em locais diferentes, mediante sistemas de comunicação e de informática, sem concentração dos meios produtivos".[4] Logo, entre as possíveis estações de trabalho, podemos enquadrar o domicílio do empregado.

Entretanto, teletrabalho não é sinônimo de trabalho em domicílio, conforme ensina Jorge Cavalcanti Boucinhas Filho:

> A distinção entre teletrabalho e trabalho em domicílio é bastante sutil. O teletrabalho consiste no trabalho realizado à distância em que o controle da atividade se dá com auxílio dos instrumentos de telemática, como a internet e os sistemas de telefonia. O trabalho em domicílio é aquele realizado na ou a partir da residência do empregado, no qual o controle da sua atividade não é feito diariamente mediante contato direto entre empregado e empregador, mas de forma esporádica, mediante visitas ou por ocasião da entrega da produção.[5]

Nesse sentido, o trabalho em domicílio compreende uma outra modalidade de trabalho, que estará relacionada ao teletrabalho quando o empregado optar por realizar suas atividades em seu próprio domicílio, utilizando-se das mesmas ferramentas tecnológicas para execução de seu ofício que poderia utilizar em qualquer outro local.

Consoante ao referido, a modalidade de teletrabalho pode ser executada no domicílio do empregado, em telecentros e, ainda, de forma nômade, sem um local físico.[6]

---

[3] SOBRATT. *Sociedade Brasileira de Teletrabalho e teleatividades*. Disponível em: <http://www.sobratt.org.br/faq.html#p06>. Acesso em 28/09/13.

[4] ROBORTELA, Luiz Carlos Amorim. *O moderno direito do trabalho*. São Paulo: LTr, 1994, p. 135.

[5] BOUCINHAS FILHO, Jorge Cavalcanti. *Teletrabalho*: Intepretação da Lei 12.551 de Forma a Impedir a Superexploração do Trabalhador. Disponível em: <http://www.lex.com.br/doutrina_24074593_teletrabalho_intepretacao_da_lei_12551_de_forma_a_impedir_a_superexploracao_do_trabalhador.aspx>. Acesso em 29/9/13.

[6] SILVEIRA E SILVA, Frederico. *O teletrabalho como novo meio de laborar e sua compatibilidade com o ordenamento jurídico brasileiro*. Disponível em: <http://jus.com.br/artigos/5499>. Acesso em 28/09/2013.

Todavia, a definição do local a ser realizado o ofício, ou até mesmo a inexistência de um local na modalidade de nômade, não se trata da característica que melhor estigmatiza esta nova modalidade de trabalho, haja vista que não avalia a percepção das pessoas acerca do teletrabalho.

Frisa-se que essa nova modalidade de trabalho não se resume apenas na alteração do local ou meio escolhido para o desenvolvimento da atividade laboral, mas, sim, e de forma muito significativa, nas percepções intrínsecas dos trabalhadores quando estes se deparam com uma nova proposta de execução de trabalho, uma forma mais livre e flexível, porém individual.

O fato de o teletrabalhador não ter um vínculo físico com a empresa empregadora, proporciona um afastamento deste individuo com o ambiente de trabalho, com a rotina da empresa e também com os demais colegas de trabalho.

Nesse diapasão, busca-se analisar se este afastamento pode resultar em prejuízos que afetem a saúde psicológica deste trabalhador, ou se é possível desenvolver um trabalho de forma saudável mesmo quando desenvolvido de forma mais isolada.

2. O isolamento como característica do teletrabalho e suas repercussões nos trabalhadores

O teletrabalhador, por desenvolver sua função fora das dependências da sede do empregador, geralmente executa-a de forma mais individual, não tendo contato com colegas de trabalho, principalmente quando utiliza de seu domicílio como local para desenvolver suas tarefas.

Logo, o isolamento desse trabalhador é considerado uma das desvantagens nesta modalidade de trabalho, havendo a possibilidade de resultar em alguns prejuízos psicológicos para este indivíduo.

A autora Valéria Teixeira Maciel[7] refere:

> O isolamento que o trabalhador sente devido à falta de contato com os colegas de trabalho pode ocasionar depressão ou tédio no desempenho das atividades. Para ajudar a aliviar o trauma psicológico que acompanha o rompimento espacial, empresas como a Olivetti Reaserch Laboratory em Cambridge estão fazendo experiências com computadores que permitem que até cinco pessoas conversem e trabalhem juntas numa visão eletrônica da comunicação pessoal.

Evidente que o isolamento mencionado não está vinculado com o fato de o teletrabalhador não trabalhar dentro da empresa, mas, sim, com a falta de contato com os colegas de trabalho.

---

[7] OLIVEIRA, Martha Maria Veras. *A Ergonomia e o teletrabalho no domicílio.* Santa Catarina: 1996. Disponível em: <http://www.eps.ufsc.br/disserta97/veras/>. Acesso em 11.05.2013.

Entretanto, as mesmas ferramentas utilizadas para implementação desta modalidade de trabalho são os instrumentos para o combate ao isolamento. Como, por exemplo, a experiência referida acima, que demonstra que a tecnologia é capaz de suprir a necessidade de contato com os colegas de trabalho.

Os autores Andrea Valéria Steil e Ricardo Miranda Barcia[8] estabelecem um paralelo acerca da necessidade do trabalhador em manter um contato com os colegas de trabalho e sua possível adequação à modalidade de teletrabalho.

Para tanto, eles classificam a necessidade de contato de três formas distintas em sua intensidade: (i) necessidade de contato direto com outras pessoas em período integral; (ii) necessidade de contato direto com pessoas, podendo ele ser reunido em um período predeterminado; (iii) e necessidade de contato interpessoal, podendo ele ser realizado por telecomunicações.

Na visão dos autores, as pessoas que se enquadram nos dois primeiros grupos tendem a ter mais dificuldade em se enquadrar na modalidade de teletrabalho. Contudo, se a função exercida e o trabalhador exigir contatos diretos, mas que possam ser realizados em determinados períodos, não sendo algo em tempo integral, é possível a adaptação ao teletrabalho.

Por fim, se a função desempenhada e o trabalhador não exigirem contato interpessoal integral, e se ele puder ser mediado por tecnologia de informação e comunicação, evidencia-se a possibilidade de introdução do teletrabalho.

Com base nos ensinamentos supracitados, percebe-se que o isolamento é uma característica que não é interpretada de forma negativa por todos os indivíduos, ou seja, algumas pessoas terão dificuldades em realizar suas atividades laborais de forma mais individualizada, outras podem se identificar e preferir desenvolver seu trabalho isoladamente.

Nessa esteira, os autores Edgar Pereira Júnior e Maria Elisabet Salvador Caetano, por meio de questionários, realizaram uma pesquisa para identificar as percepções de trabalhadores, convencionais e teletrabalhadores sobre as implicações do teletrabalho, forma de produção não presencial nas organizações, em uma região metropolitana do estado de São Paulo.

Novamente, o fator do isolamento foi indicado como desvantagem na modalidade de teletrabalho, uma vez que a maioria dos teletrabalha-

---

[8] STEIL, Andrea Valéria; BARCIA, Ricardo Miranda. Um modelo para análise da prontidão organizacional para implantar o teletrabalho. *Revista de Administração*. São Paulo. v. 36, n1, p.74-84, janeiro/março 2001.

dores entrevistados indicaram como dificuldades a serem enfrentadas no trabalho a distância o isolamento social (70,8%) e a maior carga de trabalho (50,0%).[9]

Interessante ainda destacar que ao questionar os trabalhadores convencionais acerca das dificuldades do teletrabalho, como o isolamento e a sobrecarga de trabalho, estes potencializaram as características negativas, e 56,5% dos entrevistados não demonstraram interesse em se tornar teletrabalhadores.

Por outro lado, os teletrabalhadores entrevistados consideraram menores as implicações negativas e, por isso, a sua opção por continuar nessa condição de teletrabalho (91,7%), apesar do reconhecimento do isolamento social e da maior carga de trabalho.

Por fim, em análise das respostas dos teletrabalhadores, os autores puderam concluir que:

> A análise das respostas dos teletrabalhadores mostra ainda que, para 75% deles, os resultados e a produtividade melhoraram com o teletrabalho, mesmo que 79,2% das respostas indicassem um aumento na carga de trabalho. Apesar do aumento de trabalho, a maioria dos teletrabalhadores (87,5%) considerou que a satisfação em ser teletrabalhador e a sua qualidade de vida pessoal era boa ou ótima, assim como foi positiva a avaliação recebida do superior na empresa (88,9%) e de sua família sobre a condição de trabalho à distância (75%).

Conforme os resultados apresentados, percebe-se que mesmo existindo a realidade do isolamento, a maioria dos teletrabalhadores entrevistados mostrou-se satisfeito com sua modalidade de trabalho e adaptado às vantagens e desconfortos que esta pode proporcionar.

Em síntese, cada trabalhador possui características pessoais que modelam um perfil, podendo este ser compatível (ou não) com a modalidade do teletrabalho.

Assim, ao identificar as peculiaridades de cada indivíduo é possível analisar se ele estará mais suscetível a reagir de forma negativa às características do teletrabalho, ou se ele poderá adaptar-se a esta modalidade.

Nesse sentido, Vânia Catarina Marques da Silva[10] afirma que, em relação ao perfil dos teletrabalhadores, a experiência mostra que um dos fatores-chave de sucesso de um empreendimento de teletrabalho consis-

---

[9] PEREIRA JUNIOR, Edgar; CAETANO, Maria Elisabet Salvador. Implicações do Teletrabalho: um Estudo sobre a Percepção dos Trabalhadores de uma Região Metropolitana. *Revista Psicologia*: Organizações e Trabalho, 9, 2, jul-dez 2009, p. 22-31. Disponível em: <http://submission-pepsic.scielo.br/index.php/rpot/index>. Acesso em 30.09.13.

[10] SILVA, Vânia Catarina Marques da. *Teletrabalho*: empregadores e teletrabalhadores. Dezembro/2008. Disponível em: <http://prof.santana-e-silva.pt/Egl-grh/trabalhos_08_809/word/teletrabalho.doc.pdf>. Acesso em 12.05.2013.

tirá na seleção rigorosa dos colaboradores. Assim, ela refere os atributos considerados essenciais para um candidato à modalidade de teletrabalho:

> Atributos-chaves cuja presença faz aumentar o grau de probabilidade de estarmos perante um potencial teletrabalhador: auto-disciplina; capacidade de organização; espírito de iniciativa; auto-motivação; capacidade de atingir resultados sem supervisão detalhada ou encorajamento constante; capacidade de trabalhar isoladamente de forma responsável; elevada competência técnica e auto-confiança; capacidade de gerir o tempo; flexibilidade e adaptabilidade; capacidade de distinguir a linha que separa o trabalho da família; entre outras.

As características elencadas pela autora refletem um profissional capacitado para administrar seu tempo e suas responsabilidades sem a necessidade de um controle hierárquico presente.

Ainda, nota-se que os atributos mencionados estão diretamente conectados com a vontade do indivíduo em desenvolver sua função de maneira mais individualizada, pois o teletrabalho proporciona ao trabalhador uma liberdade diferenciada da proporcionada no interior de uma empresa, uma vez que o empregado não está submetido ao controle de seus superiores, cabe a ele organizar sua jornada de trabalho.

Assim, a opção do empregado pelo teletrabalho é voluntária. Esta constatação pressupõe que os interessados estão predispostos a tal mudança na sua trajetória profissional e a lidar com as potenciais e possíveis desvantagens associadas ao teletrabalho.[11]

Em sua obra, o autor Nilles[12] suscita considerações importantes acerca do perfil do trabalhador, quando refere que é importante considerar os traços de introversão e extroversão, argumentando que as pessoas mais extrovertidas e com maior necessidade de convívio social no escritório não se adaptariam bem ao teletrabalho contínuo em casa.

E complementa seu pensamento referindo que a fase da vida a qual a pessoa se encontra também é um fator preponderante, pois entende que jovens solteiros, que dependem do contato com colegas para conhecer pessoas e estabelecer relacionamento não se caracterizam como candidatos ideais para trabalhar no próprio domicílio.

Em suma, os perfis traçados pelos autores buscam o entendimento das características apresentadas por esses trabalhadores e o quão necessário elas serão para a adaptação a novas propostas de execução de suas atividades laborais.

---

[11] SILVA, Maria Isabel Drummond Oppel. *Teletrabalho domiciliar: impactos sobre as redes sociais informais dos teletrabalhadores.* Tese de mestrado em psicologia. Ssalvador: 2007. Disponível em: <http://www.pospsi.ufba.br/Maria_Iisabel_Oppel.pdf>. Acesso em 15.05.2013.

[12] NILLES, J. *Fazendo do teletrabalho uma realidade: um guia para telegerentes e teletrabalhadores.* São Paulo: Editora Futura, 1997.

As teses trazidas são decorrentes de pesquisas com casos concretos já ocorridos, todavia, não há que se falar em um perfil completo e sem possibilidade de mudança, mesmo porque o ser humano tem a capacidade de adaptar-se a todo tempo de acordo com as necessidades e estímulos que recebe.

Nesse sentido, o intuito da identificação de um perfil do teletrabalhador reside no fato de elencar características que se relacionam com a forma de trabalho proposto, mas não de estabelecer um limite aos possíveis candidatos, uma vez que, conforme ensina a autora Maria Isabel Drummond Oppel Silva, a opção do empregado pelo teletrabalho é voluntária.

Considerações finais

Em análise da doutrina, e nos exemplos apresentados na pesquisa supracitada, é possível concluir que as características principais do teletrabalho afetam de maneira diferente cada trabalhador.

Logo, não há como se definir que o teletrabalho seria produtivo a todos os trabalhadores, e tampouco seria desvantajosa à sociedade, uma vez que suas características são recepcionadas de maneira diferente por cada indivíduo.

Em síntese, necessário o estudo através dos casos já implementados nas empresas, pois através dos exemplos de trabalhadores que já atuam nesta modalidade é possível se aprimorar esta nova forma de trabalho.

Referências bibliográficas

BOUCINHAS FILHO, Jorge Cavalcanti. Teletrabalho: Intepretação da Lei 12.551 de Forma a Impedir a Superexploração do Trabalhador. Disponível em: <http://www.lex.com.br/doutrina_24074593_TELETRABALHO_INTEPRETACAO_DA_LEI_12551_DE_FORMA_A_IMPEDIR_A_SUPEREXPLORACAO_DO_TRABALHADOR.aspx>. Acesso em 29/9/13.

CHIAVENATO, Idalberto. Novos paradigmas : como as mudanças estão mexendo com as empresas. 5. ed. rev. e atual. São Paulo: Manole, 2008. Disponível em: http://books.google.com.br/books. Acesso em 29/09/13.

NILLES, J. *Fazendo do teletrabalho uma realidade*: um guia para telegerentes e teletrabalhadores. São Paulo: Editora Futura, 1997.

OLIVEIRA, Martha Maria Veras. *A Ergonomia e o teletrabalho no domicílio.* Santa Catarina: 1996. Disponível em: <http://www.eps.ufsc.br/disserta97/veras/>. Acesso em 11.05.2013.

PEREIRA JUNIOR, Edgar; CAETANO, Maria Elisabet Salvador. *Implicações do Teletrabalho*: um Estudo sobre a Percepção dos Trabalhadores de uma Região Metropolitana.

Revista Psicologia: Organizações e Trabalho, 9, 2, jul-dez 2009, p.22-31. Disponível em: <http://submission-pepsic.scielo.br/index.php/rpot/index>. Acesso em 30.09.13.

ROBORTELA, Luiz Carlos Amorim. *O moderno direito do trabalho.* São Paulo: LTR, 1994. p. 135.

SILVA, Maria Isabel Drummond Oppel. *Teletrabalho domiciliar: impactos sobre as redes sociais informais dos teletrabalhadores.* Tese de mestrado em psicologia. Ssalvador: 2007. Disponível em: <http://www.pospsi.ufba.br/Maria_Iisabel_Oppel.pdf>. Acesso em 15.05.2013.

SILVA, Vânia Catarina Marques da. Teletrabalho: empregadores e teletrabalhadores. Dezembro/2008. Disponível em: <http://prof.santana-e-silva.pt/Egl-grh/trabalhos_08_809/word/teletrabalho.doc.pdf>. Acesso em 12.05.2013.

SILVEIRA E SILVA, Frederico. O teletrabalho como novo meio de laborar e sua compatibilidade com o ordenamento jurídico brasileiro. Disponível em: <http://jus.com.br/artigos/5499>. Acesso em 28/09/2013.

SOBRATT, Sociedade Brasileira de Teletrabalho e Teleatividades. Disponível em: <http://www.sobratt.org.br/faq.html#p06>. Acesso em 28/09/13.

STEIL, Andrea Valéria; BARCIA, Ricardo Miranda. *Um modelo para análise da prontidão organizacional para implantar o teletrabalho.* Revista de Administração. São Paulo. V.36,n1, p.74-84, janeiro/março 2001.

— 5 —

O que é Direito digital?

MANOELA DE BITENCOURT[1]

Sumário: 1. Introdução; 2. A *internet* e suas implicações; 3. O Direito digital; 4. Considerações finais; Referências.

1. Introdução

O fenômeno da globalização propiciou o surgimento de novas tecnologias, as quais diminuíram a distância entre as pessoas no mundo inteiro por meio de computadores e da internet, verificando-se as chamadas relações virtuais. A tendência é a substituição gradativa do meio físico pelo virtual ou eletrônico. O avanço da informática possibilitou o processamento e troca de informações de uma maneira muito rápida, ocorrendo a virtualização das relações entre os indivíduos.

As comunicações, com o advento da internet, revelaram-se de forma instantânea, além do elemento da transparência no trato das informações constantes nos bancos de dados informatizados, tendo em vista que qualquer pessoa tem acesso aos aspectos da vida social de qualquer outro indivíduo.

Dessa forma, a internet criou um espaço ilimitado, sem limites geográficos e ideológicos, até mesmo, um "lugar" insubordinado, no qual constantes direitos são violados como a privacidade da pessoa, lugar onde crimes são cometidos, surgindo grandes discussões no direito acerca dessa nova realidade, razão pela qual se propõe, com o presente estudo, analisar essas implicações da informática, bem como se o Direito passou a ter um novo ramo capaz de regular essas questões que surgem com esse novo espaço chamado virtual.

[1] Advogada. Mestranda em Direito pela PUCRS. Especialista em Direito e Processo do Trabalho pelo Instituto de Desenvolvimento Cultural – IDC. Professora da Universidade de Passo Fundo. RS. Pesquisadora do Grupo de Estudos e Pesquisas (CNPq) da PUCRS intitulado "Novas Tecnologias e Relações de Trabalho" sob coordenação da Profa. Dra. Denise Fincato.

2. A *internet* e suas implicações

A *internet* surgiu nos Estados Unidos, a partir da necessidade de prever, durante a Guerra, ataques militares à sua base de inteligência. Foi idealizado um programa, em 1969, que permitiu a comunicação de informações sem comprometer a segurança nacional. Este programa foi chamado de ARPANET. Nesse sentido, ressalta-se o conceito sobre a Rede Mundial emitido pela Suprema Corte Americana:

> The Internet is an international network of interconnected computers. Is the outgrowth of what began in 1969 as a military program called ARPANET, which was designed to enable computers operated by the military, defense contractors, and universities conducting defense related research to communicate with one another by redundant channels even if some portions of the network were damaged in a war. While the Arpanet no longer exists, it provided an example for the development of a number of civilian networks that, eventually linking with each other, now enable tens of millions of people to communicate with one another and to access vast amounts of information from around the world. The Internet is the unique and wholly new medium of worldwide communication.[2]

No Brasil, a *internet* chegou em 1988, sendo utilizada somente para fins de pesquisa em Universidades, como a FAPESP (Fundação de Amparo à Pesquisa do Estado de São Paulo), em São Paulo, e a UFRJ (Universidade Federal do Rio de Janeiro) e LNCC (Laboratório Nacional de Computação Científica), no Rio de Janeiro. Só em 1995 é que as empresas provedoras de serviços de conexão à internet passaram a ter acesso à ferramenta virtual.[3]

Nesse contexto, *internet*, para Amauri Mascaro Nascimento:[4]

> É uma rede de conexão que interliga a comunicação dos seus usuários em todo o mundo com o uso dos computadores, englobando milhares de outras redes menores de modo a permitir a circulação de textos, imagens e sons, contendo temas dos mais variados, em velocidade e proporção antes desconhecidas.

Segundo Alexandre Atheniense:[5]

> A internet é a maior rede de sistemas computadorizados do planeta. Sob o prisma técnico, consiste num sistema de computadores conectados entre si, ligados constantemente, compartilhando informações e serviços em diversos países simultaneamente.

A *internet* trouxe grandes benefícios aos seus usuários, possibilitando a troca de informações, bem como a prestação de serviços de forma *on-line*, sendo isto utilizado nas mais diversas áreas de atuação profissional e acadêmica do mundo inteiro. Assim, é possível, por meio do uso

---

[2] ATHENIENSE, Alexandre. *Internet e o Direito*. Belo Horizonte: Inédita, 2000, p. 22.

[3] Idem, p. 23-24.

[4] NASCIMENTO, Amauri Mascaro. *Curso de Direito do Trabalho:* história e teoria geral do direito do trabalho – relações individuais e coletivas do trabalho. São Paulo: Saraiva, 2011, p. 762.

[5] ATHENIENSE, Alexandre. *Internet e o Direito*. Belo Horizonte: Inédita, 2000, p. 21.

da *internet*, obter informações acerca de um determinado assunto, com a finalidade de pesquisa, igualmente é possível utilizá-la como uma ferramenta de trabalho, o que na área jurídica, cada vez mais vem sendo adotada, como é o caso do processo eletrônico.

Arthur Miller[6] assevera que:

> O computador, com sua insaciável sede de informação, com sua imagem de infalibilidade, com sua incapacidade de esquecer o que armazena, chegará a ser o centro de um sistema de vigilância permanente que converterá a sociedade em que vivemos num mundo transparente, em que nossa casa, nossas finanças, nossas associações e instituições, nossa condição física e mental aparecerá una a qualquer observador.

A quantidade de informações armazenadas e transmitidas pela *internet* é tão intensa a ponto de comprometer alguns direitos dos cidadãos, inclusive os constitucionalmente previstos.

Diante desse contexto, é de extrema importância analisar as palavras de Danilo Doneda,[7] que, com propriedade, afirma:

> A extrema agilidade com que a manipulação das informações pessoais pode ser feita com os computadores dá origem a diversas situações. Conforme já mencionado, a utilização de cadastros de consumidores hoje em dia é parte indissociável da atividade comercial, seja, por exemplo, na pesquisa de consumidores inadimplentes, seja no relacionamento com antigos e novos clientes, entre outras situações. A administração pública, por sua vez, necessita de informações pessoais para o melhor planejamento e implementação das políticas públicas. O Estado, no desempenho de seu poder de polícia, tem muito a ganhar com um serviço de inteligência que disponha de informações sobre indivíduos que tenham atentado contra a ordem pública. O elenco das situações nas quais a implementação de bancos de dados informatizados implica no melhor desempenho de um serviço estende-se pelas mais diferenciadas atividades.

A questão torna-se mais complexa quando envolve a utilização dos chamados dados "sensíveis", como, por exemplo, o histórico clínico, a orientação religiosa, política, sexual, trabalhista, dentre outros, em bancos de dados na *internet*, tornando conhecidos os aspectos referentes à intimidade da pessoa. Acontece, ainda, o cruzamento dessas informações do indivíduo, isto é, informações são relacionadas de diversos bancos de dados. Isso pode ser utilizado por alguém para saber sobre um futuro comerciante ou, no caso de empregador, para saber informações sobre um provável empregado. Isto implica em violação à privacidade do indivíduo, sem ser preciso o uso de câmeras ou microfones, simplesmente pelo fato de recolher informações que todo cidadão costuma revelar, como

---

[6] *Apud* TEIXEIRA, Manuel; MENDES, Victor. *Casos e temas de direito das comunicações*. Porto: Legis, 1996, p. 161.

[7] DONEDA, Danilo. Considerações iniciais sobre os bancos de dados informatizados e o direito à privacidade. In: TEPEDINO, Gustavo (Org.). *A parte geral do novo Código Civil:* estudos na perspectiva civil-constitucional. Rio de Janeiro: Renovar, 2002, p. 6. Disponível em: <http://www.estig.ipbeja.pt/~ac_direito/Consideracoes.pdf> Acesso em: 09 mai. 2013.

o cadastro que faz em uma locadora de vídeos ou sua ficha em clínica médica.[8]

A evolução continua. A informática que, a princípio, constituía-se de computadores e, mais tarde, passou a contemplar também a *internet* sofreu profundas transformações no decorrer do seu desenvolvimento. A título ilustrativo, pode-se dizer que a informática possibilitou o surgimento do ciberespaço, no qual é possível o desenvolvimento das relações entre os indivíduos, comunicações e a troca de informações em uma velocidade inestimável, de forma livre e ilimitada. Passa-se, agora, a analisar esse lugar virtual que é chamado de ciberespaço.

O ciberespaço seria um mundo virtual real, na medida em que as relações sociais fluem normalmente, tendo em vista a possibilidade de comunicação e de interação oferecida por este instrumento. O mundo virtual não é físico, porém é real.

Segundo Silvana Drumond Monteiro:[9]

> O ciberespaço é um ambiente que nos permite inúmeras possibilidades de mundo "real". Podemos afirmar que se trata de um local real, porém não físico. É um ambiente onde pessoas do mundo todo podem interagir sem estar, de fato, presentes. É um novo espaço de comunicação, representação e interação. O termo ciberespaço, em sua etimologia, já nos propõe essa nova noção: cyber-espaço, ou seja, um espaço diferente, cibernético, com novas possibilidades e implicações.

Pierre Lévy[10] explica que:

> A virtualização pode ser definida como o movimento inverso da atualização. Consiste em uma passagem do atual ao virtual, em uma "elevação à potência" da entidade considerada. A virtualização não é uma desrealização (a transformação de uma realidade num conjunto de possíveis), mas uma mutação de identidade, um deslocamento do centro de gravidade ontológico do objeto considerado: em vez de se definir principalmente por sua atualidade (uma "solução"), a entidade passa a encontrar sua consistência essencial num campo problemático.

Compreende-se que o virtual é real, só não é físico. Verifica-se que quando ocorre a virtualização de uma solução gera-se um outro problema, transformando a atualidade inicial em caso particular de uma problemática mais geral. Segundo Lévy,[11] "a virtualização é um dos principais vetores da criação de realidade".

---

[8] DONEDA, Danilo. Considerações iniciais sobre os bancos de dados informatizados e o direito à privacidade. In: TEPEDINO, Gustavo (Org.). *A parte geral do novo Código Civil:* estudos na perspectiva civil-constitucional. Rio de Janeiro: Renovar, 2002, p. 06. Disponível em: <http://www.estig.ipbeja.pt/~ac_direito/Consideracoes.pdf> Acesso em: 09 mai. 2013.

[9] MONTEIRO, Silvana Drumond. O Ciberespaço: o termo, a definição e o conceito. In: *Revista de Ciência da Informação*, Londrina: Revista de Ciência da Informação, v. 8, n. 3, jun. 2007. Disponível em <http://dgz.org.br/jun07/Art_03.htm> Acesso em: 02 nov. 2011.

[10] LÉVY, Pierre. *O que é o virtual?* Traduzido por Paulo Neves. São Paulo: Editora 34, 1996, p. 17-18.

[11] Idem, p. 18.

3. O Direito digital

A ferramenta da computação utilizada juntamente com a *internet* revela o chamado mundo digital e, este, por sua vez, serve de armazenamento e gerenciamento de dados e informações, bem como instrumento de comunicação, por meio da rede mundial de computadores. Essa comunicação de dados entre equipamentos informáticos distantes uns dos outros revela a chamada telemática, e o conjunto desses equipamentos e meios de comunicação recebem a denominação de sistema teleinformático.[12]

Deste modo, o Direito utiliza-se do digital para sua operacionalização, como uma ferramenta de pesquisa, de comunicação e de trabalho propriamente dita.

Essa tecnologia da comunicação é de grande aproveitamento para os operadores do Direito. Nesse sentido, é o entendimento de Alexandre Atheniense:[13]

> O poder de comunicação da Internet para os advogados possibilitará o aperfeiçoamento das seguintes atividades:
>
> - Aprimorar a comunicação com os clientes, com outros advogados e tribunais.
> - Poderosa ferramenta de pesquisa de temas jurídicos (doutrina, legislação e jurisprudência).
> - Acesso a informações processuais em tempo real.
> - Redução dos custos de comunicação (interurbanos, correios); redução dos custos na compra de livros e periódicos.

Além disso, além dos operadores do Direito serem beneficiados com a tecnologia da informação, eles devem acompanhar esse movimento revolucionário, até mesmo devem ser capacitados para, se instados, responderem de forma satisfatória a esse movimento, além de poderem orientar seus clientes de forma adequada e, no caso dos magistrados, no que concerne à aplicação dos "novos direitos" que surgem com a revolução da informática.

Diante desse contexto, é de grande valia os ensinamentos de Patrícia Peck Pinheiro:[14]

> Ter uma janela aberta para o mundo exige muito mais que apenas a seleção do público-alvo. Exige a criação de uma logística jurídica que reflita a diversidade cultural dos consumidores/clientes virtuais. No aspecto de atendimento ao consumidor, por exemplo, parte das empresas inseridas na rede recorrem à terceirização, contratando *contact-centers*

---

[12] LANCHARRO, FERNANDEZ e LOPEZ *Apud* PIMENTEL, Alexandre Freire. *O direito cibernético: um enfoque teórico e lógico-aplicativo*. Rio de Janeiro: Renovar, 2000, p. 40.

[13] ATHENIENSE, Alexandre. *Internet e o Direito*. Belo Horizonte: Inédita, 2000, p. 56.

[14] PINHEIRO, Patrícia Peck. *Direito Digital*. São Paulo: Saraiva, 2009, p. 22.

especializados para atender a demanda de usuários de diferentes culturas e países. No aspecto jurídico, é preciso que os profissionais de Direito também estejam preparados para criar essa logística, sabendo que a todo o momento terão de lidar com diferentes normas, culturas e legislações.

Nesse sentido, surge, na área jurídica, discussões acerca do que realmente consiste o chamado direito digital e se constitui num ramo autônomo do Direito. Isso porque as questões oriundas da *internet* geram discussões e, na falta de regulamentação, por enquanto, utiliza-se, por analogia, a previsão legal existente.

Alexandre Freire Pimentel refere à existência de duas grandes vertentes da pesquisa jurídica com relação ao mundo da informática: a Informática Jurídica e o Direito Informático. A informática jurídica integra a metodologia tecnológica com seu objeto jurídico, condicionando a possibilidade de aplicação dos recursos tecnológicos ao direito.[15]

Já o Direito Informático consiste na regulamentação legal da informática. Veja-se a explicação de Pimentel com base em Luño:

> O direito informático é uma matéria inequivocamente jurídica, delimitada pelo setor normativo dos sistemas jurídicos contemporâneos e integrado pelo conjunto de regras dirigido à regulamentação de novas tecnologias da informação e comunicação, abrangendo no seu âmbito a informática e a telemática. Integram ainda o seu âmbito as decisões judiciais sobre matérias informáticas, bem como os raciocínios e proposições normativas dos teóricos do direito, visando analisar, interpretar, expor, sistematizar ou criticar o setor normativo disciplinador da informática e telemática.[16]

Ressalta-se a distinção existente entre o direito informático e o direito telemático. O primeiro diz respeito aos aspectos jurídicos de informações; já o segundo transporta essas informações que constituem objeto do direito informático.[17]

Diante desse contexto, analisam-se os argumentos de Ricardo Luis Lorenzetti:[18]

> Se discute si surgirá una disciplina autónoma, puesto que cada vez que apareció una nueva tecnología, se presentó también la necesidad de agrupar su problemática en derredor de un *corpus* cognoscitivo específico. En este campo de conocimiento se comenzó con la noción de "Derecho informático", que pone al acento en los ordenadores y el procesa-

[15] LUÑO *apud* PIMENTEL, Alexandre Freire. *O direito cibernético:* um enfoque teórico e lógico-aplicativo. Rio de Janeiro: Renovar, 2000, p. 144.

[16] PIMENTEL, Alexandre Freire. *O direito cibernético:* um enfoque teórico e lógico-aplicativo. Rio de Janeiro: Renovar, 2000, p. 155.

[17] AZPILCUETA *apud* PIMENTEL, Alexandre Freire. *O direito cibernético:* um enfoque teórico e lógico-aplicativo. Rio de Janeiro: Renovar, 2000, p. 156.

[18] LORENZETTI, Ricardo Luis. Informática, Cyberlaw y E-commerce. In: NERY JUNIOR, Nelson; NERY, Rosa Maria de Andrade (Org.). *Responsabilidade civil, direito à informação.* v. 8. São Paulo: RT, 2010, p. 1049.

miento de la información, pero actualmente se ha difundido más la idea de un "Derecho del espacio virtual", que puede abarcar muchos otros aspectos.

Entende-se que se pode considerar o direito digital um ramo autônomo do direito. Isso porque considerando o ciberespaço como um local de trabalho, de troca de informações, de prestação de serviços, possibilita o estabelecimento de vários problemas ligados à ferramenta em questão. A legislação vigente não se coaduna com os aspectos peculiares do mundo virtual, que, como já dito alhures, é real, porém, não físico, não sendo adequado o ordenamento jurídico pátrio para reger as relações virtuais, devendo, sim, ter um ramo próprio para regulamentar essas questões que se encontram ao livre arbítrio dos seus usuários.

Nesse diapasão, são as palavras de Carlos Alberto Rohrmann:[19]

> Houve uma reação quase imediata contrária ao uso do direito do mundo físico como o Direito da Internet. Esta primeira reação surgiu da teoria segundo a qual a Internet criaria "comunidades" próprias, alheias e separadas do mundo físico. [...] Esta ideia da "comunidade da Internet" ganhou, pois, respaldo em um setor da academia jurídica, especialmente nos Estados Unidos. Surgiu, assim, a primeira corrente teórica do Direito da Internet que propunha um direito próprio para a rede. Trata-se da "corrente libertária" do direito virtual, que tem em doutrinadores norte-americanos seus principais expoentes.

O que não se pode negar é que a *internet* facilitou e muito as relações interpessoais no mundo inteiro, possibilitando, por meio da relativização do espaço geográfico, o surgimento de várias relações, como é o caso de operações entre empresas, sem a presença física das pessoas, o surgimento de novas modalidades de trabalho, como é o caso do teletrabalho, que é realizado à distância, sem a necessidade de o empregado comparecer fisicamente à sede da empresa.

Veja-se o caso elucidado por Lévy:[20]

> Tomemos o caso, muito contemporâneo, da "virtualização" de uma empresa. A organização clássica reúne seus empregados no mesmo prédio ou num conjunto de departamentos. Cada empregado ocupa um posto de trabalho precisamente situado e seu livro de ponto especifica os horários de trabalho. Uma empresa virtual, em troca, serve-se principalmente do teletrabalho; tende a substituir a presença física de seus empregados nos mesmos locais pela participação numa rede de comunicação eletrônica e pelo uso de recursos e programas que favoreçam a cooperação. Assim, a virtualização da empresa consiste sobretudo em fazer das coordenadas espaço-temporais do trabalho um problema sempre repensado e não uma solução estável. O centro de gravidade da organização não é mais um conjunto de departamentos, de postos de trabalho e de livros de ponto, mas um processo de coordenação que redistribui sempre diferentemente as coordenadas espaço-temporais da coletividade de trabalho e de cada um de seus membros em função de diversas exigências.

---

[19] ROHRMANN, Carlos Alberto. *Curso de Direito Virtual.* Belo Horizonte: Del Rey, 2005, p. 12-13.

[20] LÉVY, Pierre. *O que é o virtual?* Traduzido por Paulo Neves. São Paulo: Editora 34, 1996, p. 18.

Considerando que o teletrabalho transnacional pode ser exercido em qualquer lugar de forma virtual, o local da prestação de serviços como critério de conexão para regulamentar a relação jurídica trabalhista só serve para o local físico de prestação dos serviços. Vejam-se os ensinamentos de Massani:[21]

> La problemática, sin embargo, reside en la dificultad en identificarse el local de la prestación de servicios, visto a su localización virtual. ¿El teletrabajador en domicilio o móvil, que presta servicios *online*, presta servicios en el local donde reside, en el local de la sede de la empresa – para donde envía sus servicios – o en el local de hospedaje del sitio en lo cual está conectado? ¿Si el contrato no posee elección de foro o de ley aplicable, y el empleado fuere teletrabajador móvil, la jurisdicción y el ordenamiento jurídico aplicado pueden ser de cualquier lugar por donde él pasa y presta servicios?

Percebe-se que o direito precisa regulamentar essas novas situações que surgem com o mundo virtual. O teletrabalho, que pode ser realizado em outro país, por exemplo, indaga-se qual a lei competente para reger essa relação transnacional, tendo em vista que se tem a possibilidade de aplicar-se a lei do país de origem do trabalhador, a lei do país da sede da empresa e, ainda, a lei que hospeda o provedor da *internet*. O direito do trabalho, como regra geral, elege a lei do país do local da prestação dos serviços. Todavia, o trabalho é realizado no mundo virtual, sem pertencer a algum país, não é físico, razão pela qual faz-se imperioso o Direito ter um ramo específico, qual seja, o ramo do direito digital.

O Direito tem sua aplicação no espaço e no tempo. Quanto ao espaço, tem-se uma relativização, tendo em vista que é virtual. Nessa linha de raciocínio, discorre Pinheiro:[22]

> [...] na Internet, muitas vezes não é possível reconhecer facilmente de onde o interlocutor está interagindo. Muitos sites têm determinação ".com", sem o sufixo de país (por exemplo, sem o ".br" em seguida) o que teoricamente significa que estão localizados nos Estados Unidos. Só que vários deles apenas estão registrados nos Estados Unidos e não tem nenhuma existência física nesse país. Uma tendência mundial é assumir definitivamente o endereço eletrônico como localização da origem ou efeito do ato. Assim, se uma empresa brasileira registra um site como ".com", em vez de ".com.br", pode ter de se sujeitar às leis de diversos países no caso de questões jurídicas internacionais.

Nesse diapasão, as discussões envolvendo a *internet* podem tornar-se muito complexas, na medida em que envolvem situações de responsabilidade pela prática de um ilícito, de um crime, de violação a direitos da personalidade, notadamente o direito à privacidade do indivíduo.

Assim, surgem questões envolvendo a informática e a intimidade. A título ilustrativo, tem-se o caso do e-mail expedido pelo empregado,

---

[21] MUCENIC, Marcia Padula. *De la definición del local de prestación de servicios en el teletrabajo como medida impeditiva de los retrocesos de los derechos fundamentales sociales*. Disponível em <http://www.telework2010.tic.org.ar/papers/5MUCENIC%20espanol.pdf> Acesso em: 27 set. 2011.

[22] PINHEIRO, Patrícia Peck. *Direito Digital*. São Paulo: Saraiva, 2009, p. 39.

durante a prestação dos serviços, violando direitos de terceiro, o que gera a responsabilidade objetiva do empregador, conforme o artigo 932, inciso III, do Código Civil.[23] Isto pode tornar o direito digital um ramo autônomo do direito, face às vastas questões que surgem ao longo do desenvolvimento e da utilização dessa ferramenta virtual, ou, ao menos, reconhecê-lo como tal.

Importante trazer à baila uma pesquisa feita nos Estados Unidos acerca do monitoramento dos empregados pelos seus empregadores. Segundo essa pesquisa (Fonte: Privacy Foundation), um terço dos americanos que usam *internet* no trabalho tem as atividades *on-line* monitoradas pelos empregadores. Do total de 40 milhões de trabalhadores norte-americanos, 14 milhões ou 35% são monitorados no uso da *internet* no escritório. Mundialmente, de 100 milhões de empregados, 27 milhões são rastreados.[24]

Percebe-se que a *internet* trouxe algumas facilitações, mas, ao mesmo tempo, situações que merecem ser tuteladas pelo direito, em especial, com relação àquelas que violam os direitos fundamentais, como é o caso do direito à privacidade ou intimidade, efetivos direitos da personalidade constitucionalmente previstos, discussão esta que merece um específico regramento.

Patrícia Peck,[25] corroborando a tese de que o Direito Digital é um ramo autônomo do direito, e que a legislação vigente pode ser aplicada aos casos virtuais, menciona que:

> Não devemos achar, portanto, que o Direito Digital é totalmente novo. Ao contrário, tem ele sua guarida na maioria dos princípios do Direito atual, além de aproveitar a maior parte da legislação em vigor. A mudança está na postura de quem a interpreta e faz sua aplicação. (...) O Direito tem de partir do pressuposto de que já vivemos uma sociedade globalizada. Seu grande desafio é ter perfeita adequação em diferentes culturas, sendo necessário, por isso, criar a flexibilidade de raciocínio, nunca as amarras de uma legislação codificada que pode ficar obsoleta rapidamente.

Da mesma forma, é o raciocínio de Renato Opice Blum:[26]

> As relações virtuais e seus efeitos são realidade. A tendência é a substituição gradativa do meio físico pelo virtual ou eletrônico, o que já ocorre e justifica a adequação, adaptação e interpretação das normas jurídicas nesse novo ambiente. Na grande maioria dos casos é possível a aplicação das leis já existentes, o que gera direito e deveres que deverão ser

[23] Art. 932. São também responsáveis pela reparação civil: III – o empregador ou comitente, por seus empregados, serviçais e prepostos, no exercício do trabalho que lhes competir, ou em razão dele;

[24] NASCIMENTO, Amauri Mascaro. *Curso de Direito do Trabalho:* história e teoria geral do direito do trabalho: relações individuais e coletivas do trabalho. São Paulo: Saraiva, 2011, p. 762-763.

[25] PINHEIRO, Patrícia Peck. *Direito Digital.* São Paulo: Saraiva, 2009, p. 35.

[26] BLUM, Renato M. S. Opice. O processo eletrônico: assinaturas, provas, documentos e instrumentos digitais. In: BLUM, Renato M. S. Opice (Coord.). *Direito eletrônico: a Internet e os tribunais.* Bauru: EDIPRO, 2001, p. 38.

exercidos e respeitados. Assim, de rigor é imprescindível o estudo, orientação e aplicação da *Internet* como ambiente de resultados legais sérios e com enorme potencial de efeitos jurídicos, como, por exemplo, a possibilidade, desde já, da assinatura digital de contratos eletrônicos entre as partes com segurança muitas vezes superior àquela utilizada no meio físico.

Portanto, possível é utilizar o ordenamento jurídico pátrio em vigor para regulamentar os casos oriundos do mundo virtual, lembrando que de forma temporária, senão a todo momento a legislação tornar-se-ia obsoleta, na medida em que os acontecimentos, a troca de informações, as comunicações em geral, o trabalho, os contratos, as redes sociais, que têm seu espaço virtual e não físico, ocorrem de maneira muito rápida, às vezes, de forma instantânea, que o próprio Direito não seria capaz de acompanhar. Cabe, pois, ao intérprete do Direito uma tarefa exegética ao caso concreto. No entanto, vislumbra-se a necessidade de uma regulamentação mais específica para o chamado Direito Digital, afinal, vive-se, freneticamente, a era digital.

4. Considerações finais

Conclui-se que as novas tecnologias que propiciaram a origem do computador e da *internet* implicaram no aparecimento da chamada Era Digital. A imbricação tecnologia-direito implica no surgimento de questões e situações inéditas para o ramo disciplinar do Direito, seja do ponto de vista da sua regulamentação, solução ou aplicação. A falta de normas, nos dias atuais, que regulamentem essas novas situações surgidas com a era da informática não pode mais atormentar a vida dos operadores do Direito. Portanto, percebe-se claramente a necessidade de regulamentação própria para essas questões surgidas com o uso da ferramenta digital, tendo em vista a especificidade da matéria, e também pelo fato de que não pode mais servir para todo e sempre a legislação em vigor, por restar já ultrapassada. E, nessa medida, o trabalho propôs a defesa de que existe no Direito uma nova ramificação, qual seja, a do Direito Digital, dada a necessidade de regulamentação própria e em razão de que as normas do ordenamento jurídico em vigor estariam ultrapassadas.

Referências

ATHENIENSE, Alexandre. *Internet e o Direito*. Belo Horizonte: Inédita, 2000.

BLUM, Renato M. S. Opice. O processo eletrônico: assinaturas, provas, documentos e instrumentos digitais. In: BLUM, Renato M. S. Opice (Coord.). *Direito eletrônico: a Internet e os tribunais*. Bauru: EDIPRO, 2001.

DONEDA, Danilo. Considerações iniciais sobre os bancos de dados informatizados e o direito à privacidade. In: TEPEDINO, Gustavo (Org.). *A parte geral do novo Código Civil:* estudos na perspectiva civil-constitucional. Rio de Janeiro: Renovar, 2002. p. 06. Disponível em: <http://www.estig.ipbeja.pt/~ac_direito/Consideracoes.pdf>. Acesso em: 09 mai. 2013.

LÉVY, Pierre. *O que é o virtual?* Traduzido por Paulo Neves. São Paulo: Editora 34, 1996.

LORENZETTI, Ricardo Luis. Informática, Cyberlaw y E-commerce. In: NERY JUNIOR, Nelson; NERY, Rosa Maria de Andrade (Org.). *Responsabilidade civil, direito à informação.* v. 8. São Paulo: RT, 2010.

MONTEIRO, Silvana Drumond. O Ciberespaço: o termo, a definição e o conceito. In: *Revista de Ciência da Informação,* Londrina: Revista de Ciência da Informação, v. 8, n. 3, jun. 2007. Disponível em <http://dgz.org.br/jun07/Art_03.htm>. Acesso em: 02 nov. 2011.

MUCENIC, Marcia Padula. De la definición del local de prestación de servicios en el teletrabajo como medida impeditiva de los retrocesos de los derechos fundamentales sociales. Disponível em <http://www.telework2010.tic.org.ar/papers/5MUCENIC%20espanol.pdf>. Acesso em: 27 set. 2011.

NASCIMENTO, Amauri Mascaro. *Curso de Direito do Trabalho:* história e teoria geral do direito do trabalho: relações individuais e coletivas do trabalho. São Paulo: Saraiva, 2011.

PIMENTEL, Alexandre Freire. *O direito cibernético:* um enfoque teórico e lógico-aplicativo. Rio de Janeiro: Renovar, 2000.

PINHEIRO, Patrícia Peck. *Direito Digital.* São Paulo: Saraiva, 2009.

ROHRMANN, Carlos Alberto. *Curso de Direito Virtual.* Belo Horizonte: Del Rey, 2005.

TEIXEIRA, Manuel; MENDES, Victor. *Casos e temas de direito das comunicações.* Porto: Legis, 1996.

— 6 —

O processo de certificação digital

CÂNDIDO ANCHIETA COSTA[1]

Sumário: 1. Introdução; 2. Da sociedade industrial à era da informação: breves apanhados históricos; 3. A criptografia como mecanismo de segurança digital; 4. O processo de certificação digital e seu resultado: o certificado digital; 5. Assinatura eletrônica: firma digital e biometria; 6. Considerações finais; Referências bibliográficas.

1. Introdução

Com o advento da nova sociedade tecnológica, principalmente com o alcance da internet na década de 60, revolucionaram-se os mecanismos de troca de informações no tempo e no espaço. Desse modo, a internet passou a ser o principal vetor que conduz informações de todo gênero para qualquer parte do mundo. O trabalho no setor público e privado também foi facilitado pela vanguardista tecnologia, já que possibilitou ao homem firmar negócios através da rede, exercendo de forma ágil e producente suas atividades diárias. No entanto, a internet trouxe consigo uma iminente incerteza quanto à segurança das comunicações transitadas, pois um determinado documento eletrônico pode ser facilmente interceptado no ambiente virtual.

No anseio de fazer frente à insegurança perpetuada na alternância de informações mediante o uso da internet, ainda mais quando se está diante da prestação de um serviço ou negócio a ser firmado eletronicamente, surge o processo de certificação digital. O procedimento de certificação, que tem como base a criptografia assimétrica ou simétrica, confere maior segurança às informações ou documentos veiculados em rede. Nesse sentido, necessário apresentar os primordiais aspectos teóricos do processo de certificação digital, tratando dos conceitos de criptografia simétrica e assimétrica, observando, ainda, as respectivas chaves

[1] Especialista em Direito do Trabalho e Direito Processual do Trabalho pela Pontifícia Universidade Católica do Rio Grande do Sul. Integrante do Grupo de Pesquisa Novas Tecnologias e Relações de Trabalho (PUC-RS). Advogado em Porto Alegre.

criptográficas. Ao final, abordam-se alguns informes acerca do certificado digital e da assinatura eletrônica como gênero do qual nascem as firmas digitais e os diverso tipos de biometria.

2. Da sociedade industrial à era da informação: breves apanhados históricos

A revolução tecnológica, no decorrer da história, não se sobressai por um caráter inerte – mas, sim, por apresentar-se com diversas facetas eminentemente lineares e dinâmicas, havendo fatos de maior ou menor relevância que sempre convergem para um ponto em comum: o avanço da automação. À luz dessa razão, para proporcionar uma integral compreensão da implementação tecnológica nas diversas matizes históricas, necessário ter em consideração três momentos sociais: no primeiro, e mais primitivo, o cerne residia na aplicação dos métodos matemáticos; no segundo, evidenciava-se a tecnicidade industrial; e no terceiro, a sociedade alicerçada no paradigma das redes e meios de comunicação.[2] O sociólogo italiano, Domenico de Masi,[3] sintetiza as supracitadas fases nas expressões "Sociedade Pré-Industrial", "Sociedade Industrial" e "Sociedade Pós-Industrial". Sob esse entendimento, e por questão de conveniência, aparenta ser de maior relevância traçar alguns aspectos tecnológicas ocasionados a partir da sociedade industrial.

A sociedade industrial, nascida da mudança da Idade Moderna para a Idade Contemporânea, exteriorizou-se na invenção da máquina a vapor, por James Watt, conferindo vida ao automatismo – muito embora seja sabido que na Idade Média já havia, ainda que a passos estreitos, uma incipiente tecnologia, como, a título meramente exemplificativo, o relógio de Gazz.[4] Na Revolução Industrial, os músculos humanos cedem espaço à força e à velocidade da máquina, predicados estes que acompa-

---

[2] SILVIA, Alzira Karla Araújo de; CORREIA, Anna Elizabeth Galvão Coutinho; LIMA, Izabel França de. *O Conhecimento e as Tecnologias na Sociedade da Informação*. Revista Interamericana de Bibliotecologia, vol. 33, n.1, janeiro -junho de 2010, p. 213-219. Disponível em: <http://www.periodicos.capes.gov.br/?option=com_pmetabusca&mn=88&smn=88&type=m&metalib=aHR0cDovL2NhcGVzLW1ldGFsaWJwbHVzLmhvc3RlZC5leGxpYnJpc2dyb3VwLmNvbS9wcml1b19saWJyYXJ5L2xpYndlYi9hY3Rpb24vc2VhcmNoLmRvP2RzY250PTAmZnJiZz0mc2NwLnNjcHM9cHJpbW9fY2VudHJhbF9tdWx0aXBsZV9mZSZ0YWI9ZGVmYXVsdF90YWImY3Q9c2VhcmNoJm1vZGU9QmFzaWMmZHVtPXRydWUmaW5keD0xJmZuPXNYXJjaCZ2aWQ9Q0FQRVM%3D&buscaRapidaTermo=O+Conhecimento+e+as+Tecnologias+na+Sociedade+da+Informa%C3%A7%C3%A3o&x=30&y=13>.

[3] MASI, Domenico de. *O Futuro do Trabalho: fadiga e ócio na sociedade pós-industrial*. 5. ed. Editora José Olympio, 2000.

[4] CANDAL, Carlos; SANT'ANNA, Rubens. *Curso de Cibernética Jurídica*. Instituto dos Advogados do Rio Grande do Sul: Porto Alegre, 1974, p. 23 e 24.

nhavam a ascensão econômica e os anseios fabris cada vez mais fortes, calcados nas motivações competitivas do mercado.[5]

No século XX, a progressista automação tecnológica e as exigências da Segunda Guerra Mundial culminaram por confrontar o homem com uma nova problemática: o cérebro humano mostrava-se impotente para administrar as novas tecnologias, sendo de acentuada relevância a criação de uma máquina com capacidade para "raciocinar", "abstrair", "memorizar" e "aprender".[6] Na tentativa de fazer frente às aludidas necessidades, surge a primeira geração de computadores, ainda que, inicialmente, sem cunho comercial.[7] Em 1979, fora lançado pela IBM o *personal computer*, tecnicamente denominado de PC-XT, com a capacidade de cumprir 750.000 funções por segundo.[8] A vanguarda tecnológica, conjugada em plena consonância com os demais meios de comunicação e, precipuamente, com a *internet*, foram as tônicas da nova sociedade pós-industrial ou da era digital como também é apontada – o que redundou em uma hegemonia da informação nesta sociedade principiante.[9] Sem dúvida, tal revolução ganhou seu ápice com o advento da *internet*, a qual não se vislumbra paralelo histórico.[10]

A *internet* despontou nos Estados Unidos, em 1969, por meio de sua rede antecessora designada *Arpanet*, que fora adotada pelo Departamento de Defesa dos Estados Unidos com fins estritamente militares.[11] No Brasil, a *internet* fora introduzida através da FAPESC – Fundação de Amparo à Pesquisa do Estado de São Paulo – e pela Universidade Federal do Rio de Janeiro, em 1988.[12] Sob o enfoque doutrinário de Alexandre Atheniense, a *internet* "consiste em um sistema de computadores conectados entre si, ligados constantemente, compartilhando informações e serviços em diversos países simultaneamente".[13] Da inteligência de Gustavo Testa Corrêa, absorve-se o seguinte conceito:

> A Internet é um sistema global de rede de computadores que possibilita a comunicação e a transferência de arquivos de uma máquina a qualquer outra máquina conectada na rede, possibilitando, assim, um intercâmbio de informações sem precedentes na história, de

[5] CANDAL, Carlos; SANT'ANNA, Rubens. *Curso de Cibernética Jurídica*, p. 25-26

[6] Idem, p. 26, 32 e 35.

[7] Os computadores produzidos em meados da década de 40 até o limiar da década de 50 não destinavam-se à comercialização, mas serviam de amparo para fins governamentais, militares e científicos. Disponível em: <http://www.educacaopublica.rj.gov.br/biblioteca/geografia/0016.html>.

[8] CORRÊA, Gustavo Testa. *Aspectos Jurídicos da Internet*. 5. ed. São Paulo: Saraiva, 2010, p. 19.

[9] Idem, p. 19.

[10] MOREIRA, Fábio Lucas. Da "sociedade informática" de Adam Schaff ao estabelecimento dos fundamentos e princípios do marco civil da internet (PL 2.126/2011), in: MARQUES, Jader; Silva, Maurício Faria da (orgs.). *O Direito na Era Digital*. Porto Alegre: Livraria do Advogado, 2012, p. 13.

[11] ATHENIENSE, Alexandre. *Internet e o Direito*. Belo Horizonte: Editora Inédita, 2000, p. 22.

[12] Idem, p. 23.

[13] Idem, p. 21.

maneira rápida, eficiente e sem a limitação de fronteiras, culminando na criação de novos mecanismos de relacionamento.[14]

A problemática que se impõe à constante alternância de arquivos, serviços e informações, predicados extraídos dos conceitos de *internet* a que se reportou, concerne em saber como tais trocas repassadas em rede conservam a privacidade e a segurança nos serviços prestados pela administração pública direta e indireta de qualquer dos entes e poderes do Estado.

3. A criptografia como mecanismo de segurança digital

Cumpre averbar, primeiramente, que a necessidade de resguardar sigilo nas informações subsiste há tempos, e a complexidade na ocultação das comunicações ganha cada vez mais importância, à medida que a tecnologia toma a dianteira.[15] Em Roma, o imperador Júlio Cesar alternava as letras substituindo um A por um D, um B por um A, visando a dissimular as mensagens.[16] A criptografia modernamente conhecida emerge tão somente em meados da década de 60 através de pesquisas elaboradas pela empresa IBM, tendo em mira efetivar a segurança nos meios de comunicação.[17] Em sua gênese, a criptografia é composta de dois vocábulos gregos: *kryptos* (significando oculto) e *graphien* (denotando o caráter existencial da informação).[18]

A criptografia define-se como "o conjunto de técnicas para codificar determinado conteúdo", assevera Eduardo Kruel.[19] Nesse passo, escapando à mera abstração, a criptografia é um disfarce que atua sobre um determinado arquivo ou documento, tornando-o ilegível à ótica de quem intenta fazê-lo – muito embora seja possível desvendar seu conteúdo desde que domine a fórmula lógica para acessá-lo.[20] O ITI – Instituto Nacional de Tecnologia da Informação –, em julho de 2005, edificou uma cartilha com o objetivo de sanar as dúvidas que pairam sobre a temática

[14] CORRÊA, Gustavo Testa. *Aspectos Jurídicos da Internet*, p. 26.

[15] FIARRESGA, Victor Manuel Calhabrês. *Criptografia e Matemática*. 2010, 144 f., Tese (Mestrado em Matemática para Professores) Universidade de Lisboa, 2010. Disponível em: <http://repositorio.ul.pt/bitstream/10451/3647/1/ulfc055857_tm_Victor_Fiarresga.pdf>.

[16] CORRÊA, Gustavo Testa. *Aspectos Jurídicos da Internet*, p. 99.

[17] Idem, p. 99.

[18] FIARRESGA, Victor Manuel Calhabrês. *Criptografia e Matemática*. 2010, 144 f., Tese (Mestrado em Matemática para Professores) Universidade de Lisboa, 2010. Disponível em: <http://repositorio.ul.pt/bitstream/10451/3647/1/ulfc055857_tm_Victor_Fiarresga.pdf.>.

[19] KRUEL, Eduardo. *Processo Judicial Eletrônico e Certificação na Advocacia*. Brasília: Editora OAB, 2009, p. 166.

[20] CORRÊA, Gustavo Testa. *Aspectos Jurídicos da Internet*, p. 99.

da certificação digital, abordando com louvável exatidão os aspectos teóricos da criptografia:

> A palavra criptografia tem origem grega e significa a arte de escrever em códigos de forma a esconder a informação na forma de um texto incompreensível. A informação codificada é chamada de texto cifrado. O processo decodificação ou de ocultação é chamado de cifragem, e o processo inverso, ou seja, obter a informação original a partir do texto cifrado, chama-se decifragem.[21]

Há, atualmente, a criptografia simétrica e a criptografia assimétrica, remetendo-nos diretamente às definições de chaves, que funcionam como verdadeiras senhas.[22] A criptografia simétrica emprega o uso de somente uma chave para cifrar e decifrar a mensagem, ao passo que a criptografia assimétrica, vigente a partir da década de 70, serve-se de duas chaves – uma chave pública destinada à cifragem da informação veiculada; a outra uma chave privada com o propósito de decifrar a mensagem.[23] O sistema criptográfico assimétrico, de chave pública ou também intitulada pela sigla RSA, cujo significado inspira seus criadores Rivest Shamir e Adelman, portanto, confere ao mesmo usuário um par de chaves.[24] A chave criptográfica, em seu gênero, "é o valor numérico ou código usado com um algoritmo criptográfico para transformar, validar, autenticar, cifrar e decifrar dados", sintetiza o causídico Eduardo Kruel.[25]

No que diz respeito à chave privada ou secreta, em um sistema RSA, é utilizada para propiciar assinaturas digitais e para desencriptar informações criptadas com a respectiva chave pública, que, por consequência, será divulgada pelo detentor do certificado digital aos demais usuários para que estes possam verificar a autenticidade da assinatura digital gerada pela chave privada correspondente e também para cifrar mensagens que apenas a chave privada poderá desvendar.[26] Sob essa vertente, com

---

[21] Cartilha elaborada pelo Instituto Nacional de Tecnologia da Informação sobre certificado digital. disponível em: <http://www.iti.gov.br/index.php/publicacoes/cartilhas/3894-o-que-e-certificacao-digital>.

[22] KRUEL, Eduardo. *Processo Judicial Eletrônico e Certificação Digital na Advocacia*, p. 168.

[23] FIARRESGA, Victor Manuel Calhabrês. *Criptografia e Matemática*. 2010, 144 f., Tese (Mestrado em Matemática para Professores) Universidade de Lisboa, 2010. Disponível em: <http://repositorio.ul.pt/bitstream/10451/3647/1/ulfc055857_tm_Victor_Fiarresga.pdf>.

[24] TRAVIESO,Yran Marriero. *La Criptografía como elemento de la seguridade informática*. ACIMED, vol. 11, n. 6, novembro-dezembro 2003. Disponível em: <http://www.periodicos.capes.gov.br/?option=com_pmetabusca&mn=88&smn=88&type=m&metalib=aHR0cDovL2NhcGVzLW1ldGFsaWJwbHVzLmhvc3RlZC5leGxpYnJpc2dyb3VwLmNvbS9wcmltb19saWJyYXJ5L2xpYndlYi9hY3Rpb24vc2VhcmNoLmRvP2RzY250PTAmZnJiZz0mc2NwLnNjcHM9cHJpbW9fY2VudHJhbF9tdWx0aXBsZV9mZSZ0YWI9ZGVmYXVsdF90YWImY3Q9c2VhcmNoJm1vZGU9QmFzaWMmZHVtPXRydWUmaW5keD0xJmZuPXNlYXJjaCZ2aWQ9Q0FQRVM%3D&buscaRapidaTermo=La+Criptograf%C3%ADa+como+elemento+de+la+seguridade+inform%C3%A1tica&x=38&y=5>.

[25] KRUEL, Eduardo. *Processo Judicial Eletrônico e Certificação Digital na Advocacia*, p. 168.

[26] Idem, p. 168 e 169.

o propósito de remeter um arquivo confidencial à "B", "A" empregará a chave pública deste, a qual fora previamente disponibilizada através, por exemplo, de diretórios públicos, culminando em uma integral garantia de sigilo eletrônico, vez que apenas "B" terá acesso à informação por meio de sua chave privada.[27] Senão, vejamos o esquema abaixo:

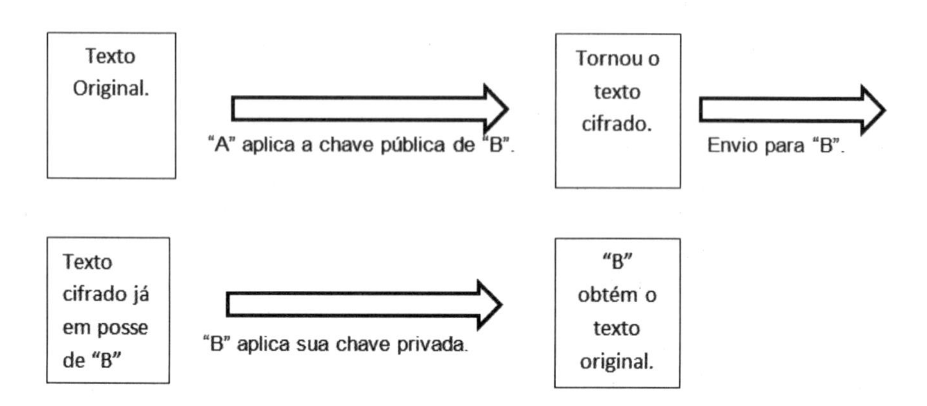

No tocante ao processo de autenticação, "A" lança mão de sua chave privada para criptografar um determinado documento ou arquivo, afiançando sua autoria, que deverá ser remetida a "B" – o qual, em posse da chave pública de "A", aplicará ao documento para apanhar a informação nele contida e verificar sua autenticidade.[28] Recorremos, novamente, às brevíssimas ilustrações.

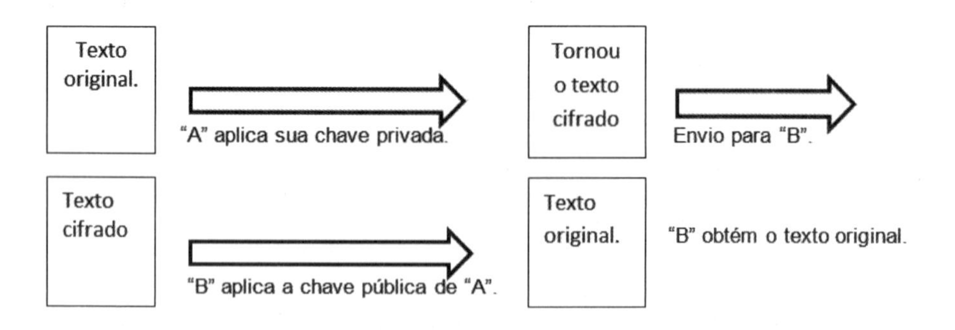

[27] Cartilha elaborada pelo Instituto Nacional de Tecnologia da Informação sobre certificado digital, disponível em: <http://www.iti.gov.br/index.php/publicacoes/cartilhas/3894-o-que-e-certificacao-digital>.

[28] Idem.

Observa-se, pelo todo exposto, que podemos segregar dois processos díspares: a confidencialidade e a autenticidade.[29] Necessário reiterar, agora com maior detença, que a criptografia simétrica se serve da mesma chave para cifrar e decifrar as informações – ou seja, a senha é de acesso comum, ferindo, pois, o caráter intangível dos dados veiculados, motivo pelo qual não é imputada segurança integral na criptografia simétrica.[30] Vale grifar, por fim, os benefícios dos mecanismos criptográficos, elencando os seguintes – 1º) eivar de autenticidade um documento ou arquivo remetido por correio eletrônico; 2º) inacessibilidade de documentos pessoais; 3º) tornar transparente a identidade de uma pessoa que adentre à rede; 4) zelar pela privacidade dos usuários de um determinado sistema; e 5º) aplicar sanções às manifestações ilegais.[31]

Sinteticamente, o propósito maior que a criptografia almeja é a plena efetivação da segurança nos meios telemáticos, pois a nova era digital preconiza com imponência uma constante ruptura do sigilo e da privacidade no tráfego de informações.[32] Exteriorizou-se, até o presente momento, algumas raízes históricas básicas acerca da implementação tecnológica, atravessando o caminho técnico da criptografia e seus sistemas, dentre os quais conferimos maior atenção ao sistema criptográfico assimétrico, vez que figura como instrumento-cerne da certificação digital. A partir de agora, passa-se a focar a lente de nossos estudos sobre a elucidação da temática concernente à certificação digital.

4. O processo de certificação digital e seu resultado: o certificado digital

Oportuno, primeiramente, refletir sobre uma importante indagação. Há o risco de uma pessoa criar um par das mencionadas chaves, pondo a chave pública em nome de outro indivíduo e disponibilizando-a

---

[29] Cartilha elaborada pelo Instituto Nacional de Tecnologia da Informação sobre certificado digital, disponível em: <http://www.iti.gov.br/index.php/publicacoes/cartilhas/3894-o-que-e-certificacao-digital>.

[30] MATTE, Maurício. *Internet: comércio eletrônico*: aplicabilidade do código de defesa do consumidor nos contratos de e-commerce. São Paulo: Editora LTr, 2001, p. 37.

[31] CORRÊA, Gustavo Testa. *Aspectos Jurídicos da Internet*, p. 105.

[32] CADAVID, Jhonny Antonio Pabón. *La Criptografía y la Protección a la Informacción Digital*. Revista La Propiedad Immaterial, n.14, 2010, p. 59-90. Disponível em: <http://www.periodicos.capes.gov.br/?option=com_pmetabusca&mn=88&smn=88&type=m&metalib=aHR0cDovL2NhcGVzLW1ldGFsaWJwbHVzLmhvc3RlZC5leGxpYnJpc2-dyb3VwLmNvbS9wcmltb19saWJyYXJ5L2xpYndlYi9hY3Rpb24vc2VhcmNoLmRvP2R-zY250PTAmZnJiZz0mc2NwLnNjcHM9cHJpbW9fY2VudHJhbF9tdWx0aXBsZV9mZSZ0YWI9ZGVmYXVsdF90YWImY3Q9c2VhcmNoJm1vZGU9QmFzaWMmZHVtPXRydWUmaW5-keD0xJmZuPXNlYXJjaCZ2aWQ9Q0FQRVM%3D&buscaRapidaTermo=Jhonny+Antonio+Pab%C3%B3n&x=37&y=10>.

em um diretório público, fraudando, assim, informações eletrônicas sob o respaldo de identidade alheia?[33] A resposta é simples: evidente que sim. Ainda mais quando está presente a ideia que as chaves não detêm ligação alguma com a identidade pessoal do usuário, sendo tão somente números – o que firma a necessidade de terceiros criarem um mecanismo que zele pela absoluta paridade entre a pessoa e o par de chaves criptográficas correspondentes.[34] Esse processo de conferência da relação entre chaves e identidade do usuário, nada mais é que a certificação digital, que na concepção do Instituto Nacional de Tecnologia da Informação, assim a define:

> É a atividade de reconhecimento em meio eletrônico que se caracteriza pelo estabelecimento de uma relação única, exclusiva e intransferível entre uma chave de criptografia e uma pessoa física, jurídica, máquina ou aplicação.[35]

A certificação digital tem diversas finalidades, percorrendo o campo de operações simples como conferir a identidade de um grupo de pessoas que se comunica e troca informações pela rede, até transações eletrônicas de maior complexidade, como, a título exemplificativo, um contrato de extrema relevância para as partes envolvidas.[36]

A autoridade certificadora (AC), por sua vez, estará legitimada a efetuar a aludida atividade de certificação digital, sendo esta sua função primordial.[37] Cumpre à autoridade certificadora desempenhar, além de sua principal atribuição, as seguintes: a) gerir chaves públicas e privadas; b) emissão de certificados digitais, enviando-os aos respectivos portadores; c) verificar a validade e vigência dos certificados; e d) dar publicidade aos métodos utilizados para identificação do usuário.[38] A autoridade certificadora será uma entidade pública ou privada, e a pessoa portadora do certificado digital poderá ser física ou jurídica.[39] Em âmbito federal, a autoridade certificadora raiz é o Instituto Nacional de Tecnologia da Informação, autarquia responsável por atribuir legitimidade às demais autoridades certificadoras, fiscalizando-as e subordinando-as.[40] A autoridade registradora (AR) tem por objetivo fazer o intermédio entre a

---

[33] BARRETO, Ana Carolina Horta. Assinaturas Eletrônicas e Certificação. In: FILHO, Valdir de Oliveira Rocha (org.). *O Direito e a Internet*. Rio de Janeiro: Forense Universitária, 2002, p. 39.

[34] BARRETO, Ana Carolina Horta. *Assinaturas Eletrônicas e Certificação*, p. 39.

[35] GLOSSÁRIO ICP-BRASIL. Versão 1.2, de 03 de out. de 2007 Disponível em: <http://www.iti.gov.br/index.php/glossario>.

[36] NOGUEIRA, Sandro D' Amato. *Manual do Direito Eletrônico*. Leme: BH editora, 2009, p. 41.

[37] GLOSSÁRIO ICP-BRASIL. Versão 1.2, de 03 de out. de 2007 Disponível em: <http://www.iti.gov.br/index.php/glossario>.

[38] FINKELSTEIN, Maria Eugênia Reis. *Direito do Comércio Eletrônico*. 2. ed.. Rio de Janeiro: Elsevier, 2011, p. 165.

[39] NOGUEIRA, Sandro D' Amato. *Manual de Direito Eletrônico*, p. 39 e 40.

[40] Idem, p. 40.

pessoa e a autoridade certificadora a que está vinculada, desempenhando a função de encaminhar a esta a requisição de emissão, validação e revogação de certificados digitais solicitados pessoalmente à autoridade registradora.[41]

Deve-se abrir breve parêntese para conferir atenção à pequena diferença entre certificação digital e certificado digital, eis que a primeira é o gênero do qual, por decorrência, nasce o segundo.[42] A certificação digital "é tecnologia empregada através da criptografia e algoritmos matemáticos complexos que produzem um certificado digital", leciona Eduardo Kruel.[43] Quanto ao certificado digital, tem-se a seguinte conceituação:

> O certificado digital é um documento eletrônico, assinado digitalmente por uma terceira parte confiável, que associa uma entidade (pessoa, processo, servidor) a uma chave pública. Um certificado digital contém os dados de seu titular, tais como: nome, e-mail, CPF, chave pública, nome e assinatura da Autoridade Certificadora que o emitiu.[44]

No entanto, antes de investigar a temática referente ao certificado digital, há pertinência em tracejar algumas linhas superficiais acerca da definição de documento eletrônico, já que elemento presente na elucidação acima transcrita. O documento eletrônico, no entender de Newton de Lucca,[45] "será o meio real de representação de um fato, não o sendo, porém de forma gráfica". O que altera, pois, é tão somente o meio de veiculação dos fatos, pois em um documento eletrônico, estes serão suportados por discos rígidos, discos magnéticos, ou outros que detenham a serventia de materializar o acontecimento.[46]

Melhor aclarando, o certificado digital é um documento eletrônico inserido em uma mídia magnética – a qual, em seu núcleo, portará os dados pessoais da pessoa física ou jurídica, juntamente com a chave pública do respectivo titular do certificado, proporcionando autenticidade e validade jurídica aos negócios firmados via rede, não se confundindo com o processo de certificação digital.[47] A certificação digital não é portável por seu detentor; ao passo que o certificado digital poderá ser transportado através, por exemplo, de um chip que o contenha.[48] Nesse passo, o certificado digital é um verdadeiro documento de "identidade digital",

---

[41] GLOSSÁRIO ICP-BRASIL. Versão 1.2, de 03 de out. de 2007 Disponível em: <http://www.iti.gov.br/index.php/glossario>.

[42] KRUEL, Eduardo. *Processo Judicial Eletrônico e Certificação Digital na Advocacia*, p. 153.

[43] Idem, p. 155.

[44] GLOSSÁRIO ICP-BRASIL. Versão 1.2, de 03 de out. de 2007 Disponível em: <http://www.iti.gov.br/index.php/glossario>.

[45] LUCCA, Newton de; FILHO, Adalberto Simão (coord.) e outros. *Direito e Internet: aspectos jurídicos relevantes*. 2. ed. São Paulo: Quartier Latin, 2005, p. 72 e 73.

[46] Idem, p. 73.

[47] KRUEL, Eduardo. *Processo Judicial Eletrônico e Certificação Digital na Advocacia*, p. 155.

[48] Idem, p. 155.

arremata Sandro D'Amato Nogueira.[49] O certificado digital cumpre diversas finalidades, tais como assegurar a identidade de um remetente de *e-mail*, comprovar a identidade de um servidor com o qual se trocam informações ou provar a autenticidade do usuário que adentra em determinado *site*.[50]

A despeito do serviço que o agente público estima exercer, haverá certificados distintos, como os certificados de assinatura digital – A1, A2, A3 e A4 –, que se destinam à autenticidade das informações eletrônicas veiculadas na rede, identificação na *web* e nos *e-mails*, bem como a assinatura de documentos eletrônicos.[51] Desse modo, a "ordem crescente indica um nível maior de segurança", como bem pondera Eduardo Kruel.[52] No que concerne à validade jurídica dos certificados digitais, a Medida Provisória nº 2.200/2001 atribuiu fé pública e presunção de veracidade aos documentos eletrônicos, desde que tenham sido autenticados por autoridade certificadora, equiparando-os, inclusive, aos documentos referidos no art. 219 do Código Civil.[53] [54] Ainda, os certificados digitais são válidos apenas por um determinado período, o qual transcorrido impossibilitará o detentor de lançar a firma digital.[55]

Em termos de legislação regulamentadora da matéria em debate, tem-se em plena vigência a mencionada Medida Provisória nº 2.200, de 24 de agosto de 2001, por força da Emenda Constitucional nº 32, de 11 de setembro de 2001, que imputou aplicabilidade permanente às MPs editadas até sua data. A MP, em seu art. 12,[56] também conferiu ânimo de autarquia federal ao aludido Instituto Nacional de Tecnologia da Informação. Muito se falou, até o presente momento, acerca de certificação digital e certificado digital – muito embora se comentou sobre assinatura digital sem, no entanto, particularizá-la. É chegada a hora de tratar com destaque e singularidade o ponto relativo à assinatura digital.

---

[49] NOGUEIRA, Sandro D'Amato. *Manual de Direito Eletrônico*, p. 43.

[50] Idem, p. 41.

[51] GLOSSÁRIO ICP-BRASIL. Versão 1.2, de 03 de out. de 2007. Disponível em: <http://www.iti.gov.br/index.php/glossario>.

[52] KRUEL, Eduardo. *Processo Judicial Eletrônico e Certificação Digital na Advocacia*, p. 156.

[53] Código Civil Brasileiro, de 10 de janeiro de 2002, art.219. "As declarações constantes de documentos assinados presumem-se verdadeiras em relação aos signatários". Disponível em: <http://legis.senado.gov.br/sicon/>.

[54] FINKELSTEIN, Maria Eugênia. *Direito do Comércio Eletrônico*, p. 168.

[55] Cartilha elaborada pelo Instituto Nacional de Tecnologia da Informação sobre certificado digital, disponível em: <http://www.iti.gov.br/index.php/publicacoes/cartilhas/3894-o-que-e-certificacao-digital>.

[56] Medida Provisória 2.200, de 24 de agosto de 2000, art.12: "Fica transformado em autarquia federal, vinculada ao Ministério da Ciência e Tecnologia, o Instituto Nacional de Tecnologia da Informação - ITI, com sede e foro no Distrito Federal". Disponível em: <http://www.planalto.gov.br/ccivil_03/mpv/Antigas_2001/2200-2.htm>.

5. Assinatura eletrônica: firma digital e biometria

Em sua acepção global, a assinatura é um método de identificação do autor de um documento, servindo como chancela pela qual este expressa sua concordância com o teor da declaração.[57] Por evidente, os documentos eletrônicos não comportam a simplista digitação do nome do autor como forma capaz de gerar uma plena eficácia jurídica, eis que o ambiente informatizado pode ser facilmente adulterado, motivo pelo qual se tem, hoje em dia, a assinatura digital fundamentada na criptografia assimétrica anteriormente vislumbrada.[58] A assinatura digital é espécie do gênero assinatura eletrônica, assim como a biometria também o é, significando qualquer tipo de identificação por meio eletrônico.[59] Difere-se, ainda, da assinatura manuscrita, vez que esta será lançada sempre do mesmo modo, enquanto o documento eletrônico experimentará sempre uma firma digital única e irrepetível.[60]

A assinatura digital, em seu núcleo, traz consigo o relevante encargo de garantir a autenticidade das informações, proporcionando associar dados a uma determinada pessoa, fazendo uso, reitera-se, da tecnologia de criptografia assimétrica.[61] Recorre-se, novamente, à definição formulada por quem tem legitimidade para fazê-la – ou seja, o Instituto Nacional de Tecnologia da Informação, que aduz o que abaixo segue transcrito:

> Código anexado ou logicamente associado a uma mensagem eletrônica que permite de forma única e exclusiva a comprovação da autoria de um determinado conjunto de dados (um arquivo, um e-mail ou uma transação). A assinatura digital comprova que a pessoa criou ou concorda com um documento assinado digitalmente, como a assinatura de próprio punho comprova a autoria de um documento escrito. A verificação da origem do dado é feita com a chave pública do remetente.[62]

Imperioso destacar, ainda, a diferença entre assinatura digital e assinatura digitalizada. É que a primeira garante integridade e autenticidade do documento eletrônico; a segunda é a firma de próprio punho reproduzida por meio de um *scanner*, por exemplo.[63] Para gerar uma assinatura digital é aplicada a denominada função *hash*, a qual desempenha o importantíssimo papel de gerar um resumo criptográfico da cifragem

---

[57] LUCCA, Newton de; SIMÃO FILHO, Adalberto (coords.) e outros. *Direito e Internet*: aspectos jurídicos relevantes, p. 440.

[58] Idem, p. 440-441.

[59] KRUEL, Eduardo. *Processo Judicial Eletrônico e Certificação Digital na Advocacia*, p. 173-174.

[60] MARQUES, Jarder; SILVA; Maurício Faria da. *O Direito na Era Digital*. Porto Alegre: Livraria do Advogado, 2012, p. 157.

[61] NOGUEIRA, Sandro D'Amato. *Manual de Direito Eletrônico*, p. 36.

[62] GLOSSÁRIO ICP-BRASIL. Versão 1.2, de 03 de out. de 2007. Disponível em: <http://www.iti.gov.br/index.php/glossario>.

[63] Sobre certificação digital. Disponível para consulta, In: <http://www.iti.gov.br/index.php/perguntas-frequentes/1743-sobre-certificacao-digital>.

assimétrica, sendo que esta síntese será a firma digital.[64] Passa-se, agora, à análise da biometria.

Como anteriormente comentado, a biometria é uma das diversas espécies de assinatura eletrônica, cujo entendimento, no âmbito do direito da informática, é sintetizado como "a medida de características únicas do indivíduo que podem ser utilizadas para reconhecer sua identidade", segundo Edilberto Barbosa Clementino.[65] Na semestralmente publicada Revista Digital, de autoria do ITI, a biometria segue alicerçada na mesma definição, significando um modo integralmente automático de reconhecimento do indivíduo através de medidas anatômicas e fisiológicas.[66] Por derradeiro, para proporcionar a total compreensão da conceituação de biometria, cumpre reproduzir a clareza da definição formulada por Maurício Matte:

> Portanto, a verificação biométrica é um método automatizado pelo qual a identidade de um indivíduo é confirmada examinando-se uma característica fisiológica única e pessoal ou por meio de análise de características de comportamento.[67]

As características de cunho físico poderão ser a impressão digital, reconhecimento de íris, entre outras, enquanto a biometria calcada no aspecto comportamental dispõe da assinatura manuscrita, reconhecimento de voz, etc.[68] Dentre as diversas modalidades de biometria existentes no mercado – reconhecimento da face, reconhecimento da voz, geometria da mão, identificação por meio da íris ou retina e reconhecimento por meio das veias da mão –, a impressão digital, economicamente, é a mais viável a ser implementada, tanto no setor privado como no público.[69] Em suas vantagens, a impressão digital traz consigo o baixo custo, a viabilidade de sua implementação e um alto grau de segurança – muito embora possam ser arroladas como desvantagens doenças de pele e amputações, além de poder ser copiada e até mesmo reutilizada.[70]

---

[64] Cartilha elaborada pelo Instituto Nacional de Tecnologia da Informação sobre certificado digital, disponível em: <http://www.iti.gov.br/index.php/publicacoes/cartilhas/3894-o-que-e-certificacao-digital>.

[65] CLEMENTINO, Edilberto Barbosa. *Processo Judicial Eletrônico*. Curitiba: Juará, 2007, p. 109.

[66] Revista Digital: uma publicação do Instituto Nacional de Tecnologia da Informação – ITI, ano 1, nº 2, 31, de dez. de 2009. Disponível para consulta em: <http://www.iti.gov.br/index.php/noticias/revista-digital/3889-cidadania-digital>.

[67] MATTE, Maurício. *Internet, Comércio Eletrônico*: aplicabilidade do Código de Defesa do Consumidor nos contratos de e-commerce, p. 46.

[68] CLEMENTINO, Edilberto Barbosa. *Processo Judicial Eletrônico*, p. 110.

[69] Revista Digital: uma publicação do Instituto Nacional de Tecnologia da Informação – ITI, ano 1, nº 2, 31, de dez. de 2009. Disponível para consulta em: <http://www.iti.gov.br/index.php/noticias/revista-digital/3889-cidadania-digital>.

[70] Idem.

6. Considerações finais

Pelo todo exposto, nota-se a relevância do processo de certificação digital no que concerne a uma maior segurança na alternância de informações, sobretudo, nas relações de trabalho, onde tal garantia é fator que deve estar constantemente presente. Os certificados digitais, firmas digitais e a biometria, em que pese esta última apresentar maior custo para sua implementação, são mecanismos que promovem a segurança no ambiente virtual, devendo o setor público e privado disponibilizar e capacitar seus trabalhadores para o uso destas ferramentas no ambiente de trabalho, proporcionando, assim, a intangibilidade das informações veiculadas e dos negócios firmados por meio da internet.

Referências bibliográficas

ATHENIENSE, Alexandre. *Internet e o Direito*. Belo Horizonte: Editora Inédita, 2000.

BRASIL. *Código Civil Brasileiro, de 10 de janeiro de 2012*. Disponível em: <http://legis.senado.gov.br/sicon/>.

BRASIL. *Medida Provisória 2.200, de 24 de agosto de 2000*. Disponível em: <http://legis.senado.gov.br/sicon/>.

CADAVID, Jhonny Antonio Pabón. *La Criptografía y la Protección a la Informacción Digital*. Revista La Propiedad Immaterial, n.14, 2010, p. 59-90. Disponível em: <http://www.periodicos.capes.gov.br/?option=com_pmetabusca&mn=88&smn=88&type=m&metalib=aHR0cDovL2NhcGVzLW1ldGFsaWJwbHVzLmhvc3RlZC5leGxpYnJpc2yb3VwLmNvbS9wcmltb19saWJyYXJ5L2xpYndlYi9hY3Rpb24vc2VhcmNoLmRvP2RzY250PTAmZnJiZz0mc2NwLnNjcHM9cHJpbW9fY2VudHJhbF9tdWx0aXBsZV9mZSZ0YWI9ZGVmYXVsdF90YWImY3Q9c2VhcmNoJm1vZGU9QmFzaWMmZHVtPXRydWUmaW5keD0xJmZuPXNlYXJjaCZ2aWQ9QFQRVM%3D&buscaRapidaTermo=Jhonny+Antonio+Pab%C3%B3n&x=37&y=10>.

CANDAL, Carlos; SANT'ANNA, Rubens. *Curso de Cibernética Jurídica*. Instituto dos Advogados do Rio Grande do Sul: Porto Alegre, 1974.

CARTILHA elaborada pelo Instituto Nacional de Tecnologia da Informação: Disponível em <http://www.iti.gov.br/index.php/publicacoes/cartilhas/3894-o-que-e-certificacao-digital>.

CLEMENTINO, Edilberto Barbosa. *Processo Judicial Eletrônico*. Curitiba: Juará, 2007.

CORRÊA, Gustavo Testa. *Aspectos Jurídicos da Internet*. 5ª ed. São Paulo: Editora Saraiva, 2010.

FIARRESGA, Victor Manuel Calhabrês. *Criptografia e Matemática*. 2010, 144 f., Tese (Mestrado em Matemática para Professores) Universidade de Lisboa, 2010. Disponível em: http://repositorio.ul.pt/bitstream/10451/3647/1/ulfc055857_tm_Victor_Fiarresga.pdf.

FINKELSTEIN, Maria Eugênia Reis. *Direito do Comércio Eletrônico*. 2ª Edição. Rio de Janeiro: Elsevier, 2011.

GLOSSÁRIO ICP-BRASIL. Versão 1.2, de 03 de out. de 2007. Disponível em: <http://www.iti.gov.br/index.php/glossario>.

KRUEL, Eduardo. Processo Judicial Eletrônico e Certificação na Advocacia. Brasília: Editora OAB, 2009.

LUCCA, Newton de; SIMÃO FILHO, Adalberto (coord.) e outros. *Direito e Internet: aspectos jurídicos relevantes*. 2ª Edição. São Paulo: Quartier Latin, 2005.

MARQUES, Jarder; SILVA, Maurício Faria da. *O Direito na Era Digital*. Porto Alegre: Livraria do Advogado, 2012.

MASI, Domenico de. O Futuro do Trabalho: fadiga e ócio na sociedade pós-industrial. 5ª ed. Editora José Olympio, 2000.

MATTE, Maurício. Internet: comércio eletrônico: aplicabilidade do código de defesa do consumidor nos contratos de e-commerce. São Paulo: Editora LTr, 2001.

NOGUEIRA, Sandro D' Amato. *Manual do Direito Eletrônico*. Leme: BH Editora, 2009.

REVISTA DIGITAL: uma publicação do Instituto Nacional de Tecnologia da Informação – ITI, ano 1, n.º 2, 31, de dez. de 2009. Disponível para consulta em: <http://www.iti.gov.br/index.php/noticias/revista-digital/3889-cidadania-digital>.

TRAVIESO,Yran Marriero. *La Criptografía como elemento de la seguridade informática*. ACIMED, vol. 11, n. 6, novembro-dezembro 2003. Disponível em: <http://www.periodicos.capes.gov.br/?option=com_pmetabusca&mn=88&smn=88&type=m&metalib=
aHR0cDovL2NhcGVzLW1ldGFsaWJwbHVzLmhvc3RlZC5leGxpYnJpc2dyb3Vw
LmNvbS9wcmltb19saWJyYXJ5L2xpYndlYi9hY3Rpb24vc2VhcmNoLmRvP2Rz
Y250PTAmZnJiZz0mc2wLnNjcHM9cHJpbW9fY2VudHJhbF9tdWx0aXBsZV9mZS
Z0YWI9ZGVmYXVsdF90YWImY3Q9c2VhcmNoJm1vZGU9QmFza-
WMmZHVtPXRydWUmaW5keD0xJmZuPXNlYXJjaCZ2aWQ9Q0FQRVM%3D&
buscaRapidaTermo=La+Criptograf%C3%ADa+como+elemento+de+la+seguridade
+inform%C3%A1tica&x=38&y=5>.

— 7 —

O poder diretivo do empregador frente à privacidade do empregado

MANOELA DE BITENCOURT[1]

Sumário: Introdução; I. Direito à privacidade e o poder diretivo do empregador; II. Fiscalização do *e-mail* no ambiente de trabalho; Conclusão; Referências.

Introdução

A relação jurídica estabelecida entre empregado e empregador está sujeita a diversos conflitos. Dentre eles, destaca-se a violação dos direitos da personalidade do empregado em razão do abuso do exercício do poder diretivo do empregador. No exercício das suas prerrogativas patronais, o empregador muitas vezes excede seus poderes de comando e de trato para com o empregado e acaba ferindo-lhe vários direitos da sua personalidade, tais como a honra, imagem, sua privacidade e intimidade. Dessa forma, o presente trabalho objetiva-se demonstrar o direito específico à privacidade e à intimidade do trabalhador, bem como os limites de atuação do empregador no uso de seu poder diretivo.

I. Direito à privacidade e o poder diretivo do empregador

O empregador é detentor de todo complexo organizacional de produção, inclusive sobre os serviços prestados pelo trabalhador. Nesse sentido, em razão do seu poder diretivo, previsto no art. 2º da Consolidação

[1] Advogada. Mestranda em Direito pela PUCRS. Especialista em Direito e Processo do Trabalho pelo Instituto de Desenvolvimento Cultural – IDC. Professora da Universidade de Passo Fundo. RS. Pesquisadora do Grupo de Estudos e Pesquisas (CNPq) da PUCRS intitulado "Novas Tecnologias e Relações de Trabalho" sob coordenação da Profa. Dra. Denise Pires Fincato. e-mail: manoela@bitencourt.adv.br

das Leis do Trabalho,[2] ele pode monitorar a prestação de serviço do empregado.

O inciso X do art. 5º da Constituição[3] resguardou de forma expressa a intimidade e a privacidade das pessoas, assegurado o direito à indenização pelo dano material ou moral decorrente de sua violação.

Assim, segundo Alexandre de Moraes,[4] a proteção dada pela Constituição à vida privada engloba a intimidade e a vida privada. Afirma que os conceitos de intimidade e vida privada se inter-relacionam, porém, distinguem-se pelo fato de que o primeiro apresenta menor amplitude, encontrando-se no âmbito de incidência do segundo. O conceito de intimidade refere-se às relações subjetivas, de trato íntimo do ser humano, como a família e as amizades, ao passo que a vida privada envolveria todos os relacionamentos do homem, de uma forma objetiva, tais como o trabalho e os estudos.

O artigo 21 do Código Civil,[5] por sua vez, garante a inviolabilidade da vida privada da pessoa natural, afirmando que o juiz, a requerimento do interessado, adotará as providências necessárias para impedir ou fazer cessar ato contrário ao preceito.

Sobre o conceito de intimidade, o autor Adriano de Cupis[6] diz que é "o modo de ser da pessoa, que consiste na exclusão do conhecimento alheio de tudo que seja referente à própria pessoa".

A CLT que rege toda a normatização acerca da relação entre empregado e empregador nada dispõe de forma expressa sobre a proteção da intimidade do trabalhador frente ao poderio empresarial. Na verdade, o que se tem, na área laboral, quanto à privacidade do trabalhador no ambiente de trabalho, são questões que dizem respeito às revistas íntimas e à revista pessoal de empregados.

---

[2] Art. 2º Considera-se empregador a empresa, individual ou coletiva, que, assumindo os riscos da atividade econômica, admite, assalaria e dirige a prestação pessoal de serviço. (BRASIL, Decreto-Lei n. 5.452, 1943).

[3] Art. 5º Todos são iguais perante a lei, sem distinção de qualquer natureza, garantindo-se aos brasileiros e aos estrangeiros residentes no País a inviolabilidade do direito à vida, à liberdade, à igualdade, à segurança e à propriedade, nos termos seguintes: [...] X – são invioláveis a intimidade, a vida privada, a honra e a imagem das pessoas, assegurado o direito a indenização pelo dano material ou moral decorrente de sua violação; (BRASIL, Constituição Federal, 1988).

[4] MORAES, Alexandre de. *Direitos humanos fundamentais:* teoria geral, comentários aos arts. 1º ao 5º da Constituição da República Federativa do Brasil, doutrina e jurisprudência. São Paulo: Atlas, 2005, p. 124-125.

[5] Art. 21. A vida privada da pessoa natural é inviolável, e o juiz, a requerimento do interessado, adotará as providências necessárias para impedir ou fazer cessar ato contrário a esta norma.

[6] *Apud* TEIXEIRA, Eduardo Didonet; HAEBERLIN, Martin. *A proteção da privacidade*: aplicação na quebra do sigilo bancário e fiscal. Porto Alegre: Fabris, 2005, p. 66.

O art. 373-A[7] da CLT autoriza a realização da revista pessoal, resguardada a intimidade do empregado. Embora este preceito esteja previsto no capítulo da mulher, aplica-se a todos os empregados em geral. Portanto, é viável a revista pessoal dos empregados, porém é necessário atender certos requisitos, tais como o resguardo dos atributos da dignidade da pessoa, a divulgação prévia e adequada e a adoção de meios razoáveis durante a realização do procedimento.[8]

Nesse sentido, é o entendimento do Tribunal Superior do Trabalho:

> Sob o fundamento de que a revista pessoal, por si só, não enseja condenação por danos morais, a Segunda Turma do Tribunal Superior do Trabalho rejeitou pedido de indenização formulado em reclamação trabalhista por um empregado que alegava constrangimento em face da revista a que era submetido na empresa Itabuna Têxtil S.A. A Turma, ao decidir, considerou as razões expressas no acórdão do Tribunal Regional do Trabalho da 5ª Região (BA) que, de igual modo, não reconheceu a existência de dano moral no procedimento da empresa, pois a revista, embora diária, era realizada de forma aleatória (por sorteio eletrônico), em local reservado, por funcionário do mesmo sexo.
>
> Na Segunda Turma, o ministro-relator, José Roberto Freire Pimenta, salientou que o Regional não mencionou nenhuma conduta da empresa que tenha extrapolado os limites do seu poder diretivo e fiscalizatório. Desta forma, o procedimento do empregador não configura prática de ilícito que enseje dano passível de reparação.[9]

O Código de Trabalho de Portugal,[10] ao contrário da CLT, prevê expressamente a proteção da intimidade e da vida privada do trabalhador no art. 16. Senão, veja-se:

> Art. 16 – Reserva da intimidade da vida privada.
>
> Empregador e trabalhador devem respeitar os direitos de personalidade da contraparte, cabendo-lhes, designadamente, guardar reserva quanto à intimidade da vida privada.
>
> 2 – direito à reserva da intimidade da vida privada abrange quer o acesso, quer a divulgação de aspectos atinentes à esfera íntima e pessoal das partes, nomeadamente relacionados com a vida familiar, afetiva e sexual, com o estado de saúde e com as convicções políticas e religiosas.

---

[7] Art. 373-A – Ressalvadas as disposições legais destinadas a corrigir as distorções que afetam o acesso da mulher ao mercado de trabalho e certas especificidades estabelecidas nos acordos trabalhistas, é vedado: [...] VI – proceder o empregador ou preposto a revistas íntimas nas empregadas ou funcionárias. (BRASIL, Decreto Lei n. 5.452, 1943).

[8] DISTRITO FEDERAL. Supremo Tribunal Federal. *AgReg em AgIn 220.459-2-RJ*, 1ª Turma. Relator: Ministro Moreira Alves. Brasília, 28 de setembro de 1999. Disponível em: <http://www.stf.jus.br> Acesso em: 01 mai. 2012.

[9] DISTRITO FEDERAL. Tribunal Superior do Trabalho. *Recurso de Revista n. 96400-38.2007.5.05.0464*, 2ª Turma. Relator: Ministro José Roberto Freire Pimenta. Brasília, 23 de março de 2012. Disponível em: <http://www.tst.jus.br> Acesso em: 01 mai. 2012.

[10] Código do Trabalho de Portugal, disponível em: <http://www.portugal.gov.pt>.

Carmen Camino[11] ensina que as múltiplas formas de expressão do poder diretivo podem ser sintetizadas no ato de regulamentar a relação de emprego, distribuir, dirigir, orientar, fiscalizar, adequar a prestação às necessidades da empresa e impor sanções disciplinares ao empregado faltoso.

Com efeito, o empregador dirige e fiscaliza todo seu complexo organizacional de bens e serviços, incluído a prestação dos serviços pelo trabalhador, o qual é subordinado aos comandos daquele. Surge, assim, de um lado, o direito de propriedade garantido ao empregador e, de outro, a reserva da intimidade e da vida privada, havendo um conflito entre direitos fundamentais, tendo em vista que os direitos da personalidade estão protegidos pelo inciso X do art. 5º, e o direito de propriedade está assegurado no inciso XXII[12] do mesmo dispositivo, ambos da Constituição Federal.

Todavia, a doutrina elenca alguns limites ao poder diretivo do empregador, tais como, o princípio da dignidade da pessoa humana, os próprios direitos da personalidade, a Constituição, as leis, os contratos e as normas coletivas. Além disso, a boa fé e a função social da propriedade.[13] Isso quer dizer que, embora o empregador seja proprietário da empresa e de todos os bens nela existentes, ele não pode extrapolar sua gerência de maneira a violar direitos dos trabalhadores, em especial os da personalidade.

II. Fiscalização do *e-mail* no ambiente de trabalho

Ainda, na esteira da reserva da intimidade e da vida privada no ambiente de trabalho, surge, no campo laboral, uma outra questão que consiste no controle sobre o conteúdo do *e-mail* recebido e enviado pelo empregado, bem como o monitoramento dos *sites* da *internet* visitados pelos empregados.

Configura-se, aqui, o advento das novas tecnologias nas relações de trabalho, que implicou em novas situações trazidas pela informática no ambiente de trabalho, notadamente no uso da correspondência eletrônica pelo empregado, bem como nos novos métodos de fiscalização e controle por parte do empregador, surgindo, assim, conflitos decorrentes do

[11] CAMINO, Carmen. *Direito individual do trabalho.* Porto Alegre: Síntese, 2004, p. 229.

[12] XXII – é garantido o direito de propriedade (BRASIL, Constituição Federal, 1988).

[13] HAINZENREDER JUNIOR, Eugênio. *Direito à privacidade e poder diretivo do empregador:* o uso do e-mail no trabalho. São Paulo: Atlas, 2009, p. 79-89.

confronto entre os direitos à intimidade e à vida privada do empregado e o poder diretivo do empregador.[14]

A Constituição Federal, no art. 5º, inciso XII,[15] dispõe sobre a inviolabilidade da correspondência. A norma fala somente em correspondência, não menciona a correspondência eletrônica, como o faz em outros países. Assim, surge na doutrina um debate acerca do alcance dessa proteção também ao correio eletrônico.

O professor Eugênio Hainzenreder Junior[16] leciona:

> Em que pese existam diferenças entre o correio postal e o correio eletrônico no que se refere ao seu modo de execução, não há, em tese, distinção em relação à aplicação da norma legal na proteção da intimidade. Os aparatos digitais que transportam as mensagens eletrônicas também estão sujeitos à inviolabilidade, isto é, por possuírem a natureza de correspondência ou de comunicação devem gozar da mesma proteção. Portanto, sendo explícita a defesa do sigilo do correio postal, tal resguardo também se aplica ao correio eletrônico, pois o intuito da lei é a proteção do bem jurídico.

Assim, há na doutrina entendimento no sentido de defender a indisponibilidade dos *e-mails* do empregado em razão do seu direito à privacidade, tendo em vista a irrenunciabilidade dos direitos trabalhistas em face das características da relação de emprego. Orienta-se a jurisprudência, contudo, de forma predominante, no sentido da possibilidade de verificação dos *e-mails* expedidos pelo empregado, pelo empregador. Isso porque prevalece a fundamentação de que os meios eletrônicos utilizados pelo empregado pertencem ao empregador, de que cabe a ele o exercício do poder diretivo, conforme o art. 2º da CLT, além do risco para a empresa em caso de dano propiciado pelas mensagens encaminhadas pelo empregado.[17]

Diante desse contexto, tem-se feito distinção entre o denominado *e-mail* corporativo e o *e-mail* pessoal do empregado. Este é considerado correspondência e está abrangido pelo inciso XII do art. 5º da norma constitucional, de forma a proibir o seu monitoramento pelo empregador, mesmo que dentro do ambiente de trabalho.[18] Aquele é fornecido

---

[14] HAINZENREDER JUNIOR, Eugênio. *Direito à privacidade e poder diretivo do empregador:* o uso do e-mail no trabalho, p. 89.

[15] XII – é inviolável o sigilo da correspondência e das comunicações telegráficas, de dados e das comunicações telefônicas, salvo, no último caso, por ordem judicial, nas hipóteses e na forma que a lei estabelecer para fins de investigação criminal ou instrução processual penal. (BRASIL, Constituição Federal, 1988).

[16] HAINZENREDER JUNIOR, Eugênio. *Direito à privacidade e poder diretivo do empregador:* o uso do e-mail no trabalho, p. 97-98.

[17] ANDRADE, Fábio Siebeneichler de. Considerações sobre o desenvolvimento dos direitos da personalidade e sua aplicação às relações do trabalho. In: *Revista Brasileira de Direitos Fundamentais e Justiça.* Porto Alegre: HS Editora, ano 3, n. 6, jan./mar. 2009, p. 174-175.

[18] HAINZENREDER JUNIOR, Eugênio. *Direito à privacidade e poder diretivo do empregador:* o uso do e-mail no trabalho, p. 115.

pelo empregador ao empregado para a execução dos serviços, sendo uma ferramenta de trabalho.

Nesse sentido, segundo Eugênio Hainzenreder Junior:[19]

> Ao celebrar o contrato de trabalho, o empregado submete sua força de trabalho ao poder diretivo do empregador, vinculando-se às regras ajustadas. Assim, se a empresa concede a ferramenta eletrônica para auxiliar na prestação de serviços, a sua utilização estará restrita à atividade laboral, não havendo sigilo a ser preservado naquilo que é de propriedade do empregador para uso específico como instrumento de trabalho.

Com efeito, o *e-mail* fornecido para o empregado pela empresa para a realização dos serviços não é sigiloso, podendo ser monitorado pelo empregador e superiores hierárquicos, na medida em que se trata de ferramenta de trabalho.

Luiz Alberto Araújo[20] discorre que "o objeto da tutela disposto no art. 5º, XII, CF, que trata do sigilo da correspondência, é a correspondência pessoal, isto é, aquela que o destinatário não recebe em decorrência da atividade comercial, mas sim em razão de uma situação pessoal". Dessa forma, o *e-mail* particular do empregado que é acessado dentro da empresa está abrangido pela inviolabilidade da correspondência de que trata a Constituição Federal.

O correio eletrônico corporativo utilizado pelo empregado para a prestação dos serviços pode ser controlado pelo empregador por diversas razões. Dentre elas, destaca-se o direito de propriedade garantido ao empregador no inciso XXII do art. 5º da Constituição Federal, o poder diretivo com relação ao sistema organizativo da empresa e a responsabilidade civil do empregador por eventual dano que o empregado possa ocasionar a terceiro em razão da utilização do *e-mail* como ferramenta de trabalho.[21]

Considerando a responsabilidade da empresa por atos praticados pelos seus empregados, Sérgio Ricardo Marques Gonçalves[22] leciona:

> A empresa, dona do equipamento que acessa a rede, da conta que permite a conexão e empregadora de quem está navegando ou mandando e-mails, é responsável pelos atos desta pessoa, tanto quanto o é pelos do motorista que, ao volante de um caminhão de sua propriedade, atropela e mata alguém. Se um funcionário, através do e-mail da empresa

---

[19] HAINZENREDER JUNIOR, Eugênio. *Direito à privacidade e poder diretivo do empregador:* o uso do e-mail no trabalho, p. 128.

[20] ARAUJO, Luiz Alberto David. A correspondência eletrônica do empregado (e-mail) e o poder diretivo do empregador. *Revista de Direito Constitucional e Internacional.* São Paulo, v. 10, n. 40, jul./set. 2002, p. 106-107.

[21] HAINZENREDER JUNIOR, Eugênio. *Direito à privacidade e poder diretivo do empregador:* o uso do e-mail no trabalho. São Paulo: Atlas, 2009, p. 125-130.

[22] GONÇALVES, Sérgio Ricardo Marques. *E-mail x empregados:* é legal o monitoramento pela empresa? Disponível em: <http://www.securenet.com.br/artigo.php?artigo=107>. Acesso em: 10 out. 2003.

onde trabalha, remete uma mensagem com vírus para terceiros e causa prejuízo, sua empregadora poderá ser obrigada a ressarcir os danos, materiais e morais da mesma maneira, sem contar a questão relativa à publicidade negativa que isso trará para seu nome.

Assim, o empregado que utilizar o *e-mail* corporativo para enviar material pornográfico à colega está sujeito ao controle pelo empregador, isto é, este pode checar suas mensagens, tendo em vista que se trata de *e-mail* corporativo, com provedor da empresa disponibilizado ao trabalhador, não sendo, desse modo, ilícita a prova assim obtida.[23]

O próprio Tribunal Regional do Trabalho da 4ª Região, por meio da Portaria n. 2.316 de 2001 disciplinou a utilização do correio eletrônico e do acesso à *internet* no seu âmbito interno, proibindo o acesso a determinadas páginas, à participação em *sites* de conversação, bem como alertou que o uso dos meios informáticos será monitorado pela secretaria de informática.

Nesse sentido, o empregador deve dar ciência prévia aos empregados sobre a possibilidade de monitoramento do correio eletrônico corporativo. Veja-se o seguinte julgado nesse sentido:

> Correio eletrônico. Monitoramento. Legalidade. Não fere norma constitucional a quebra de sigilo de e-mail corporativo, sobretudo quando o empregador dá a seus empregados ciência prévia das normas de utilização do sistema e da possibilidade de rastreamento e monitoramento de seu correio eletrônico.[24]

Considerando a possibilidade de monitoramento do *e-mail* corporativo utilizado pelo empregado, em razão do poder diretivo e do direito de propriedade dos instrumentos informáticos assegurados ao empregador, admite-se o entrechoque de dois direitos fundamentais, quais sejam, o referido direito de propriedade e o direito à privacidade do empregado bem como da inviolabilidade de sua correspondência.

Conforme Canotilho:[25]

> Há uma colisão autêntica de direitos fundamentais quando o exercício de um direito fundamental por parte de seu titular colide com o exercício do direito fundamental por parte de outro titular, ocorrendo um verdadeiro choque ou conflito de direitos.

Sobre o tema, discorre Eugênio Hainzenreder Junior:[26]

---

[23] DISTRITO FEDERAL. Tribunal Superior do Trabalho. *Recurso de Revista n. 613/2000-013-10-00.7*, 1ª Turma. Relator: Ministro João Oreste Dalazen. Brasília, 10 de junho de 2005. Disponível em: <http://www.tst.jus.br> Acesso em: 01 mai. 2012.

[24] BRASIL. Tribunal Regional do Trabalho. *Recurso Ordinário n. 01130-2004-047-02-00-4*, da 1ª Turma. Relator: Desembargador Wilson Fernandes. São Paulo, 28 de novembro de 2006. Disponível em: <http://www.trt2.jus.br> Acesso em: 19 jun. 2012.

[25] CANOTILHO, J. J. Gomes. *Direito constitucional e teoria da constituição*. Coimbra: Almedina, 2000, p. 1229.

[26] HAINZENREDER JUNIOR, Eugênio. *Direito à privacidade e poder diretivo do empregador:* o uso do e-mail no trabalho, p. 152-153.

Na situação em tela, constata-se um choque entre princípios, pois, de um lado da relação de emprego, está o direito ao resguardo do empregado, manifestado na intimidade, na privacidade, no sigilo da correspondência e, também, na liberdade das comunicações e, de outro, encontra-se o empregador, detentor do poder diretivo, legitimado pelo direito de propriedade sobre todo o complexo de bens que integra a empresa.

Luís Roberto Barroso[27] ensina que "os princípios são hierarquicamente iguais, ocorrendo colisão somente no caso concreto, momento em que não haverá exclusão de um em detrimento do outro, mas sim deverá ser utilizado pelo intérprete o critério da ponderação de valores, em que medirá o peso de cada princípio, fazendo concessões recíprocas".

A partir disso, sustenta-se que o conflito deve ser resolvido pelo princípio instrumental da proporcionalidade ou razoabilidade.[28]

Ressalta-se, dessa forma, que o princípio da proporcionalidade manifesta-se por meio de três subprincípios, tais como, adequação, necessidade e proporcionalidade em sentido estrito. Com relação ao primeiro, pretende-se buscar se determinada medida representa o meio adequado ao alcance do fim almejado.[29] No que concerne à necessidade, a medida não pode exceder os limites indispensáveis à persecução do objetivo, havendo mais de um meio, deve-se escolher aquele que seja menos gravoso ao exercício do direito fundamental.[30] E, por fim, a proporcionalidade em sentido estrito consiste na valoração entre a restrição ao direito fundamental atingido e a importância da realização do direito fundamental que com ele colide e que fundamenta a adoção da medida restritiva.[31]

Portanto, conclui Eugênio Hainzenreder Junior[32] que:

> A partir do princípio da proporcionalidade é possível analisar a questão relativa à legalidade do monitoramento de *e-mail*. Com base na adequação, necessidade e proporcionalidade em sentido estrito, o empregador poderá criar mecanismos que possibilitem concluir que, dentro de determinadas circunstâncias dispostas no caso concreto, o direito à privacidade do empregado possui peso menor que o poder diretivo do empregador. Para atender esses critérios de proporcionalidade, é fundamental a adoção de algumas diretrizes práticas por parte da empresa.

---

[27] BARROSO, Luís Roberto. Liberdade de expressão *versus* direitos da personalidade. Colisão de direitos fundamentais e critérios de ponderação. In: SARLET, Ingo Wolfgang. *Direitos fundamentais, informática e comunicação:* algumas aproximações. Porto Alegre: Livraria do Advogado, 2007, p. 66.

[28] Idem, p. 73.

[29] HAINZENREDER JUNIOR, Eugênio. *Direito à privacidade e poder diretivo do empregador:* o uso do e-mail no trabalho, p. 154.

[30] TEIXEIRA, Eduardo Didonet; HAEBERLIN, Martin. *A proteção da privacidade:* aplicação na quebra do sigilo bancário e fiscal, p. 137.

[31] SILVA *Apud* HAINZENREDER JUNIOR, Eugênio. *Direito à privacidade e poder diretivo do empregador:* o uso do e-mail no trabalho, p. 154.

[32] HAINZENREDER JUNIOR, Eugênio. Direito à privacidade e poder diretivo do empregador: o uso do e-mail no trabalho, p. 154-155.

E, de acordo com o magistério de Fabio de Andrade:[33]

> Há que prevalecer a orientação que exija do empregador a utilização de procedimentos que orientem o empregado acerca do monitoramento das mensagens eletrônicas, mesmo em se tratando de correspondência comercial. No que concerne a correspondência privada do empregado, existindo a corroboração desta circunstância, há que se resguardar a privacidade, em linha com o moderno desenvolvimento da matéria. Acresce a necessidade de ponderação, a fim de que as medidas adotadas pelo empregador sejam proporcionais aos fins de controle almejados.

Assim, conclui-se que através do critério de ponderação de valores e da utilização do princípio instrumental da proporcionalidade, no caso concreto, é possível solucionar conflitos oriundos do direito à intimidade do empregado e do poder diretivo do empregador, avaliando-se a possibilidade de monitoramento do correio eletrônico frente à expectativa de resguardo da intimidade do trabalhador.

Conclusão

A proteção dos direitos da personalidade não está prevista, de forma expressa, na legislação trabalhista, com exceção da matéria de revistas íntimas, o que diminui o nível de proteção dos direitos da personalidade do trabalhador. Assim, o Código Civil cumpre papel de norma subsidiária.

No campo laboral, com o advento das novas tecnologias, inseriu-se, no ambiente de trabalho, novas ferramentas para a prestação dos serviços. O uso do *e-mail* na atividade empresarial propiciou grandes vantagens, sendo necessária a sua utilização. Porém, evidencia-se um conflito de direitos fundamentais, em razão do poder diretivo do empregador e do direito à intimidade do empregado, no que tange à possibilidade de controle do correio eletrônico utilizado pelo trabalhador. Quanto a este aspecto, a jurisprudência admite a possibilidade de monitoramento do correio eletrônico corporativo, ao passo que, quanto ao *e-mail* pessoal, deve ser resguardada a intimidade do empregado.

Por fim, os direitos da personalidade nas relações laborais têm sido aplicados de maneira incólume, tendo em vista a proteção obreira que orienta as interpretações nas relações de emprego, ao passo que também há uma orientação jurisprudencial no sentido de mitigar a interpretação da aplicação dos direitos da personalidade nas relações de trabalho, face à subordinação característica da relação laboral.

---

[33] ANDRADE, Fábio Siebeneichler de. Considerações sobre o desenvolvimento dos direitos da personalidade e sua aplicação às relações do trabalho. In: *Revista Brasileira de Direitos Fundamentais e Justiça*, p. 175-176.

Referências

ANDRADE, Fábio Siebeneichler de. Considerações sobre a tutela dos direitos da personalidade no Código Civil de 2002. In: SARLET, Ingo Wolfgang (Org.). *O novo Código Civil e a Constituição.* Porto Alegre: Livraria do Advogado, 2006, p. 101-118.

——. Considerações sobre o desenvolvimento dos direitos da personalidade e sua aplicação às relações do trabalho. In: *Revista Brasileira de Direitos Fundamentais e Justiça.* Porto Alegre: HS Editora, ano 3, n. 6, jan./mar. 2009, p. 169.

ARAUJO, Luiz Alberto David. A correspondência eletrônica do empregado (e-mail) e o poder diretivo do empregador. *Revista de Direito Constitucional e Internacional.* São Paulo, v. 10, n. 40, jul./set. 2002, p. 106-107.

BARROS, Alice Monteiro de. *Curso de direito do trabalho.* São Paulo: LTr, 2008, p. 637.

BARROSO, Luís Roberto. Liberdade de expressão *versus* direitos da personalidade. Colisão de direitos fundamentais e critérios de ponderação. In: SARLET, Ingo Wolfgang. *Direitos fundamentais, informática e comunicação:* algumas aproximações. Porto Alegre: Livraria do Advogado, 2007, p. 66.

BRASIL. Tribunal Superior do Trabalho. *Recurso de Revista n. 613/2000-013-10-00.7,* 1ª Turma. Relator: Ministro João Oreste Dalazen. Brasília, 10 de junho de 2005. Disponível em: <http://www.tst.jus.br> Acesso em: 01 mai. 2012.

——. Supremo Tribunal Federal. *AgReg em AgIn 220.459-2-RJ,* 1ª Turma. Relator: Ministro Moreira Alves. Brasília, 28 de setembro de 1999. Disponível em: <http://www.stf.jus.br> Acesso em: 01 mai. 2012.

——. Tribunal Superior do Trabalho. *Recurso de Revista n. 96400-38.2007.5.05.0464,* 2ª Turma. Relator: Ministro José Roberto Freire Pimenta. Brasília, 23 de março de 2012. Disponível em: <http://www.tst.jus.br> Acesso em: 01 mai. 2012.

——. Tribunal Regional do Trabalho. *Recurso Ordinário n. 01130-2004-047-02-00-4,* da 1ª Turma. Relator: Desembargador Wilson Fernandes. São Paulo, 28 de novembro de 2006. Disponível em: <http://www.trt2.jus.br> Acesso em: 19 jun. 2012.

CAMINO, Carmen. *Direito individual do trabalho.* Porto Alegre: Síntese, 2004, p. 229.

CANOTILHO, J. J. Gomes. *Direito constitucional e teoria da constituição.* Coimbra: Almedina, 2000, p. 1229.

CUPIS, Adriano de. *Os direitos da personalidade.* Lisboa: Livraria Morais Editora, 1961, p. 111.

GONÇALVES, Sérgio Ricardo Marques. *E-mail x empregados:* é legal o monitoramento pela empresa? Disponível em: <http://www.securenet.com.br/artigo.php?artigo=107>. Acesso em: 10 out. 2003.

HAINZENREDER JUNIOR, Eugênio. Direito à privacidade e poder diretivo do empregador: *o uso do e-mail no trabalho.* São Paulo: Atlas, 2009, p. 37-38.

MORAES, Alexandre de. *Direitos humanos fundamentais:* teoria geral, comentários aos arts. 1º ao 5º da Constituição da República Federativa do Brasil, doutrina e jurisprudência. São Paulo: Atlas, 2005, p. 124-125.

TEIXEIRA, Eduardo Didonet; HAEBERLIN, Martin. *A proteção da privacidade:* aplicação na quebra do sigilo bancário e fiscal. Porto Alegre: Fabris, 2005, p. 137.

— 8 —

O monitoramento do empregador por meios eletrônicos e o direito à privacidade do empregado no ambiente de trabalho

CÂNDIDO ANCHIETA COSTA[1]

Sumário: 1. Introdução; 2. Direitos de personalidade: os direitos à privacidade e à intimidade; 3. O poder de comando do empregador; 4. Os meios eletrônicos no ambiente de trabalho; 5. O monitoramento do empregador por meios eletrônicos e a privacidade do empregado no meio ambiente de trabalho: a (i)legitimidade da questão; 6. Considerações finais; Referências.

1. INTRODUÇÃO

A ascensão tecnológica experimentada a partir da Segunda Guerra Mundial ofertou ao homem diversos benefícios – muito embora com os avanços da automação também surgiram riscos aos direitos individuais capazes de pôr em xeque os ganhos trazidos pela nova tecnologia. A vida privada e a intimidade restaram profundamente prejudicadas em uma sociedade dominada pelos mecanismos eletrônicos de vigilância, tais como aparelhos audiovisuais e telemáticos. No âmbito das relações de trabalho, os impactos são ainda maiores, pois o empregador está lançando mão dos instrumentos eletrônicos para monitorar e fiscalizar a produção fabril de seus empregados, objetivando preservar seu patrimônio.

No entanto, o poder de comando patronal, por vezes, ultrapassa as fronteiras da privacidade e intimidade do empregado, ferindo preceitos constitucionais. Sob esse entendimento, impõe-se a necessidade de harmonizar a utilização dos meios eletrônicos pelo empregador, com os direitos do empregado à privacidade e à intimidade no ambiente de trabalho. Para tanto, deve-se desenvolver alguns aspectos legais e doutrinários acerca da privacidade e intimidade, bem como o poder de comando

[1] Especialista em Direito do Trabalho e Direito Processual do Trabalho pela Pontifícia Universidade Católica do Rio Grande do Sul. Integrante do Grupo de Pesquisa Novas Tecnologias e Relações de Trabalho (PUC-RS). Advogado em Porto Alegre.

do empregador exercido através de meios eletrônicos. Por derradeiro, na busca de alcançar uma solução para o problema exposto, cabe verificar o posicionamento de alguns autores sobre a temática do monitoramento do empregador por meios eletrônicos e o direito à privacidade e à intimidade do empregado no ambiente de trabalho, vislumbrando sua legitimidade e limites.

2. Direitos de personalidade: os direitos à privacidade e à intimidade

A palavra virtual, em sua utilização comum, muitas vezes denota a ausência de uma realidade ou inexistência física, ao passo que a palavra real significa a possível materialização de um fato.[2] O processo de virtualização acontece, por exemplo, quando uma empresa que antes concentrava suas tarefas em um ambiente físico – prédios ou departamentos –, onde cada trabalhador ocupava um espaço e um determinado cargo, passa a servir-se do teletrabalho, deslocando a presença física dos obreiros para uma rede eletrônica de troca de informações.[3] Desse modo, a vanguardista sociedade da informação está ancorada nas tecnologias informacionais e comunicacionais,[4] promovendo constantemente a virtualização de setores privados ou públicos.

Entretanto, e refletindo sobre o que acima fora exposto, a indagação que cabe confrontar, atualmente, apresenta-se da seguinte forma: como assegurar o direito à privacidade do empregado em um ambiente de trabalho monitorado por meios eletrônicos, principalmente face ao poder de comando do empregador? Primeiramente, assinala-se que o direito à privacidade advém dos direitos de personalidade, que são prerrogativas particulares de caráter fundamental, as quais atuam como verdadeiras trincheiras contra os abusos do Estado e demais particulares.[5] A Cons-

---

[2] LÉVY, Pierre. *O que é o Virtual?*. Tradução de Paulo Neves. 6. ed. São Paulo: Editora 34, 2003, p. 15-17.

[3] LÉVY, Pierre. *O que é o Virtual?*, p. 18.

[4] SILVIA, Alzira Karla Araújo de; CORREIA, Anna Elizabeth Galvão Coutinho; LIMA, Izabel França de. *O Conhecimento e as Tecnologias na Sociedade da Informação*. Revista Interamericana de Bibliotecologia, vol. 33, n. 1, janeiro -junho de 2010, p. 213-219. Disponível em: <http://www.periodicos.capes.gov.br/?option=com_pmetabusca&mn=88&smn=88&type=m&metalib=aHR0cDovL2NhcGVzLW1ldGFsaWJwbHVzLmhvc3RlZC5leGxpYnJpc2dyb3VwLmNvbS9wcmltb19saWJyYXJ5L2xpYndlYi9hY3Rpb24vc2VhcmNoLmRvP2RzY250PTAmZnJiZz0mc2NwLnNjcHM9cHJpbW9fY2VudHJhbF9tdWx0aXBsZV9mZSZ0YWI9ZGVmYXVsdF90YWImY3Q9c2VhcmNoJm1vZGU9QmFzaWMmZHVtPXRydWUmaW5keD0xJmZuPXNYXJjaCZ2aWQ9Q0FQRVM%3D&buscaRapidaTermo=O+Conhecimento+e+as+Tecnologias+na+Sociedade+da+Informa%C3%A7%C3%A3o&x=30&y=13>

[5] BELTRÃO, Silvio Romero. *Direitos de Personalidade: de acordo com o novo Código Civil*. São Paulo: Atlas, 2005, p.24.

tituição Federal, em seu art.5º, inciso X,[6] arrola como principais direitos de personalidade à intimidade, à vida privada, à honra e à imagem, sem a exclusão de outros disseminados no texto constitucional.[7] No Código Civil Brasileiro de 2002, a temática acerca dos aludidos direitos vem expressamente mencionada no art. 11.[8]

Os direitos de personalidade são intransmissíveis e irrenunciáveis, no que se entende, respectivamente, que tais direitos não são passíveis de cessão ou qualquer meio de aquisição por terceiros, assim como são prerrogativas inabdicáveis, já que inerentes à própria personalidade humana.[9] Para Carlos Alberto Bittar,[10] os direitos de personalidade são absolutos, imprescritíveis, impenhoráveis, extrapatrimoniais, vitalícios, intransmissíveis, necessários e oponíveis contra todos que venham a macular as prerrogativas inerentes à personalidade humana. Contudo, as características acima elencadas às vezes tendem a ser examinadas sob a ótica de alguns casos concretos que exigem a ponderação de interesses específicos.[11] Nesse entendimento, a personalidade é um gênero de direitos do qual advém a espécie privacidade.[12]

O anseio de alcançar constantemente uma proteção à vida privada subsiste desde a constatação da impossibilidade de um mundo onde pessoas não interajam, pois o simples aspecto de viver em sociedade, genericamente, já afasta a total privacidade do homem.[13] Desse modo, são privados os acontecimentos restritos a um determinado grupo ou do saber de apenas um indivíduo; ao passo que públicos são todos os fatos e ações, cuja divulgação e conhecimento estão à disposição de todos.[14] No mundo antigo, à vida privada relacionavam-se tão somente as práticas condizentes à sobrevivência do homem, não sendo tal direito protegi-

---

[6] Constituição da República Federativa do Brasil, de 05 de outubro de 1988, art. 5º, X: "são invioláveis a intimidade, a vida privada, a honra, e a imagem das pessoas, assegurado o direito à indenização pelo dano material ou moral decorrente de sua violação". Disponível em: <http://www.senado.gov.br/legislacao/const/con1988/CON1988_29.03.2012/CON1988.shtm>.

[7] BITTAR, Carlos Alberto. *Os Direitos da Personalidade*. 5. ed. Rio de Janeiro: Forense Universitária, 2001, p. 57.

[8] Código Civil Brasileiro, de 10 de janeiro de 2002, art. 11: "Com exceção dos casos previstos em lei, os direitos de personalidade são intransmissíveis e irrenunciáveis, não podendo o seu exercício sofrer limitação voluntária". Disponível em: <http://legis.senado.gov.br/sicon/>.

[9] BELTRÃO, Silvio Romeiro. *Direitos de Personalidade*: de acordo com o novo Código Civil, p. 27.

[10] BITTAR, *Carlos Alberto. Os Direitos da Personalidade*, p. 11.

[11] MIRANDA, Rosângela Rodrigues de. *A Proteção Constitucional da Vida Privada*. São Paulo: Editora de Direito, 1996, p. 63.

[12] MACEIRA, Irma Pereira. *A Proteção do Direito à Privacidade Familiar na Internet*. 2012, 335 f. Tese (Doutorado em Ciências Sociais) Pontifícia Universidade Católica de São Paulo, 2012. Disponível em: <http://www.sapientia.pucsp.br//tde_busca/arquivo.php?codArquivo=14521>.

[13] CACHAPUZ, Maria Cláudia. *Intimidade e Vida Privada no Novo Código Civil Brasileiro*: uma leitura orientada no discurso jurídico. Porto Alegre: Sergio Antonio Fabris, 2006, p.53.

[14] MIRANDA, Rosângela Rodrigues de. *A Proteção Constitucional da Vida Privada*, p. 33-34.

do, senão pela própria força, quando representasse uma superação das necessidades de sobrevivência, com a constante interferência do Estado para preservar o poder e sua forma estrutural.[15] Na Idade Média, em síntese, não havia reconhecimento social da esfera privada como um direito – muito embora na idade moderna surjam os primeiros indícios da prerrogativa em questão.[16]

O direito à privacidade não germina das primeiras Declarações de Direitos do final do século XVIII – declarações norte-americana e francesa –, mas passa a ser reconhecido já modernamente no século XIX, com a vertiginosa ascensão dos mecanismos de comunicação e com as tecnologias telemáticas de massa, estas últimas em tempos mais recentes.[17] É bem verdade que as primeiras noções de direito à vida privada e à intimidade nasceram em 1890, nos Estados Unidos, quando a imprensa divulgou, sem qualquer autorização, informações pessoais do casamento da filha do advogado Samuel Warren – que, insatisfeito, e juntamente com Louis Demitis Brandeis, publicou o artigo "The Rigth to Privacy", o qual aborda a privacidade face à voracidade midiática, já fazendo referência à tecnologia como instrumento de quebra deste direito.[18] Segundo Luiz Fabrício Vergueiro, o direito à privacidade ou à vida privada assim pode ser definido:

> Este direito corresponde à não-interferência e não-intromissão, seja do Estado ou de qualquer um na esfera da intimidade das pessoas e, com esta configuração, equipara-se às liberdade públicas clássicas, ou direitos fundamentais de primeira geração, reclamando com isto medidas similares de proteção e garantia.[19]

Conforme o entendimento de Elimar Szaniawski, não é fácil a tarefa de elaborar um conceito de direito à vida privada, pois a diversidade cultural conspira contra a mencionada definição, eis que, em alguns países, um determinado comportamento poderá ofender esse direito – mas,

---

[15] CACHAPUZ, Maria Cláudia. *Intimidade e Vida Privada no Novo Código Civil Brasileiro: uma leitura orientada no discurso jurídico*, p. 56-58.

[16] MIRANDA, Rosângela Rodrigues de. *A Proteção Constitucional da Vida Privada*, p. 37.

[17] VERGUEIRO, Luiz Fabrício Thaumaturgo. *Direito à Privacidade: o direito fundamental da modernidade*. AR: Revista de Derecho Informático, n. 86, janeiro de 2005, pp 3-35. Disponível em: <http://www.periodicos.capes.gov.br.ez94.periodicos.capes.gov.br/index.php?option=com_pmetabusca&mn=88&smn=88&type=m&metalib=aHR0cDovL2NhcGVzLW1ldGFsaWJwbHVzLmhvc3RlZC5leGxpYnJpc2dyb3VwLmNvbS9wcmltb19saWJyYXJ5L2xpYndlYi9hY3Rpb24vc2VhcmNoLmRvP2RzY250PTAmZnJiZz0mc2NwLnNjcHM9cHJpbW9fY2VudHJhbF9tdWx0aXBsZV9mZSZ0YWI9ZGVmYXVsdF90YWImY3Q9c2VhcmNoJm1vZGU9QmFzaWMmZHVtPXRydWUmaW5keD0xJmZuPXNlYXJjaCZ2aWQ9Q0FQRVM%3D&buscaRapidaTermo=Direito+%C3%A0+privacidade&x=0&y=0>.

[18] HAINZENREDER JÚNIOR, Eugênio. *Direito à Privacidade e Poder Diretivo do Empregador*: uso do e-mail no trabalho. São Paulo: Atlas, 2009, p.45.

[19] VERGUEIRO, Luiz Fabrício Thaumaturgo. *Direito à Privacidade*: o direito fundamental da modernidade.

em outros, a mesma atitude é aceita normalmente.[20] Para alguns autores franceses, a expressão proteção à vida privada faz referência às regras que têm como objetivo principal a promoção da defesa da vida pessoal e familiar do indivíduo, significando também, em uma concepção mais restritiva da expressão, um apanhado de normas que tenham por finalidade a defesa contra ataques particulares à privacidade.[21] O direito à privacidade, na legislação pátria, está disposto principalmente no mencionado art. 5º, X, da Constituição Federal e no art. 21[22] do Código Civil de 2002, sem prejuízo de outros dispositivos que promovem a defesa, ainda que indiretamente, da intimidade e privacidade.[23]

No âmbito do direito comparado, os demais ordenamentos jurídicos também demonstram pálida preocupação com a efetivação da privacidade. O Código Civil francês, no artigo 9º e 9.1, expressamente faz alusão ao direito de todo cidadão ter sua vida privada imaculada, assim como o artigo 197 do Código Penal espanhol também resguarda o direito à privacidade, prevendo pena de um a quatro anos e multa por seu descumprimento.[24] Inclusive, a proteção à privacidade ganha espaço na Declaração Universal dos Direitos Humanos, de 1948, em seu artigo XII.[25] Cabe fazer referência, por fim, à intimidade, que "diz respeito ao direito de estar só, aspecto que se acredita ser comum a toda pessoa", afirma Rosângela Rodrigues de Miranda.[26] A intimidade é, portanto, esfera menor inserida em um raio de maior abrangência que é a vida privada.[27] Recorre-se, novamente, à lição de Rosângela Rodrigues de Miranda para promover a total fixação da definição de privacidade:

> [...] O conceito de privacidade demarca, em essência, a individualidade do homem, não só frente aos outros indivíduos e à sociedade, mas também frente ao Estado; consubstanciando espaços nos quais as forças de criação e imaginação do homem estão livres, seja para

[20] SZANIAWSKI, Elimar. *Direitos de Personalidade e sua Tutela*. São Paulo: Revista dos Tribunais, 1993, p.119.

[21] SZANIAWSKI, Elimar. *Direitos de Personalidade e sua Tutela*, p. 119.

[22] Código Civil Brasileiro, de 10 de janeiro de 2002, art. 21: "A vida privada da pessoa natural é inviolável, e o juiz, a requerimento do interessado, adotará as providências necessárias para impedir ou fazer cessar ato contrário a esta norma". Disponível em: <http://legis.senado.gov.br/sicon/>.

[23] BELTRÃO, Silvio Romeiro. *Direitos de Personalidade: de acordo com o novo Código Civil*, p. 129-130.

[24] MACEIRA, Irma Pereira. *A Proteção do Direito à Privacidade Familiar na Internet*. 2012, 335 f. Tese (Doutorado em Ciências Sociais) Pontifícia Universidade Católica de São Paulo, 2012. Disponível em: <http://www.sapientia.pucsp.br//tde_busca/arquivo.php?codArquivo=14521>.

[25] Declaração Universal dos Direitos Humanos, de 1948, artigo XII: "Ninguém será sujeito a interferências na sua vida privada, na sua família, no seu lar ou na sua correspondência, nem a ataques a sua honra e reputação". Disponível em: <http://unicrio.org.br/img/DeclU_D_HumanosVersoInternet.pdf>.

[26] MIRANDA, Rosângela Rodrigues. *A Proteção Constitucional da Vida Privada*, p. 82.

[27] Idem, p. 81.

reflexões introspectivas atinentes ao íntimo de cada qual, seja para manter intercâmbios sociais nos quais cabe a cada um, privativamente, escolher como, onde e quando atuar.[28]

No entanto, esse direito personalíssimo está sendo posto em xeque pela crescente implementação dos meios telemáticos de comunicação – o que coloca-nos frente a uma profunda reflexão: de um lado temos os inúmeros benefícios gerados pela internet; de outro os danos ao direito à privacidade, que vem perdendo sua força, e esses dois aspectos passam a integrarem um mesmo espaço.[29] Agora, necessário tracejar alguns pontos acerca do poder de comando do empregador. Posteriormente, deve-se adentrar no árido campo da privacidade do empregado no meio ambiente virtual, analisando os limites do poder de comando neste cenário.

3. O poder de comando do empregador

A definição de poder gravita ao redor "das ideias fundamentais de posse, da força, da vontade, da obediência e da influência", conforme o entendimento de Octávio Bueno Magano.[30] O poder de comando, também conhecido como poder hierárquico ou diretivo, é a prerrogativa conferida ao empregador de conduzir os serviços prestados por seus empregados, elaborar normas no âmbito da empresa e, caso necessário, aplicar penalidades administrativas para manter a ordem no ambiente de trabalho.[31] O poder de comando divide-se em outros poderes do empregador – muito embora exista uma grande discordância entre os doutrinadores quanto à divisão, o que, por questão de conveniência, adota-se a classificação de Simone Cruxên Gonçalves, que assim o segrega: poder diretivo, disciplinar e regulamentar.[32] Octávio Bueno Magano, tratando o poder diretivo como sinônimo de poder de comando, lança mão da seguinte conceituação:

> Poder diretivo do empresário é a capacidade, oriunda do seu direito subjetivo, ou então da organização empresarial, para determinar a estrutura técnica e econômica da empresa e dar conteúdo concreto à atividade do trabalhador, visando a realização das finalidades daquela.[33]

A administração do empreendimento é um direito do empregador que encontra autorização no art. 2º, *caput*, da Consolidação das Leis do

[28] MIRANDA, Rosângela Rodrigues. *A Proteção Constitucional da Vida Privada*, p. 82.

[29] MACEIRA, Irma Pereira. *A Proteção do Direito à Privacidade Familiar na Internet*. 2012, 335 f. Tese (Doutorado em Ciências Sociais) Pontifícia Universidade Católica de São Paulo, 2012. Disponível em: <http://www.sapientia.pucsp.br//tde_busca/arquivo.php?codArquivo=14521>.

[30] MAGANO, Octávio Bueno. *Do Poder Diretivo na Empresa*. São Paulo: Saraiva, 1982, p.1.

[31] GONÇALVES, Simone Cruxên. *Limites do Jus Variandi do Empregador*. São Paulo: LTr, 1997, p. 13.

[32] Idem, p. 24.

[33] MAGANO, Octávio Bueno. *Do Poder Diretivo na Empresa*, p. 94.

Trabalho.[34] Nesse sentido, o poder de comando atribui limites à atuação do empregado, preservando o desenvolvimento das atividades laborais – mas devendo respeito às garantias asseguradas constitucionalmente, como o direito à privacidade.[35] Reportando-nos às classificações de poder de comando anteriormente expostas e acolhidas, o poder diretivo, como espécie do gênero poder hierárquico, é a faculdade que tem o empregador de dirigir a prestação de serviços pessoais do empregado, assim como guiar economicamente seu empreendimento, fazendo uso da fiscalização e do comando da atividade exercida pelo trabalhador.[36]

O poder disciplinar, por sua vez, legitima o empregador a aplicar sanções ao empregado que descumpre ordens de caráter geral ou específico, auxiliando para que o poder diretivo patronal seja sólido e eficaz, sendo até mesmo necessárias imposições de penalidades para manter a ordem no ambiente de trabalho.[37] Por fim, o poder regulamentar consiste na elaboração de regras básicas, pelas quais empregador e empregado amoldarão seus comportamentos.[38] É, portanto, a "possibilidade de o empregador, unilateralmente, baixar normas gerais que, incontinenti, agregam-se à relação de emprego", conforme expõe Carmen Camino.[39] O poder regulamentar exterioriza-se através do regulamento da empresa ou regulamento interno, mecanismo que atua apenas nas dependências do empreendimento, ou também por "circulares", instruções e avisos.[40]

Ao poder de comando, todavia, não são estabelecidas fronteiras para delimitar a fiscalização e o controle do empreendimento – muito embora vigorem regras e princípios que, indiretamente, devem ser observadas para averiguar a abusividade ou não da referida prerrogativa.[41] Sob essa vertente, o certo é que o "respeito aos direitos fundamentais do trabalhador, como sua dignidade, intimidade ou vida privada, não podem ser ignorados pelo empregador no uso de seu poder diretivo", como afirma

[34] Decreto-Lei n. 5.452, de 1°, de maio de 1943 (Consolidação das leis do Trabalho), art. 2°:"Considera-se empregador a empresa, individual ou coletiva, que, assumindo os riscos da atividade econômica, admite, assalaria e dirige a prestação pessoal de serviço". Disponível em: < http://legis.senado.gov.br/sicon/>.

[35] PAULINO, Maria Lúcia Avelar Ferreira. *As Relações de Emprego na Era da Internet: violação à intimidade do empregado versus poder diretivo do empregador*. 2008, 121 f. Dissertação (Mestrado em Direito do Trabalho e Seguridade Social) Universidade de São Paulo, 2008. Disponível em: <http://www.teses.usp.br/teses/disponiveis/2/2138/tde-31032009-092137/pt-br.php>.

[36] GONÇALVES, Simone Cruxên. *Limites do Jus Variandi do Empregador*, p. 25-26.

[37] Idem, p. 26.

[38] MAGANO, Octávio Bueno. *Do Poder Diretivo na Empresa*, p. 103.

[39] CAMINO, Carmen. *Direito Individual do Trabalho*. 4. ed. Porto Alegre: Síntese, 2004, p. 229.

[40] GONÇALVES, Simone Cruxên. *Limites do Jus Variandi do Empregador*, p. 27.

[41] HAINZENREDER JÚNIOR, Eugênio. *Direito à Privacidade e Poder Diretivo do Empregador*: o uso do e-mail no trabalho, p. 79.

Laert Mantovani Junior.[42] Para Alice Monteiro de Barros,[43] o poder de comando do empregador encontra limites externos e internos, no que se pode sustentar que o primeiro diz respeito às legislações, normas coletivas e também pelo próprio contrato de trabalho; ao passo que o segundo limite profere o respeito à boa-fé do empregador para com o empregado. Expostos alguns aspectos primordiais da privacidade e intimidade, bem como o poder de comando do empregador, necessário, a seguir, dissertar brevemente acerca dos meios eletrônicos no ambiente de trabalho.

4. Os meios eletrônicos no ambiente de trabalho

A Lei n. 6.938, de 31 de agosto de 1981 (Política Nacional do Meio Ambiente), em seu art. 3º,[44] I, atreve-se a elaborar o difícil conceito de meio ambiente. O ambiente de trabalho, por sua vez, apresenta-se "como o local em que são realizadas as atividades nucleares da empresa e desenvolvidos os processos produtivos pelos empregados", conforme leciona Juliana Augusta Medeiros de Barros.[45] No meio ambiente de trabalho, o empregador lança mão da utilização de diversos meios eletrônicos para aperfeiçoar a produção da empresa, mas também para exercitar seu poder de comando, fiscalizando o trabalhador através de mecanismos tecnológicos enquanto este cede sua mão de obra.[46] Contudo, nota-se, desde já, que o termo "meios eletrônicos" mostra-se um tanto quanto amplo para os fins aqui estudados. Quais são, portanto, os meios eletrônicos passíveis de causarem um prejuízo ao direito à intimidade e à privacidade no ambiente de trabalho? Novamente, quem esclarece a indagação formulada é Juliana Augusta Medeiros de Barros:

> Os meios eletrônicos mais comuns e que vêm sendo sede de controvérsias no tocante à violação aos direitos à intimidade e à privacidade do empregado, sejam eles analógicos ou digitais, são os polígrafos, os detectores de metais, os telefones fixos e celulares, as

---

[42] MANTOVANI JUNIOR, Laert. *O Direito Constitucional à Intimidade e à Vida Privada do Empregado e o Poder Diretivo do Empregador*. São Paulo: LTr, 2010, p. 80.

[43] BARROS, Alice Monteiro de. *Curso de Direito do Trabalho*. São Paulo: LTr, 2005

[44] Lei nº 6.938, de agosto de 1981 dispõe sobre a Política Nacional do Meio Ambiente, art. 3º, I: "meio ambiente, o conjunto de condições, leis, influências, e interações de ordem física, química e biológica, que permite, abriga e rege a vida em todas as suas formas". Disponível em: <http://www.planalto.gov.br/ccivil_03/Leis/L6938.htm>.

[45] BARROS, Juliana Augusta Medeiros de. *A Utilização de Meios Eletrônicos no Ambiente de Trabalho: a colisão entre os direitos à intimidade e à privacidade do empregado e o poder diretivo do empregador*. São Paulo: LTr, 2012, p. 176.

[46] BARROS, Juliana Augusta Medeiros de. *A Utilização de Meios Eletrônicos no Ambiente de Trabalho: a colisão entre os direitos à intimidade e à privacidade do empregado e o poder diretivo do empregador*, p. 178.

câmeras de vídeo e o computador (por intermédio de duas de suas ferramentas, a internet e o correio eletrônico).[47]

A doutrinadora Lélia Guimarães Carvalho Ribeiro,[48] acertadamente, segrega os tipos de monitoramento possíveis no ambiente de trabalho da seguinte forma: monitoração audiovisual, monitoração telefônica e monitoração telemática. Por critério que aparenta ser lógico, acolhe-se tal classificação. O poder de comando exercido por meio do monitoramento audiovisual é efetuado através de câmeras de vídeo, que têm por função principal promover a segurança e a vigilância no estabelecimento, integrando o chamado Circuito Fechado de Televisão – CFTV –, que "é um sistema de televisionamento que distribui sinais provenientes de câmeras localizadas em locais específicos, para pontos de supervisão predeterminados", segundo ensinamento de Marcelo Pereira Peres.[49]

A monitoração telefônica é realizada através das interceptações e gravações – ou seja, pelas denominadas "escutas telefônicas", as quais proporcionam facilidade na captação de conversas nos mais variados ambientes, inclusive no de trabalho.[50] Os telefones fixos há tempo auxiliam no desenvolvimento das atividades empreendedoras, pois são os primeiros meios tecnológicos que proporcionam a constante troca de informações entre empresas nacionais e estrangeiras, bem como os telefones celulares fornecidos pelo empregador para uso profissional e pessoal do empregado ou tão somente profissional.[51] Tais aparelhos, quando concedidos pelo empregador, poderão ser controlados mediante as chamadas realizadas e recebidas, sem levar em consideração a possível interceptação das comunicações telefônicas efetuadas.[52]

A telemática, em síntese, é a aglutinação da informática com os mecanismos de telecomunicações.[53] A monitoração do empregado mediante a telemática é exercida, sobretudo, pelo controle do correio eletrônico e do acesso à internet, já que os aludidos sistemas possibilitam a invasão do empregador, seja "por meio de programas efetuados ou por outros meios instalados no processador", como bem observa Lélia Guimarães

---

[47] BARROS, Juliana Augusta Medeiros de. *A Utilização de Meios Eletrônicos no Ambiente de Trabalho: a colisão entre os direitos à intimidade e à privacidade do empregado e o poder diretivo do empregador*, p. 179.

[48] RIBEIRO, Lélia Guimarães Carvalho. *A Monitoração Audiovisual e Eletrônica no Ambiente de Trabalho e seu Valor Probante: um estudo sobre o limite do poder de controle do empregador na atividade laboral e o respeito à dignidade e intimidade do trabalhador*. São Paulo: LTr, 2008, p. 9 e 60.

[49] PERES, Marcelo Pereira. *Guia do CFTV: treinamento básico*. Revisão 2.1, janeiro de 2007. Disponível em: <http://guiadocftv.com.br/downloads/CFTV-Basico-2007.pdf>.

[50] RIBEIRO, op. cit., p. 71.

[51] BARROS, op. cit., p. 208.

[52] Idem, p. 209.

[53] LUCCA, Newton de. *Títulos e Contratos Eletrônicos: o advento da informática e sua consequência para a pesquisa jurídica*. In: LUCCA, Newton de; FILHO; Adalberto Simão (coords.). Direito e Internet: aspectos jurídicos relevantes. 2. ed. São Paulo: Quartier Latin, 2005, p. 63.

Carvalho Ribeiro.[54] Revelados os meios eletrônicos pelos quais o empregador terá a faculdade de utilizar no ambiente de trabalho, exercendo, pois, seu poder de comando, mostra-se de acentuada relevância averiguar a legitimidade e os limites que devem barrar o empregador ao servir-se das mencionas tecnologias.

5. O monitoramento do empregador por meios eletrônicos e a privacidade do empregado no meio ambiente de trabalho: a (i)legitimidade da questão

O poder de comando conferido ao empregador não encontra obstáculos em nossa legislação pátria quanto à utilização de mecanismos audiovisuais para o controle das atividades prestadas por seus empregados.[55] Impossível é admitir que a integralidade do ambiente de trabalho esteja controlada por aparelhos audiovisuais.[56] Nesse sentido, Juliana Augusta Medeiros de Barros colabora:

> O uso desse tipo de aparato é normalmente admitido pela doutrina e jurisprudência desde que observados alguns limites, como a proibição da instalação de câmeras em locais como banheiros, vestiários, refeitórios e salas de descanso, em virtude da necessidade de garantir que a intimidade e a privacidade dos empregados sejam preservadas nesses espaços.[57]

Endossando o raciocínio acima exposto, está o entendimento de Laert Mantovani Junior,[58] que se alinha ao direito do empregador de exercer seu poder de comando através de filmagens no local de trabalho – muito embora, afirma o autor, não o possa fazer em locais onde a intimidade e a privacidade do trabalhador devem ser respeitadas. Além disso, o referido doutrinador ensina que ao implementar sistemas audiovisuais para fiscalizar as atividades prestadas pelo trabalhador, o empregador tem o dever de, previamente, comunicar o empregado.[59] Para Lélia Guimarães Carvalho Ribeiro, a implementação dos meios eletrônicos no ambiente de trabalho deve observar os princípios da lealdade, proporcionalidade, razoabilidade, lealdade, necessidade e boa-fé, cumprindo ao empregador justificar que tais mecanismos foram empregados tão somente pela

---

[54] RIBEIRO, Lélia Guimarães Carvalho. *A Monitoração Audiovisual e Eletrônica no Ambiente de Trabalho e seu Valor Probante: um estudo sobre o limite do poder de controle do empregador na atividade laboral e o respeito à dignidade e intimidade do trabalhador*, p. 80.

[55] BARROS, Alice Monteiro de. *Proteção à Intimidade do Empregado*. 2. ed. São Paulo: LTr, 2009, p.84.

[56] Idem, p. 84.

[57] BARROS, Juliana Augusta Medeiros de. *A Utilização de Meios Eletrônicos no Ambiente de Trabalho: a colisão entre os direitos à intimidade e à privacidade do empregado e o poder diretivo do empregador*, p. 201.

[58] MANTOVANI JUNIOR, Laert. *O Direito Constitucional à Intimidade e à Vida Privada do Empregado e o Poder Diretivo do Empregador*, p. 84.

[59] Idem, p. 89.

inexistência de outros meios menos invasivos da privacidade e da intimidade do trabalhador.[60]

Na Alemanha, a instalação de câmeras no ambiente de trabalho é inadmissível, pois fere os direitos de personalidade, assim como na França os instrumentos audiovisuais são vedados para a prática de controle do obreiro no âmbito do trabalho.[61] A jurisprudência[62] pátria há tempos autoriza a utilização de câmeras no ambiente de trabalho – em que pese não tolerar o uso indiscriminado de aparelhos audiovisuais em locais onde a privacidade e a intimidade devem ser resguardadas.[63] Portanto, o emprego de tecnologias audiovisuais, por si só, não impõe o desrespeito à privacidade e à intimidade do obreiro, configurando a vedação, reitera-se, quando o empregador instala câmeras de vídeo em lugares onde tais direitos de personalidade preponderem.

O poder de comando do empregador, exteriorizado através do monitoramento telefônico, encontra limites na própria Constituição Federal, em seu art. 5º,[64] inc. XII, que expressamente garante o sigilo nas comunicações telefônicas. Nesse sentido, verifica-se a existência de duas correntes distintas quanto ao controle, pelo empregador, do uso do telefone por seus empregados. A primeira corrente não aprova a gravação, interceptação ou escuta telefônica, eis que subsistem meios legítimos de exercício do poder de comando, como, a título exemplificativo, o registro telefôni-

---

[60] RIBEIRO, Lélia Guimarães Carvalho. *A Monitoração Audiovisual e Eletrônica no Ambiente de Trabalho: um estudo sobre o limite do poder de controle do empregador na atividade laboral e o respeito à dignidade e intimidade do trabalhador*, p. 68-69.

[61] Idem, p. 65.

[62] JURISPRUDÊNCIA. "Conjunto de soluções ou decisões (grau de recurso) pelos Tribunais Superiores às questões de Direito. Interpretação reiterada ou não, com relação à lei aplicada nos casos concretos, quando submetidos ao seu conhecimento e julgamento. A jurisprudência está 'firmada' ou 'mansa e pacífica', quando determinada questão é decidida do mesmo modo". FELIPPE, J. Donaldo. *Dicionário Jurídico de Bolso: terminologia jurídica: termos e expressões latinas de uso forense*. 18. ed. São Paulo: Millennium, 2007, p.166.

[63] DANO MORAL. CÂMERA DE VIDEO NO VESTIÁRIO. OFENSA À INTIMIDADE DO TRABALHADOR. A instalação de câmeras de vídeo em vestiário efetivamente ofende a privacidade e a intimidade dos empregados, resguardadas pelo art. 5º, X, da Constituição Federal. Com efeito, trata-se de meio de controle cuja utilização deve ser feita com cautela, de modo a não submeter à devassa patronal, aqueles locais destinados a uso reservado pelo empregado (vestiário, banheiros, etc.). Configurada, *in casu*, a ofensa à dignidade do trabalhador, resulta o dever de indenizar, sendo cabível e razoável a importância individual estipulada na r. sentença de origem, que ora se prestigia. São Paulo. Tribunal Regional do Trabalho da 2ª Região. RO nº 20071112299. Recorrente: Zirok Eletrônica LTDA. Recorrido: Antônio Carlos dos Santos. Relator: Ricardo Artur Costa e Trigueiros. São Paulo, 18 de jan. de 2008. Disponível em: <http://www.trtsp.jus.br/Geral/Consulta/Jurisprudencia/Ementas/020071112299.html>.

[64] Constituição da República Federativa do Brasil, de 05 de outubro de 1988, art.5º, XII: "é inviolável o sigilo da correspondência e das comunicações telegráficas, de dados e das comunicações telefônicas, salvo, no último caso por ordem judicial, nas hipóteses e na forma que a lei estabelecer para fins de investigação criminal ou instrução processual penal". Disponível em: <http://www.senado.gov.br/legislacao/const/con1988/CON1988_29.03.2012/CON1988.shtm>.

co, o qual permitirá ao empregador examinar os números discados pelo trabalhador e a duração das chamadas.[65]

A segunda corrente atribui plena legitimidade ao empregador quando este se utiliza de gravações e escutas telefônicas para monitorar o empregado no ambiente de trabalho – pois, conforme expressa a vertente, o telefone fixo ou celular, quando concedido pelo empregador ao empregado, integra o patrimônio da empresa, devendo ser, portanto, fiscalizado.[66] Caber alertar, ainda, que o uso desproporcional do telefone para fins pessoais, sem dar ciência à empresa, poderá importar em falta grave, que acarretará na dispensa por justa causa do trabalhador.[67] Por fim, passa-se à análise da monitoração telemática, principalmente no que diz respeito ao controle do empregador por meio da *Internet* e do correio eletrônico.

A *Internet*, com o decorrer do tempo, tornou-se a maior rede mundial de comunicação, permitindo a instantânea troca de informações entre usuários de diversos países em um curtíssimo espaço de tempo, transformando-se no maior e mais ágil mecanismo de globalização.[68] Pelas características da agilidade e da constante permuta de informações, rapidamente a Internet ganhou o cenário empreendedor, aumentando a produção no trabalho.[69] Assim também destaca Laert Mantovani Junior:

> Os empregadores possibilitaram a seus empregados o acesso à rede mundial – Internet, no intuito de utilizarem este poderoso instrumento como ferramenta de trabalho, visando propiciar um trabalho com maior rapidez, presteza e qualidade no desenvolvimento da atividade econômica.[70]

Porém, muitas vezes o uso da *Internet* transcende os fins relacionados ao trabalho: o empregado passa a trocar mensagens alheias à tarefa no horário de serviço, acessa *sites* de compras e notícias, baixa músicas, confere seu e-mail, entre outros.[71] Os empregadores, como forma adotada para impedir tais condutas, fiscalizam o teor das mensagens, seu remetente e destinatário, monitoram a navegação pelos *websites* através

---

[65] BARROS, Juliana Medeiros de. A Utilização de Meios Eletrônicos no Ambiente de Trabalho: a colisão entre os direitos à intimidade e à privacidade do empregado e o poder diretivo do empregador, p.215.

[66] Idem, p. 215.

[67] RIBEIRO, Lélia Guimarães Carvalho. A Monitoração Audiovisual e Eletrônica no Ambiente de Trabalho e seu Valor Probante: um estudo sobre o limite do poder de controle do empregador na atividade laboral e o respeito à dignidade e intimidade do trabalhador, p.77.

[68] HAINZENRENDER JÚNIOR, Eugênio. *Direito à Privacidade e Poder Diretivo do Empregador: o uso do e-mail no trabalho*, p. 92.

[69] Idem, p. 93

[70] MANTOVANI JUNIOR, Laert. *O Direito Constitucional à Intimidade e à Vida Privada do Empregado e o Poder Diretivo do Empregador*, p.85.

[71] BARROS, Juliana Medeiros de. *A Utilização de Meios Eletrônicos no Ambiente de Trabalho: a colisão entre os direitos à intimidade e à privacidade do empregado e o Poder Diretivo do Empregador*, p. 230.

da conferência dos endereços eletrônicos acessados e o tempo de permanência – o que provoca divergência doutrinária e jurisprudencial quanto à legitimidade deste controle frente à privacidade do empregado, assim como a monitoração dos e-mails corporativos recebidos e enviados.[72]

Novamente, encontram-se duas vertentes doutrinárias: de um lado, os partidários da legitimidade do empregador em monitorar os websites e e-mails corporativos; do outro, os militantes da impossibilidade de tal controle em face dos direitos de personalidade do empregado.[73] A primeira corrente lança o argumento que os computadores, softwares e demais instrumentos empregados na prestação de serviços são de propriedade do empregador, devendo este fazer o proveito que assim o desejar – e o e-mail corporativo, afirma a vertente, é desprovido de qualquer proteção à privacidade, já que concedido para fins estritamente profissionais, não estando, portanto, acobertado pelo sigilo de correspondência mencionado no art. 5º, XII, da Constituição Federal de 1988.[74] Um segundo argumento reside no potencial nível de distração que a *Internet* oferece, o que exige uma constante fiscalização do empregador para promover a eficácia e o foco na atividade desenvolvida pelo trabalhador.[75]

A vertente contrária, por seu turno, afirma que mesmo o empregado estando subordinado ao poder de comando do empregador, a esfera de privacidade do trabalhador não poderá ser suprimida em face desse poder, motivo pelo qual seria ilegítimo o controle das páginas de Internet frequentadas pelo obreiro e do e-mail corporativo.[76] Por fim, a corrente em questão firma o entendimento que o monitoramento exercido pelo empregador retira do empregado o seu potencial de raciocínio e desenvolvimento no ambiente de trabalho, violando frontalmente o seu direito de liberdade de expressão.[77]

6. Considerações finais

Os direitos à privacidade e à intimidade nas relações de trabalho tendem a ganhar maior atenção com o vertiginoso crescimento tecnológico, pois se de um lado temos o direito do empregador de conduzir a produção e a fiscalização do empreendimento; do outro temos os sólidos e fundamentais direitos à privacidade e à intimidade do trabalhador. Em

[72] BARROS, Juliana Medeiros de. *A Utilização de Meios Eletrônicos no Ambiente de Trabalho: a colisão entre os direitos à intimidade e à privacidade do empregado e o poder diretivo do empregador*, p. 230-231.

[73] Idem, p. 231 e 246.

[74] Idem, p. 232.

[75] Idem, p. 232.

[76] Idem, p. 246-247.

[77] Idem, p. 248.

princípio, e como exposto no decorrer do modesto artigo, não há posicionamento normativo específico para o problema que assegure em todas as ocasiões os direitos personalíssimos. O que há, a bem da verdade, são conjugações de regras e princípios – que, indiretamente, protegem timidamente tais direitos. Até que o legislador estabeleça normas que efetivamente tutelem os direitos de personalidade, sobretudo, regras que atendam os anseios sociais da nova era da vigilância eletrônica, os direitos à privacidade e à intimidade nas relações de trabalho estarão sob constante ameaça.

Referências

BARROS, Alice Monteiro de. *Proteção à Intimidade do Empregado*. 2ª edição. São Paulo: LTr, 2009.

——. *Curso de Direito do Trabalho*. São Paulo: Ltr, 2005.

BARROS, Juliana Medeiros de. A Utilização de Meios Eletrônicos no Ambiente de Trabalho: a colisão entre os direitos à intimidade e à privacidade do empregado e o poder diretivo do empregador. São Paulo: LTr, 2012.

BELTRÃO, Silvio Romero. Direitos de Personalidade: de acordo com o novo Código Civil. São Paulo: Atlas, 2005.

BITTAR, Carlos Alberto. *Os Direitos da Personalidade*. 5ª ed. Rio de Janeiro: Forense Universitária, 2001.

BRASIL. Código Civil Brasileiro, de 10 de janeiro de 2012. Disponível em: <http://legis.senado.gov.br/sicon/>.

BRASIL. *Constituição da República Federativa do Brasil*, de 05 de outubro de 1988. Disponível em: <http://www.senado.gov.br/legislacao/const/con1988/CON1988_29.03.2012/CON1988.shtm>.

BRASIL. *Decreto-lei n. 5.452, de 1º, de maio de 1943* (Consolidação das Leis do Trabalho). Disponível em: <http://legis.senado.gov.br/sicon/>.

BRASIL. *Lei n.º 6.938, de agosto de 1981* dispõe sobre a Política Nacional do Meio Ambiente. Disponível em: <http://www.planalto.gov.br/ccivil_03/Leis/L6938.htm>.

CACHAPUZ, Maria Cláudia. Intimidade e Vida Privada no Código Civil Brasileiro: uma leitura orientada no discurso jurídico. Porto Alegre: Sergio Antonio Fabris, 2006.

CAMINO, Carmen. *Direito Individual do Trabalho*. 4ª ed. Porto Alegre. Síntese, 2004.

DECLARAÇÃO UNIVERSAL DOS DIREITOS HUMANOS, de 1948. Disponível em: <http://unicrio.org.br/img/DeclU_D_HumanosVersoInternet.pdf>

GONÇALVES, Simone Cruxên. *Limites do Jus Variandi do Empregador*. São Paulo: Ltr, 1997.

HAINZENREDER JÚNIOR, Eugênio. Direito à Privacidade e Poder Diretivo do Empregador: uso do *e-mail* no trabalho. São Paulo: Atlas, 2009.

J. DONALDO. Dicionário Jurídico de Bolso: terminologia jurídica: termos e expressões latinas de uso forense. 18ª ed. São Paulo: Millennium Editora, 2007.

LÉVY, Pierre. *O que é o Virtual?*. Tradução de Paulo Neves. 6ª ed. São Paulo: Editora 34, 2003.

LUCCA, Newton de. *Títulos e Contratos Eletrônicos: o advento da informática e sua consequência para a pesquisa jurídica*. In: LUCCA, Newton de; FILHO; Adalberto Simão (coords.).

Direito e Internet: aspectos jurídicos relevantes. 2ª Edição. São Paulo: Quartier Latin, 2005.

MACEIRA, Irma Pereira. *A Proteção do Direito à Privacidade Familiar na Internet*. 2012, 335 f. Tese (Doutorado em Ciências Sociais) Pontifícia Universidade Católica de São Paulo, 2012.Disponívelem: <http://www.sapientia.pucsp.br//tde_busca/arquivo.php?codArquivo=14521>.

MANTOVANI JUNIOR, Laert. O Direito Constitucional à Intimidade e à Vida Privada do Empregado e o Poder Diretivo do Empregador. São Paulo: Ltr, 2010.

MAGANO, Octávio Bueno. *Do Poder Diretivo na Empresa*. São Paulo: Saraiva, 1982.

MIRANDA, Rosângela Rodrigues de. *A Proteção Constitucional da Vida Privada*. São Paulo: Editora de Direito, 1996.

PAULINO, Maria Lúcia Avelar Ferreira. *As Relações de Emprego na Era da Internet: violação à intimidade do empregado versus poder diretivo do empregador*. 2008, 121 f. Dissertação (Mestrado em Direito do Trabalho e Seguridade Social) Universidade de São Paulo, 2008. Disponível em: <http://www.teses.usp.br/teses/disponiveis/2/2138/tde-31032009-092137/pt-br.php>.

PERES, Marcelo Pereira. *Guia do CFTV: treinamento básico*. Revisão 2.1, janeiro de 2007. Disponível em: <http://guiadocftv.com.br/downloads/CFTV-Basico-2007.pdf>.

RIBEIRO, Lélia Guimarães Carvalho. A Monitoração Audiovisual e Eletrônica no Ambiente de Trabalho e seu Valor Probante: um estudo sobre o limite do poder de controle do empregador na atividade laboral e o respeito à dignidade e intimidade do trabalhador. São Paulo: LTr, 2008.

SÃO PAULO. Tribunal Regional do Trabalho da 2ª Região. RO n.º 20071112299. Recorrente: Zirok Eletrônica LTDA. Recorrido: Antônio Carlos dos Santos. Relator: Ricardo Artur Costa e Trigueiros. São Paulo, 18 de jan. de 2008. Disponível em: <http://www.trtsp.jus.br/Geral/Consulta/Jurisprudencia/Ementas/020071112299.html>.

SILVIA, Alzira Karla Araújo de; CORREIA, Anna Elizabeth Galvão Coutinho; LIMA, Izabel França de. *O Conhecimento e as Tecnologias na Sociedade da Informação*. Revista Interamericana de Bibliotecologia, vol. 33, n.1, janeiro -junho de 2010, p. 213-219.Disponível em: <http://www.periodicos.capes.gov.br/?option=com_pmetabusca&mn=88&smn=88&type=m&metalib=aHR0cDovL2NhcGVzLW1ldGFsaWJwbHVzLmhvc3RlZC5leGxpYnJpc2dyb3VwLmNvbS9wcmltb19saWJyYXJ5L2xpYndlYi9hY3Rpb24vc2VhcmNoLmRvP2RzY250PTAmZnJiZz0mc2NwLnNjcHM9cHJpbW9fY2VudHJhbF9tdWx0aXBsZV9mZSZ0YWI9ZGVmYXVsdF90YWImY3Q9c2VhcmNoJm1vZGU9QmFzaWMmZHVtPXRydWUmaW5keD0xJmZuPXNlYXJjaCZ2aWQ9Q0FQRVM%3D&buscaRapidaTermo=O+Conhecimento+e+as+Tecnologias+na+Sociedade+da+Informa%C3%A7%C3%A3o&x=30&y=13>..

SZANIAWSKI, Elimar. *Direitos de Personalidade e sua Tutela*. São Paulo: Editora Revista dos Tribunais, 1993.

VERGUEIRO, Luiz Fabrício Thaumaturgo. *Direito à Privacidade: o direito fundamental da modernidade*. AR: Revista de Derecho Informático, n. 86, janeiro de 2005, pp 3-35. Disponível em: <http://www.periodicos.capes.gov.br.ez94.periodicos.capes.gov.br/index.php?option=com_pmetabusca&mn=88&smn=88&type=m&metalib=aHR0cDovL2NhcGVzLW1ldGFsaWJwbHVzLmhvc3RlZC5leGxpYnJpc2dyb3VwLmNvbS9wcmltb19saWJyYXJ5L2xpYndlYi9hY3Rpb24vc2VhcmNoLmRvP2RzY250PTAmZnJiZz0mc2NwLnNjcHM9cHJpbW9fY2VudHJhbF9tdWx0aXBsZV9mZSZ0YWI9ZGVmYXVsdF90YWImY3Q9c2VhcmNoJm1vZGU9QmFzaWMmZHVtPXRydWUmaW5keD0xJmZuPXNlYXJjaCZ2aWQ9Q0FQRVM%3D&buscaRapidaTermo=Direito+%C3%A0+privacidade&x=0&y=0>.

— 9 —

As redes sociais e os impactos nas relações sociais e laborais

CAROLINA OSELAME[1]

Sumário: 1. Introdução; 2. Revoluções comunicativas; 3. O que é rede social ***online***?; 4. Redes sociais e os impactos nas relações laborais; 5. Conclusão; 6. Referências bibliográficas.

1. Introdução

Vivenciamos as céleres transformações tecnológicas da comunicação no mundo contemporâneo. Diariamente, pessoas de todas as partes do mundo conectam-se à *Internet*, sobretudo gastam um bom tempo "navegando" nas redes sociais, compartilhando e/ou postando mensagens.

Esse diálogo travado nas redes sociais através da *Internet* quebra barreiras físico-temporais, as mesmas que outrora eram consideradas obstáculos para se travar uma fluente comunicação em massa.

O mesmo formato de comunicação que agrega, também é capaz de afastar, pois o aparente conforto em manter uma falsa interação com o outro traduz uma cognição moderna, em que já não há mais a necessidade de se estabelecer um diálogo frente a frente.

Essa acomodação, mediada pelo uso de computadores, *notebooks*, celulares, entre outros é o tema central debatido neste artigo, pois surge um novo modelo social no qual o humano e o tecnológico mantêm uma inter-relação.

As revoluções comunicativas serviram de parâmetro para a virtualização da informação como utilizamos hoje. Tal fato culminou também em um grande impacto social, pois o sujeito passa a fazer parte de um rol novas formas de "ser", elegendo uma falsa ideia de relacionamento e

[1] Acadêmica em Ciências Jurídicas e Sociais – PUCRS. Estagiária de Direito. Bolsista de Iniciação Científica FAPERGS. Membro do Grupo de Pesquisas Novas Tecnologias e Relações de Trabalho.

amizade com o outro em que no plano real não se estabelece dentro dos mesmos modelos.

As redes sociais passaram a figurar, inclusive, no ambiente empresarial, trazendo à baila a discussão sobre a privacidade na relação entre empregado e empregador, sendo este o detentor das ferramentas de labor, como o *e-mail*.

Assim, partindo-se de uma análise histórica das revoluções comunicativas, conjuntamente com a análise dos debates travados sobre a utilização das tecnologias da informação e sua repercussão em ambiente laboral, busca-se orientar os atores acerca da condição que ocupam dentro desta nova realidade. Ademais, utiliza-se do entendimento jurisprudencial para referendar uma orientação acerca do posicionamento eleito pelo judiciário sobre a temática aqui travada.

2. Revoluções comunicativas

Historicamente, a humanidade passou por três momentos relevantes, que consagraram o surgimento de novos meios e de novas formas de comunicação: são as chamadas revoluções comunicativas, que possibilitaram novas práticas e, consequentemente, novas formas de socialização e interação com o meio ambiente.

A primeira revolução surgiu com a escrita, no século V a.C., no Oriente Médio, e marcou a passagem da cultura e da sociedade oral para a cultura e a sociedade escrita.[2]

A segunda revolução ocorreu na metade do século XV, na Europa, provocada pela invenção dos caracteres móveis e pelo surgimento da impressão, concretizada por Johannes Gutenberg. Nesse momento, houve a difusão da cultura do livro e da leitura, até então circunscritas a grupos privilegiados, facilitando a acumulação de conhecimentos e desestabilizando o que era entendido como tal. A disponibilidade e acessibilidade, ao público em geral, da palavra impressa impulsionou a democratização do saber e lançou as bases materiais para a moderna economia do conhecimento, essa liberdade de acesso à informação trafegava na contramão dos interesses políticos da época, na Europa renascentista, a chegada da *comunicação de massa* alterou a estrutura da sociedade, a partir de então, relativamente, irrestrita a informações e ideias (revolucionárias), transcendendo fronteiras reanimou a Reforma Protestante, ameaçando o

[2] DI FELICE, Massimo. *Do público para as redes:* a comunicação digital e as novas formas de participação social. São Paulo: Difusão, 2008, p. 21.

poder de autoridades politicas e religiosas da época.[3] Ainda, sobre a segunda revolução, o historiador inglês Peter Burke[4] explica que:

> A impressão gráfica facilitou a acumulação do conhecimento,por difundir as descobertas mais amplamente e por fazer com que fosse mais difícil perder a informação. Por outro lado, (...) a nova técnica desestabilizou o conhecimento ou o que era entendido como tal, ao tornar os leitores mais conscientes da existência da história e de interpretações conflitantes.

A terceira revolução teve origem no Ocidente, na época da Revolução Industrial entre os séculos XIX e XX. Foi marcada pelo início da cultura de massa e caracterizada pela difusão de mensagens veiculadas pelos meios de comunicação eletrônicos.[5] Nesse sentido, Massimo de Felice afirma:

> (...) cada uma dessas revoluções e a introdução de novos meios determinou a possibilidade de alcançar um público cada vez maior em um período de tempo e a um custo cada vez menores. Na época contemporânea, a humanidade estaria enfrentando uma ulterior revolução comunicativa, implementada pelas tecnologias digitais, que, numa concepção histórica constituiria a quarta revolução.

A revolução digital é hoje a quarta, e em curso, revolução comunicativa, que alterou pela primeira vez na história da humanidade, a própria arquitetura do processo informativo. Isso se deu pela substituição da forma frontal de repasse das informações (teatro, livro, imprensa, TV) por aquela reticular, interativa e colaborativa. Para o sociólogo Massimo Di Felice, a consequência desta nova forma de interação é a inovação tecnológica, que altera o modo de comunicar e seus significados, estimulando, ao mesmo tempo, inéditas práticas interativas entre nós e as tecnologias da informação.

Com o crescente uso das redes sociais, os diálogos ampliaram-se, e os acessos por meio da *Internet* criaram novos impactos sociais, inclusive, conforme pesquisa realizada, estima-se que o número de usuários de *Internet* em todo o mundo seja em torno de 1,6 bilhões e, destes, 80% já utilizam as redes sociais.[6]

3. O que é rede social *online*?

Muito embora as redes sociais sejam recentes (a primeira foi criada em 1995, por Randy Conrads, chamada Classmates.com,[7] projetada para

[3] BURKE, Peter. *Uma história social da mídia.* Rio de Janeiro: Zahar, 2006.

[4] BURKE, Peter. *Testemunha ocular*. São Paulo: EDUSC, 2004, p. 54.

[5] DI FELICE, Massimo. *Do público para as redes:* a comunicação digital e as novas formas de participação social. São Paulo: Difusão, 2008, p. 21-22.

[6] Instituto Brasileiro de Geografia e Estatística – IBGE. Disponível em: <http://www.ibge.gov.br/home/estatistica/populacao/acessoainternet/comentarios.pdf>. Acessado em: 24/06/2013.

[7] Disponível em: <http://www.classmates.com/>.

encontrar amigos, colegas de ensino médio e faculdade), a necessidade de interação do homem é muito anterior: na Grécia Antiga, por exemplo, os teatros eram construídos em posição estratégica, geralmente numa colina que se debruçava sobre o mar, sua forma arquitetônica permitia uma visão plena de qualquer ponto, e sua acústica possibilitava ouvir igualmente de qualquer lugar e a qualquer distância tanto os efeitos técnicos da peça como as intervenções sonoras da plateia, conduzindo reciprocamente atores e espectadores ao desvario e a comoção.[8] Os atores guiavam o espetáculo conforme a reação da plateia. Sob um ponto de vista estrutural, para que a forma comunicativa do espetáculo acontecesse era necessária a instauração da separação entre o emissor e o receptor, isto é, entre os atores e a plateia.

Entende-se como Rede Social *online* (também chamada *rede social virtual*) uma estrutura composta por pessoas ou organizações, por um ou vários tipos de relações, que partilham valores e objetivos comuns. Uma das características fundamentais na definição de redes sociais é a sua abertura, permeabilidade e descentralização, possibilitando relacionamentos horizontais e não hierárquicos entre os participantes.

Não obstante, um dos princípios das redes sociais ser a sua abertura e permeabilidade, por ser uma ligação social, a conexão fundamental entre as pessoas se perfectibiliza pela identidade, pela afinidade e pelos mais diversos interesses em comum; trabalho, música, cinema, relacionamentos, publicidade, etc. E, mesmo que seus integrantes estejam reunidos por motivações em comum, as redes sociais podem apresentar diversas formas, as principais são:

> Redes Comunitárias: estabelecidas em bairros ou cidades, em geral tendo a finalidade de reunir os interesses comuns dos habitantes, melhorar a situação do local ou prover outros benefícios. Cita-se, como exemplo, Senac São Paulo.
>
> Redes Profissionais: prática conhecida como *networking*, procura fortalecer a rede de contatos de um individuo, visando futuros ganhos pessoais ou profissionais. Como exemplo temos o Linkedin.
>
> Redes Sociais *Online*: são um serviço *online*, plataforma ou *site* que foca em construir e refletir redes sociais ou relações sociais entre as pessoas, que, por exemplo, compartilham interesses e/ou atividades, bate-papo, jogos, entre outras tantas funções presentes nas redes sociais *online*. Como principais exemplos de rede social online temos o *Facebook*, o *Twitter* e *Orkut*.

Aspecto comum dentre os diversos tipos de redes sociais é o armazenamento, a busca e o compartilhamento de informações, conhecimentos, interesses e esforços em busca de objetivos comuns. Refletindo um

[8] DI FELICE, Massimo. *Do público para as redes:* a comunicação digital e as novas formas de participação social. São Paulo: Difusão, 2008, p. 27.

processo de fortalecimento da sociedade civil, em um contexto de maior participação democrática e mobilização social.

Nas publicações em redes sociais, o emissor da mensagem também consegue perceber a reação e a repercussão de sua postagem; seja positiva ou negativa, mas não mais existe a distinção entre emissor, meio e receptor. A comunicação em rede torna-se um processo em que há troca e interação entre os polos, o receptor poderá ser emissor de uma mesma mensagem da qual outrora era destinatário.[9]

Mais que um fluxo unidirecional (teatro, livro, cinema, rádio e TV), a comunicação em rede apresenta-se como um conjunto de teias, impossível de determinar a direção de um único sentido. Para Lúcia Santaella:

> O emissor não emite mais mensagens, mas constrói um sistema com notas de navegação e conexões. A mensagem passa a ser um programa interativo que se define pela maneira como é resultado, de modo que a mensagem se modifica na medida em que atende às solicitações daquele que manipula o programa. Essas manipulações se processam por meio de uma tela interativa ou interface que são lugar e meio para dialogo.[10]

A impossibilidade de determinar um único sentido, uma direção, para as mensagens nas redes sociais possibilita a propagação praticamente instantânea de informações das mais variadas utilidades. Desde um atentado ocorrendo no outro lado do mundo, ao que o colega de faculdade presenciou na fila do bar.

4. Redes sociais e os impactos nas relações laborais

O uso das redes sociais no local de trabalho, embora se trate de uma temática atual, já é discutido em ações judiciais que tramitam na Justiça do Trabalho, porém, a falta de regulamentação sobre o assunto dificulta a análise de cada caso.

As leis trabalhistas não impedem, por exemplo, que as empresas estipulem, no contrato de trabalho, condutas e posturas relativas ao uso das tecnologias – se o canal pode ser utilizado, de que forma e qual a ferramenta. Parâmetros semelhantes também podem fazer parte de instrumentos coletivos. Algumas empresas possuem até mesmo cartilhas ou manuais de redação corporativa, orientando os empregados sobre a linguagem apropriada e as palavras consideradas indevidas no meio virtual.

---

[9] DI FELICE, Massimo. *Do público para as redes:* a comunicação digital e as novas formas de participação social. São Paulo: Difusão, 2008, p. 23.

[10] SANTAELLA, Maria Lucia. *Comunicação e semiótica.* São Paulo: Hacker, 2004, p. 163.

O entendimento no meio empresarial é divergente quanto à utilização das redes sociais no ambiente de trabalho. As empresas que restringem o uso argumentam que há muita dispersão proporcionada pela *rede* e concomitante diminuição na produtividade dos empregados, isto é, o tempo que o trabalhador deixa de dedicar à prestação efetiva do labor, dedicando-se a tarefas diversas. Algo que, por vezes, redunda não apenas na diminuição do seu rendimento, mas também na diminuição do rendimento dos colegas de trabalho aos quais envia suas mensagens. Já as empresas que liberam o uso apostam em uma maior divulgação da sua empresa, produtos e serviços. É necessário destacar que o trabalhador deve ter bom senso nos comentários que posta, uma vez que publicações ofensivas à empresa, ao chefe ou aos colegas podem resultar em advertências, suspensões e até dispensas por justa causa, dependendo da gravidade do ato praticado. No âmbito do Direito do Trabalho, no Brasil, não há nenhuma lei específica que trate de forma expressa a justa causa pelo mau uso da *Internet*.[11] Nesse sentido, tem-se decisão do Tribunal Regional do Trabalho da 4ª Região (Rio Grande do Sul).[12]

Há entendimento jurisprudencial consolidado pelo Tribunal Superior do Trabalho atribuindo licitude à conduta da empresa ao acessar a caixa de correio eletrônico corporativo do empregado, ao entender que, se o trabalhador utiliza o *e-mail* corporativo para assuntos particulares, o acesso à sua caixa de mensagens, pelo empregador, não representa violação de correspondência pessoal nem de privacidade ou intimidade, pois se trata de equipamento e tecnologia fornecidos pela empresa para utilização no trabalho, portanto de direito do empregador o controle, supervisão e comando por meio de seu poder diretivo. Fundamentado pelo critério da proporcionalidade, exigindo, portanto, um juízo de idoneidade, necessidade e proporcionabilidade para o controle empresarial do uso da internet, respeitando, assim, a esfera dos direitos fundamentais dos trabalhadores.

---

[11] Muito embora o entendimento doutrinário e jurisprudencial entenda a justa causa como efeito emanado de ato ilícito do empregado, que violando alguma obrigação legal ou contratual, explicita ou implícita, permite ao empregador a rescisão do contrato sem ônus, nessa seara empregamos a alínea "b" do art. 468 da CLT, que versa sobre a incontinência da conduta ou o mau procedimento, como a perda de respeitabilidade em bom conceito e/ou comportamento desordenado em público, como aquele expostos em redes sociais, por exemplo.

[12] DESPEDIDA POR JUSTA CAUSA. MAU PROCEDIMENTO. USO INDEVIDO DE CORREIO ELETRÔNICO. QUANDO SE CARACTERIZA. Prova que evidencia a utilização do e-mail funcional, pelo empregado, para difundir informações tendentes a denegrir a imagem da empregadora. Constitui justa causa para a despedida o uso indevido do correio eletrônico pelo empregador, não se podendo cogitar a infração ao disposto no art. 5º, inciso XII da CF, já que o serviço de "e-mail" é ferramenta fornecida para uso estritamente profissional. Sentença mantida (TRIBUNAL REGIONAL DO TRABALHO da 4ª Região. RO n. 00168.2007.203.04.00.3, 2ª Turma, Rel. Desembargador Flávio Sirangelo Portinho)

Ressaltando a diferença entre o monitoramento de *e-mails* pessoais e corporativos, o Tribunal Regional da 9ª Região (Paraná) assim se manifestou, em esclarecedor acórdão proferido por sua 4ª Turma.[13]

Tal decisão ratifica a conclusão de que, em relação ao correio eletrônico corporativo do empregado, aquele fornecido como ferramenta de trabalho pelo empregador, entende-se lícito o monitoramento patronal efetuado.

De outra banda, se as ferramentas não foram fornecidas pela empresa ou, se o "fato" não ocorreu no ambiente de trabalho, envolve a esfera pessoal do trabalhador e, nesse diapasão, mais do que a violação de regras de conduta, o que estará em discussão é a liberdade de expressão e suas implicações nas relações de trabalho. Eis que os poderes de mando do empregador, tais como organizar, fiscalizar e disciplinar, não devem se estender à vida extralaboral do empregado, em que pese o fato de o objeto do contrato de trabalho não ser a pessoa do trabalhador, mas sim, a sua atividade.[14]

A legislação não prevê expressamente os limites ao poder diretivo do empregador, circunstância que propicia intrusões desmedidas na intimidade do empregado, por vezes excessivas por parte do empregador, circunstâncias facilitadas pelas novas Tecnologias da Informação e Comunicação (TICs). Considerando a rapidez e o baixo custo da comunicação por meio eletrônico, a maior parte das empresas, na atualidade, incorporou o *e-mail* e as redes sociais como ferramentas de trabalho, através dos *smartphones* e *tablets* o empregador pode comandar, controlar e supervisionar sua empresa e seus funcionários, em tempo real. Somado a estes fatores, tem-se um grande leque de funções – antes formais e realizadas mediante descolamento – virtuais, gerando uma servidão, e, praticamente uma exigência à virtualização.

---

[13] INTERNET – MENSAGENS ELETRÔNICAS – E-MAIL – COMUNICADOR INSTANTÂNEO – ARTIGO 5º,INCISO LVI, DA CONSTITUIÇÃO FEDERAL – SIGILO – INVIOLABILIDADE – CONTROLE POR PARTE DO EMPREGADOR – UTILIZAÇÃO COMO PROVA JUDICIAL – POSSIBILIDADE – Diversamente do que ocorre com as mensagens eletrônicas provenientes ou endereçadas a e-mail (endereço eletrônico) pessoal ou particular do empregado, as quais gozam da proteção constitucional e legal da inviolabilidade (art. 5º, inc. LVI, da CF/88), o correio eletrônico corporativo e programas de envio de mensagens instantâneas (*MSN, Yahoo Messenger, Exodus e similares)* afiguram-se como mera ferramentas de trabalho para fins de facilitar a comunicação virtual entre empregados e clientes. Não se encontram protegidos, portanto, pela garantia do sigilo, nem de inviolabilidade, até mesmo porque, não raras vezes, sofrem acentuado desvio de finalidade, mediante a utilização abusiva ou ilegal, de que é exemplo o envio de fotos pornográficas, constituindo-se, pois, em instrumento pelo qual o trabalhador pode, potencialmente, provocar expressivo prejuízo ao empregador. Lícita, portanto, sua monitoração pelo empregador, bem como sua eventual utilização como prova referente a atos ilícitos praticados pelo empregador (TRIBUNAL REGIONAL DO TRABALHO DA 9ª REGIÃO. RO n. 0296.2005.002.09.00.4, 4ª Turma. Rel. Desembargadora Sueli Gil El Rafihi).

[14] WEINSCHENKER, MARINA. *A visa laboral e extralaboral do empregado:* a privacidade no contexto das novas tecnologias e dos direitos fundamentais. São Paulo: LTr, 2013, p. 46.

Ora, uma vez conectados, os trabalhadores estarão expostos à possibilidade de "retorno ao trabalho" durante as 24 horas do dia. Na prática, ultrapassando os limites da jornada de labor, superando o tradicional cartão ponto. Anteriormente, não era pacífico o entendimento do judiciário quanto ao cumprimento de jornada extraordinária desses trabalhadores, entretanto, a Lei 12.551/11, que modificou o art. 6º da CLT[15] salienta que o uso de celular ou *e-mail* para contato entre empresa e funcionário, equivale, para fins jurídicos, às ordens dadas diretamente aos empregados, podendo ensejar o direito à percepção de horas extras e de sobreaviso.

A conduta de labor excessivo confunde-se entre o ambiente laboral e o ambiente de descanso. A troca de um *e-mail* com fornecedor, por exemplo, durante um jantar de família, explicita que não há divisão entre o ser trabalhador e o ser social. Há que se pensar no direito à desconexão,[16] e no convívio em sociedade por meio de atividades de laser, afetivas, espirituais, culturais, esportivas, de descanso ou qualquer outro que componha seus itens de preferência não ligados ao trabalho, que trarão bem-estar físico e psíquico. O ideal é não comprometer a liberdade de escolha e frustrar o projeto de vida que o trabalhador elaborou para sua realização como ser humano, lançando mão de seu direito à liberdade e à dignidade humana, trazendo um vazio, um dano existencial.

O dano existencial ocorre quando o trabalhador sofre um dano direto ou uma limitação em relação à sua vida fora do ambiente de trabalho, em razão de condutas ilícitas praticadas pelo tomador do trabalho. Assim, há dano existencial quando o empregador, de forma contínua, impõe um volume excessivo de trabalho ao empregado ou impede o gozo de férias, descanso semanal remunerado ou exige constantes prestações de horas extraordinárias de modo a inviabilizar que o trabalhador desfrute do convívio social. Nesse sentido, o Tribunal gaúcho já deliberou sobre a temática.[17]

---

[15] Art. 6º: "Não se distingue entre o trabalho realizado no estabelecimento do empregador, o executado no domicilio do empregado e o realizado a distância, desde que estejam caracterizados os pressupostos da relação de emprego". Parágrafo único. Os meios telemáticos e informatizados de comando, controle e supervisão se equiparam, para fins de subordinação jurídica, aos meios pessoais e diretos de comando, controle e supervisão do trabalho alheio".

[16] Entendido como um instituto que visa resguardar o direito que o trabalhador tem de fruir seu descanso sem precisar estar o tempo inteiro "conectado".

[17] DANO EXISTENCIAL. JORNADA EXTRA EXCEDENTE DO LIMITE LEGAL DE TOLERÂNCIA. DIREITOS FUNDAMENTAIS. O dano existencial é uma espécie de dano imaterial, mediante o qual, no caso das relações de trabalho, o trabalhador sofre danos/limitações em relação à sua vida fora do ambiente de trabalho em razão de condutas ilícitas praticadas pelo tomador do trabalho. Havendo a prestação habitual de trabalho em jornadas extras excedentes do limite legal relativo à quantidade de horas extras, resta configurado dano à existência, dada a violação de direitos fundamentais do trabalho que integram decisão jurídico-objetiva adotada pela Constituição. Do princípio fundamental da dignidade da pessoa humana decorre o direito ao livre desenvolvimento da personalidade do trabalhador, nele integrado o direito ao desenvolvimento profissional, o que exige condições dignas de trabalho e observância direitos fundamentais). Recurso provido. (TRIBUNAL REGIONAL DO TRABALHO DA 4ª REGIÃO. RO n. 105-14.2011.5.04.0241. 1ª Turma. Relator Des. José Felipe Ledur).

Indiretamente, a subordinação[18] jurídica do empregado ao empregador figura como principal justificativa aos abusos para com a liberdade individual e dignidade da pessoa humana do trabalhador, é necessário definir os limites entre a vida privada do empregado e subordinação a que se sujeita pelo contrato de trabalho, veja-se que não é pelo fato de o empregado encontrar-se em um estado de subordinação ao empregador que poderá ser alijado dos seus direitos individuais. O contrato de trabalho, ainda que represente uma relação jurídica bilateral e, portanto reproduza um ajuste livre de vontade das partes, é marcado pela diferença hierárquica entre os contratantes.[19] Com esta "ampliação" da subordinação jurídica, decorrente das novas tecnologias, derruba-se o necessário limite entre a vida laboral e a vida extralaboral do empregado, demonstrando inegável afronta à privacidade da pessoa empregada.[20]

5. Conclusão

A necessidade cada vez mais crescente de muitas pessoas em estarem sempre "conectadas" às redes sociais, acompanhando os acontecimentos em tempo real, por meio de celular, *tablet* e *netbook/notebook*, propicia uma interação em outra dimensão, diversa daquela do ambiente físico em que o indivíduo deveria estar focado.

Milhares de indivíduos permanecem conectados 24 horas em seus celulares, correio eletrônico e redes sociais, como se o uso destas tecnologias, de forma ininterrupta, fosse uma extensão do sujeito. Tudo se torna urgente e importante o tempo todo.

O instituto do direito à desconexão deve ser observado como forma de preservar o indivíduo e afastá-lo de uma rotina aparente de "autismo", pois as pessoas precisam resguardar as relações reais com os outros, pois nenhuma ferramenta tecnológica tem o condão de substituir o contato e a comunicação direta entre os indivíduos.

A passagem da comunicação presencial para uma comunicação mais técnica demarca a necessidade de uma reflexão social, sobretudo neste momento em que se roga pelo desligamento das máquinas em prol de uma interação real com outrem.

---

[18] Amaury Mascaro Nascimento define como: "situação jurídica em que se encontra o trabalhador, decorrente da limitação contratual da sua autodeterminação para o fim de transferir o poder de direção sobre a sua atividade ao empregador e sob a autorresponsabilidade deste". Direito Contemporâneo do trabalho, São Paulo, Saraiva, 2011.

[19] HAINZENREDER JÚNIOR, Eugênio. *Direito à intimidade e à vida privada.* São Paulo: Atlas, 2009. p. 53.

[20] WEINSCHENKER, MARINA. *A visa laboral e extralaboral do empregado:* a privacidade no contexto das novas tecnologias e dos direitos fundamentais. São Paulo: LTR, 2013, p. 50.

É inegável a possibilidade de comunicação e interação – com mais pessoas, por mais tempo e menos efêmera – em relação ao uso das tecnologias de informação, porém há que se ponderar acerca do aprisionamento e isolamento proporcionado por estas ferramentas.

Utilizá-las no ambiente laboral também não descarta o afastamento pessoal que é capaz de causar, além de constrangimentos para o empregado em relação ao empregador, durante a jornada de trabalho ou fora dela, quando o empregado não se permite desfrutar do intervalo entre jornada que a Lei outrora lhe conferiu.

Essa tênue intersubjetividade – entre o homem e a comunicação virtual – tem fragilizado os laços humanos, porém são amarras suscetíveis de serem desfeitas. Isso somente se tornará possível quando o indivíduo conseguir perceber e afastar o *status* de que tudo é prioritário e urgente o tempo todo.

6. Referências bibliográficas

BARELLI, Walter. *O Futuro do Emprego*. São Paulo: Lazuli, 2002.

BARROS, Julina Augusta Medeiros. A Utilização de Meios Eletrônicos no Ambiente de Trabalho. São Paulo: LTr, 2012.

BAUMAN, Zygmunt. *Amor Líquido*.Buenos Aires: El Salvador, 2005.

——. *Modernidade Líquida*. Rio de Janeiro: Zahar, 2001.

BURKE, Peter. *Testemunha Ocular*. São Paulo: EDUSC, 2004.

——. *Uma História Social da Midia*. Rio de Janeiro: Zahar, 2006.

DE MASI, Domenico. *A Sociedade Pós Industrial*. 4 ed. São Paulo: Senac São Paulo, 2003.

——. *O Futuro do Trabalho*. Rio de Jaineiro: Unb José Olympio, 1999.

FELICE, Di Massimo. *Do Público para as Redes*. Vol I. São Paulo: Difusão, 2008.

HUNT, Tara. *O Poder das Redes Sociais*. São Paulo: Editora Gente, 2010.

LÉVY, Pierre; LEMOS, André. *O Futuro da Internet*. São Paulo: Paulus, 2010.

MARQUES, Jader. *O Direito na Era Digital*. Porto Alegre: Livraria do Advogado, 2012.

MASI, Domenico de. *A Sociedade Pós Industrial*. São Paulo: Senac São Paulo, 2003.

MURARO, Rose Marie. *Os Avanços Tecnológicos e o Futuro da Humanidade*. Rio de Janeiro: Vozes, 2009.

——. *Os Avanços Tecnológicos e o Futuro da Humanidade*. Rio de Janeiro: Vozes, 2009.

PAESANI, Liliana. *Direito e Internet*. 5 ed. São Paulo: Atlas, 2012.

RECUERO, Raquel. *A Conversação em Rede*. Porto Alegre: Editora Sulina, 2012.

RODRIGUES, Roberto Roland. *Internet e Direito Reflexões Doutrinárias*.Rio de Janeiro: Lumen Júris, 2007.

SANTAELLA, Lúcia. Redes Sociais Digitais: A Cognição Conectiva do Twitter. São Paulo: Paulus, 2010.

——; LEMOS, Renata. *Redes Sociais Digitais*.São Paulo: Paulus, 2010.

SANTOS, Osmar de Almeida. *Em Busca do Emprego Perdido:* o futuro do trabalho na era tecnológica. São Paulo: Texto Novo, 2003.

WOLTON, Dominique. Internet, e Depois?

— 10 —

A segurança da informação no Direito Penal na nova Lei 12.737/2012

BRUNA MANHAGO SERRO[1]

RAFAEL EDUARDO DE ANDRADE SOTO[2]

1. Introdução

O avanço das telecomunicações contribuiu em grande parte para o cenário atual de questionamentos que envolvem o direito digital no Brasil. Na década de 90, o país investiu mais de R$177 bilhões na ampliação e modernização das redes, o que levou o Brasil a ser o escolhido por empresas de renome mundial atuantes na área das telecomunicações e da tecnologia da informação. O desenvolvimento considerável destas áreas em um curto espaço de tempo fez com que os *practial cases* surgissem antes mesmo que fossem editadas normas específicas para gerenciamento dos conflitos.

Diversos campos passaram por situação semelhante, até mesmo os que envolviam temas de adequação técnica, como a instalação de estações

---

[1] Advogada e Sócia da Andrade Soto & Advogados Associados; Especialista em Direito Ambiental Nacional e Internacional (UFRGS); Extensão em Direito Digital (AASP); Membro do Grupo de Estudos em Direito Digital e Propriedade Intelectual da OAB/RS.

[2] Advogado Criminalista e Sócio da Andrade Soto & Advogados Associados; Mestre em Ciências Criminais (PUC-RS); Especialista em Direito Penal (UFRGS); Especialista em Direito Penal Econômico e Empresarial (UCLM/Espanha); Professor Assistente de Direito Penal na Escola Superior da Magistratura (AJURIS); Professor e Conselheiro do Instituto Lia Pires/RS.

rádio bases.[3] Assim, verifica-se a urgência para estabelecer entendimentos concretos para aplicação de normas que envolvam telecomunicações e tecnologia da informação. Os questionamentos surgem, inicialmente, no que refere à necessidade de edição de novas normas que disciplinem o caráter comportamental de utilização das novas tecnologia e, mais detalhadamente, a existência de uma legislação específica que trate de princípios e valores sobre como atuar na *internet*.

Em que pese o acesso de grande parte da população brasileira à *internet* ter ocorrido em meados dos anos 90, a vasta rede que possibilita interligar informações de todo o mundo teve seu início durante a Guerra Fria, com o desenvolvimento do ARPANET – Advanced Research Projects Administration –,[4] utilizada pelos militares norte-americanos. À época, em meados da década de 60, o medo culminava em uma reação única: não manter a informação na exclusividade de um centro, possibilitando "não haver um comando central a ser alvejado".[5]

Com a informação disponível e máquinas capazes de selecioná-las e organizá-las, ocorreu o que alguns autores classificam como sendo a Segunda Revolução Industrial. Enquanto a primeira foi caracterizada pela substituição da mão de obra humana e animal pela máquina, a segunda se deu com a substituição da atividade intelectual pela máquina. A informação passou então a ser conteúdo inserido em rede, disponível a todos, ainda que mediante dispositivos de segurança que limitassem o acesso a determinados dados.

Após seu surgimento, a *internet* passou em pouco mais de uma década a ser disponibilizada para o tráfego de informações por órgãos governamentais, escolas, faculdades e empresas, até tornar-se o fenômeno atual, em que a informação pode ser acessada de qualquer lugar e a qualquer hora. Como consequência, a velocidade da evolução social traz a necessidade de controle legal. Os diplomas processuais e materiais que controlam a vida em sociedade a fim de tornar o convívio possível e pacífico, agora começam a visar a sociedade digitalizada, que é constituída pelo convívio humano na *internet*, através de redes sociais, salas de bate-papo, interação de dados via conexão sem fio, correio eletrônico, dentre outros.

---

[3] Estação Rádio Base ou ERBs são equipamentos que fazem as conexões entre telefones móveis e Centrais de Comutação e Controle. Ainda existem contradições quanto aos efeitos da emissão de radiação da antena transmissora e, por isso, são necessárias legislações municipais que regulem a instalação e licenças específicas. O Projeto de Lei 5.013/2013 do Senado Federal, que estabelece normas gerais de política urbana e de proteção à saúde e ao meio ambiente associadas à implantação e ao compartilhamento da infraestrutura de telecomunicações apontará as diretrizes que deverão ser seguidas pelos Municípios na adequação de sua legislação.

[4] Administração de Projetos e Pesquisas Avançados.

[5] CRESPO, Marcelo Xavier de Freitas. *Crimes Digitais*. São Paulo: Saraiva. 2011, p. 30.

A digitalização das interações sociais e da guarda de informações está presente na vida de todos. Ainda que o indivíduo se negue a disponibilizar dados e informações pessoais em rede, qualquer cadastro feito de forma física, para fins de aquisição de produtos em lojas, provavelmente será inserido em um banco de dados digital. Manter todo e qualquer dado fora da rede virou tarefa impossível, restando a todos a adesão, ainda que parcial, inevitável.

Dessa forma, estamos todos interconectados diariamente por diversas formas e muitas vezes sem perceber, tendo em vista o fenômeno digital ter se tornado quase que natural. Pela velocidade que as situações ocorrem, não percebemos a importância dos dispositivos digitais e como estamos suscetíveis a eles. Entretanto, a utilização das informações disponíveis deve ser feita obedecendo a limites, tanto os que serão impostos por legislação específica, quando os já existentes nos princípios e diretrizes de nosso ordenamento jurídico.

Ocorre que com as facilidades e trocas de informações, atualizações imediatas e deslumbramento por descobertas pela rede mundial interconectada, os criminosos também vêm se atualizando e modernizando-se constantemente, adaptando-se para concretizarem finalidades ilícitas com modernos e complexos *modus operandi*. Surgiram golpes praticados via rede, como furto de senhas eletrônicas e sua utilização para transferência de valores, disseminação de vírus, crimes contra a honra e condutas praticadas para corromper dados e informações.[6]

A preocupação em proteger a segurança da informação dos usuários da *internet* fez-se presente, tendo em vista a ausência de segurança total na sociedade informatizada como ocorre em nosso meio social. Dessa maneira, surge a Lei 12.737/2013, criando um tipo penal incriminador de invasão de dispositivo informático, com a finalidade de tutelar a informação guardada em dados, tão importante nos dias atuais. Pretende-se nestas linhas apresentar esse novo crime digital, tratando sobre suas hipóteses de incidência através da análise dos aspectos objetivos e subjetivos do delito.

2. Marco civil da internet como diretriz de condutas seguras

A interferência direta da disponibilidade de acesso à rede no comportamento adotado pelos usuários da *internet* tem como consequência conflitos de natureza civil ou até penal. Em uma fração de segundos, é

[6] SILVA, Maurício Faria da. O procedimento investigatório dos crimes praticados pela Internet. In: *O Direito na Era Digital*. Jader Marques; Maurício Faria da Silva (orgs.). Porto Alegre: Livraria do Advogado, 2012, p. 123.

possível acessar informações disponíveis em rede que atingem uma amplitude global. Entretanto, a liberdade experimentada no mundo virtual é relativa, existindo limites para esta prática, em que pese ainda não estarem plenamente editados em legislação específica. São ditames já existentes em nosso ordenamento jurídico, que norteiam nossas relações.

Já existindo a necessidade de regular as condutas de usuários, foi iniciado em 2009 um processo para a construção de um marco regulatório da internet no Brasil. O texto inicial do PL 2126/2011 foi elaborado pela Secretaria de Assuntos Legislativos do Ministério da Justiça conjuntamente com o Centro de Tecnologia e Sociedade da Escola de Direito da Fundação Getúlio Vargas-RJ e está atualmente em trâmite na Câmara dos Deputados.

O Projeto de Lei visa a estabelecer princípios, garantias, direitos e deveres para o uso da Internet no Brasil, conforme apontam os itens 12, 13 e 14 da Exposição de Motivos do PL 2126/2011:

> 12. A dinâmica adotada teve como meta usar a própria Internet para, desde já, conferir mais densidade à democracia. Por meio da abertura e da transparência, permitiu-se a franca expressão pública de todos os grupos sociais, por meio de um diálogo civilizado e construtivo.
>
> 13. Resultado desse processo, o anteprojeto ora proposto se estrutura em cinco capítulos: disposições preliminares, direitos e garantias do usuário, provisão de conexão e de aplicações de Internet, atuação do poder público e disposições finais.
>
> 14. No primeiro capítulo são indicados os fundamentos, princípios e objetivos do marco civil da internet, além da definição de conceitos e de regras de interpretação. Entre os fundamentos, enumeram-se elementos da realidade jurídica do uso da Internet que servem de pressupostos para a proposta. Por sua vez, entre os princípios figuram os pontos norteadores que devem sempre informar a aplicação do direito em relação à matéria. Já no âmbito dos objetivos, apontam-se as finalidades a serem perseguidas de forma permanente, não apenas pelo Estado, mas por toda a sociedade.[7]

Da união da possibilidade da comunicação e liberdade de expressão facultada pela *internet*, pretende o legislador conceder ao indivíduo uma capacidade plena de utilização como forma de fomento ao que entende como "expressão pública". Para que o proposto se torne efetivo, o legislador prevê, no artigo segundo, os fundamentos em que se embasa o uso da *internet* no Brasil, dentre os quais se destaca o reconhecimento da escala mundial da rede, os direitos humanos e o exercício da cidadania em rede, a pluralidade e a diversidade, a abertura e a colaboração e, por fim, os basilares de proteção do consumidor, livre iniciativa e livre concorrência.

O reconhecimento da escala mundial da rede como um dos fundamentos da utilização da *internet* abre espaço para a interpretação de que

[7] Exposição de Motivos do Projeto de Lei nº 2.126/2011.

inexiste um foco local de abrangência da rede. A possibilidade de acesso e facilidade com que se consegue acessar a informação de qualquer local faz com que a inserção desde fundamento seja pioneiro no ordenamento jurídico nacional, pois alerta sobre os efeitos de leis e tratados internacionais em uma conduta e suas consequências que podem não estar necessariamente focadas em território nacional. Os demais fundamentos expostos no artigo segundo e acima destacados, que trazem as proteções ao direito do consumidor e aos direitos humanos, já recebiam a devida previsão legal no ordenamento jurídico nacional, tendo sido inseridos como forma de destaque, considerando os riscos existentes na utilização da internet.

Dentre os princípios norteadores das relações entre usuários da *internet* previstos no artigo 3º do Projeto de Lei nº 2.126/2011[8] destaca-se o princípio da neutralidade, da reserva jurisdicional e da responsabilidade dos provedores. O princípio da neutralidade nos traz a *"democracia da rede"*. Todos os dados devem trafegar livremente, sem que exista qualquer interferência. Referido princípio foi pensado, pois o compartilhamento de informações na rede foi concepção inicial da *internet*, mas deixá-la para uma aplicação livre nem sempre é a forma mais lucrativa. A exemplo disso, destacam-se os provedores de acesso à *internet*, que supostamente utilizam práticas de *traffic shaping*, que é uma priorização do tráfego de dados. Em que pese a negativa dos provedores de acesso à *internet*, por ser uma prática ilegal, é comum percebermos diferença na velocidade no tráfego de dados em determinados horários ou funções.

A reserva jurisdicional é trazida como princípio em uma aplicação análoga ao que já se tem positivado e exteriorizado em entendimentos jurisprudenciais referentes a acesso de dados pessoais. A exemplo de aplicação em caso semelhante se verificam as escutas telefônicas. Diversos requisitos devem ser obedecidos para acesso a dados em rede, dispostos em *e-mails*, *clouds*, pastas de compartilhamento e outros, previstos especificamente no art. 17 do PL 2.126/2011.[9]

---

[8] PL 2.126/2011. Art. 3º. A disciplina do uso da Internet no Brasil tem os seguintes princípios: I – garantia da liberdade de expressão, comunicação e manifestação de pensamento, nos termos da Constituição; II – proteção da privacidade; III – proteção aos dados pessoais, na forma da lei; IV – preservação e garantia da neutralidade da rede, conforme regulamentação; V – preservação da estabilidade, segurança e funcionalidade da rede, por meio de medidas técnicas compatíveis com os padrões internacionais e pelo estímulo ao uso de boas práticas; 2 VI – responsabilização dos agentes de acordo com suas atividades, nos termos da lei; e VII – preservação da natureza participativa da rede. Parágrafo único. Os princípios expressos nesta Lei não excluem outros previstos no ordenamento jurídico pátrio relacionados à matéria, ou nos tratados internacionais em que a República Federativa do Brasil seja parte.

[9] PL 2.126/2011. Art. 17. A parte interessada poderá, com o propósito de formar conjunto probatório em processo judicial cível ou penal, em caráter incidental ou autônomo, requerer ao juiz que ordene ao responsável pela guarda o fornecimento de registros de conexão ou de registros de acesso a aplicações de Internet. Parágrafo único. Sem prejuízo dos demais requisitos legais, o requeri-

Outra questão complexa trazida à necessária análise da questão da responsabilidade são as informações publicadas pelos usuários nos provedores de conexão à *internet*. Algumas decisões vinham condenando os provedores por conteúdos em rede até que restou esclarecido que inexiste forma tecnológica ou humana de monitorar todo e qualquer compartilhamento feito por usuários nos provedores. Considerando-se esse fato, foi inserido no texto do PL 2.126/2011 o princípio da responsabilidade dos provedores,[10] que prevê que, nos casos de conteúdo gerado por terceiros, não se pode responsabilizar o provedor, já que existem entendimentos que afirmam, inclusive, que fiscalizar o conteúdo de forma minuciosa seria afrontar o princípio da reserva jurisdicional, já que estariam sendo acessados conteúdos sem qualquer autorização judicial.

O oposto de uma filtragem feita pelo provedor sem autorização do usuário são os casos de acesso e compartilhamento de dados que envolvam pornografia, de apologia à pedofilia, atividades terroristas, entre outros, em que o próprio usuário requer ao provedor que faça a filtragem de conteúdo, para não ser redirecionado, por exemplo, durante uma navegação a este tipo de conteúdo. Em análise a esta problemática, Fábio Lucas Moreira traz situação exemplificativa de filtragem de conteúdo feita pelos provedores, bem como uma sugestão para que o Marco Civil da Internet discipline a matéria de forma mais específica.

> Iniciemos o exame desta assertiva trabalhando com a seguinte hipótese: Uma criança brasileira acaba de ganhar um *notebook* de seus pais; ao acessar a internet, adentra – guiada por um *link* aparentemente inofensivo – em um *site* de conteúdo pornográfico localizado na França. Eis um resultado que, aparentemente, estaria respaldado pela liberdade de expressão. Mas há situações ainda mais excruciantes: se, via de regra, a norma jurídica faz-se acompanhar pelo estabelecimento de uma sanção, cabe questionar se haverá alguma penalidade para quem ler e distribuir pela internet obras xenofóbicas ou totalitárias, a exemplo do livro *Mein Kampf*, de Adolf Hitler.
>
> Para dirimir a questão, pedimos vênia aos legisladores brasileiros para sugerir, em homenagem aos princípios supramencionados, que emendem o PL 2.126/2011 com o escopo de conferir ao usuário a *liberdade de escolher*, perante o seu provedor de conteúdo (...) se deseja ou não ter sua Internet filtrada contra sites pornográficos, apologéticos à pedofilia e às drogas (inclusive as legalizadas como o tabaco e as bebidas alcoólicas) ou que visem incitar o ódio (v.g. opiniões antissemitas, anti-islâmicas, anticristãs, raciais, etc.), ativida-

---

mento deverá conter, sob pena de inadmissibilidade: I – fundados indícios da ocorrência do ilícito; II – justificativa motivada da utilidade dos registros solicitados para fins de investigação ou instrução probatória; e III – período ao qual se referem os registros. Art. 18. Cabe ao juiz tomar as providências necessárias à garantia do sigilo das informações recebidas e à preservação da intimidade, vida privada, honra e imagem do usuário, podendo determinar segredo de justiça, inclusive quanto aos pedidos de guarda de registro.

[10] PL 2.126/2011. Art. 14. O provedor de conexão à Internet não será responsabilizado civilmente por danos decorrentes de conteúdo gerado por terceiros.

des terroristas (há vários sites que ensinam como fabricar explosivos) e/ou vícios de alta periculosidade (como, por exemplo, cassinos online) etc.[11]

A solução trazida seria no sentido de que, se existe uma disposição no Projeto de Lei que prevê a impossibilidade de responsabilizar o provedor, mas também existe a possibilidade irrestrita de acesso de qualquer indivíduo a qualquer conteúdo, a saída para proteger usuários que não querem correr os riscos de acessos considerados por eles perigosos deveria alcançar ao usuário a possibilidade de solicitar a filtragem de conteúdo ao provedor. Desta forma se estaria evitando os acessos indesejados sem interferir na liberdade de expressão ou no que dispõe o artigo da reserva jurisdicional, já que o próprio usuário faria o pedido, por manifestação expressa de vontade.

É de suma importância que o princípio da responsabilidade dos provedores seja analisado no caso concreto. Em que pese a disposição do art. 14 do PL 2.126/2011, não se pode aplicar o artigo irrestritamente, em casos, por exemplo, em que o provedor de hospedagem tem conhecimento do conteúdo ilegal ou, ainda, tenha sido notificado para que o conteúdo fosse retirado por pessoa diretamente interessada. A exemplo deste caso, o TJ/SP julgou caso de grande repercussão envolvendo cenas íntimas de pessoas públicas veiculadas no *site YouTube*, no qual julgou procedente a ação indenizatória a favor dos lesados. No referido acórdão, restou reconhecido que é técnica e humanamente impossível acessar todo o conteúdo postado no provedor de hospedagem. Entretanto, considerou que, por ter restado comprovado que o provedor tinha conhecimento da ilicitude do conteúdo disponibilizado, deveria ser responsabilizado, condenando-os na obrigação de fazer consistente em retirar o conteúdo do *site*, bem como informar o IP do computador que inseriu o conteúdo, sob pena de multa diária.[12]

O Marco Civil da Internet, destinado a disciplinar as relações e comportamentos dos usuários na *rede*, acaba por ser uma especificação de ditames já trazidos pelo Código Civil, especialmente no Título IX, Capítulo I, em que são expostas as disposições acerca das obrigações de indenizar e quais condutas culminam necessariamente no dever de reparação civil. Não se pode olvidar ainda que diversos são os casos em que poderá incidir o Código de Defesa do Consumidor, já que a grande maioria das condutas, para que se tornem possíveis, envolve a contratação de um serviço de provedor.

---

[11] MOREIRA, Fábio Lucas. Da "sociedade informática" de Adam Schaff ao estabelecimento dos fundamentos e princípios do marco civil da Internet (PL 2.126/2011). In: *O Direito na Era Digital*. Jader Marques, Maurício Faria da Silva (orgs.). Porto Alegre: Livraria do Advogado, 2012, p. 31.

[12] TJ/SP. Apelação Cível 556.090.4/4-00. Rel. Des. Ênio Santarelli Zuliani. Quarta Câmara de Direito Privado do Tribunal de Justiça de São Paulo.D.j. 12.06.2008.

No entanto, o PL do Marco Civil não se preocupa com questões envolvendo crimes cibernéticos, onde poder-se-ia ter uma legislação específica para estas espécies de crimes, que afetariam a própria tecnologia da informação ao invés de bens jurídicos tradicionais já existentes. Não obstante, não se faz estritamente necessária (mas sim, conveniente) a Lei do Marco Civil da *internet* para que os sujeitos saibam de que maneira agir nesse espaço e quais os seus direitos, eis que as mesmas condutas e direitos que possuímos em nossa sociedade são as que possuímos na sociedade informatizada e, aqui, o espectro de dano pode ser ilimitado, por isso a importância de um maior cuidado nas ações.

Nesse sentido, um criminoso virtual não pode alegar o desconhecimento de eventual norma proibitiva ou limite de conduta, tendo em vista não haver legislação específica sobre condutas de boa convivência na rede conectada e, pois os próprios valores, direitos, deveres e limites de atuação da conduta já são conhecidos por todos que fazem parte do bem-estar social.

A responsabilização por atos na *internet* vem mais uma vez como uma questão a qual o legislador busca se adaptar ao desenvolvimento tecnológico, obrigando-se a entender todo o funcionamento físico da evolução e a transdisciplinaridade que envolve o tema. Cada caso concreto deve ser exaustivamente analisado para que não ocorra demasiada abrangência do instituto do dano moral ou da estigmatizadora sanção penal.

3. Segurança da informação como bem jurídico e a análise do tipo penal de invasão de dispositivo informático

O fenômeno da globalização[13] e da expansão do controle social através do Direito Penal resultou nos chamados crimes digitais ou *cybercrimes*, tendo em vista a existência de cometimento de condutas penalmente puníveis já existentes no ordenamento jurídico através do espaço cibernético, bem como cometimento de condutas danosas não previstas como crime e que afetam enorme número de usuários que acreditam na segurança do ciberespaço. Dessa maneira, enfrentando as novas realidades

[13] Para Carlos Romeo Casabona, Professor Catedrático em Direito Penal na Universidade do País Basco, a fenomenologia crimina relacionada às tecnologias da informação e comunicação é cada vez mais intensa e variada e sua presença muda constantemente, adaptando-se às novas potencialidades tecnológicas e sociais. Para o autor, o uso de redes como a internet, é o fenômeno mais relacionado com a globalização que com outros fatores, dada sua característica de promover o envolvimento de culturas e sistemas jurídicos diferentes. (ROMEO CASABONA, Carlos Maria. De los delitos informáticos al cibercrimen: una aproximación conceptual y político-criminal. In: ROMEO CASABONA, Carlos Maria (Coord.). *El cibercrimen*: nuevos retos jurídico-penales, nuevas respuestas político-criminales. Granada: Comares, 2006, p. 1).

sociais no tocante às práticas delitivas e novos *modus operandi*, chegou-se à necessidade de tutela penal da segurança da informação.

Os crimes comuns previstos no Código Penal que podem ser realizados por meio do computador, como, por exemplo, crimes contra o patrimônio, contra a honra, contra a dignidade sexual, dentre outros, não possuem natureza de crime digital, pois a consumação não depende da utilização de mecanismo informático. No entanto, conforme Marcelo Crespo,[14] desde o início dos anos 80, a doutrina espanhola passou a utilizar-se do termo "delitos informáticos", em tradução ao termo anglo-saxão "computer crime", utilizado pelo Departamento de Justiça americano.

Não obstante, por conta das expressões comumente utilizadas pelos cidadãos, por meio da adequação social, a doutrina vem denominando os crimes comuns, quando praticados com auxílio de modernas tecnologias para afetação de bens jurídicos pessoais, como *crimes digitais impróprios*. Já os delitos cujos bens jurídicos[15] são essencialmente os sistemas computacionais, de informação, de telecomunicações ou dados, acabam por ser denominados *crimes digitais próprios* ou *crimes digitais por excelência*.

O delito digital próprio que se pretende tratar aqui é o crime de invasão de dispositivo informático,[16] que entrou em vigor em abril de 2013 e que tutela a segurança da informação. A necessidade de se tutelar criminalmente o bem jurídico da segurança da informação[17] se deu em meados de 2012, quando uma conhecida atriz brasileira teve seu computador e *e-mail* acessados clandestinamente e fotos íntimas restaram distribuídas na rede mundial de computadores.

Os delitos praticados utilizando-se o computador ou mecanismos informáticos para obter algum lucro ilícito ou para prejudicar alguém

---

[14] CRESPO, Marcelo Xavier de Freitas. *Crimes digitais*. São Paulo: Saraiva, 2011, p. 48. O autor apresenta diversas variações de nomenclatura à espécie criminosa, como por exemplo, *computer crimes*, abuso de computador, crime de computação, criminalidade mediante computadores, delito informático, fraude informática, delinquência econômica, crimes cibernéticos, dentre outros. (Id. Ibid.).

[15] Na lição de Jescheck, o conceito de bem jurídico exerce funções distintas em Direito Penal: a) deve ser o conceito central do tipo, em torno do qual devem girar todos os elementos objetivos e subjetivos e, portanto, constitui importante instrumento de interpretação. Por isso responde-se sempre negativamente sobre a existência de tipos penais desprovidos de bens jurídicos; b) o bem jurídico, como pedra angular da estrutura dos tipos penais, permite as condições necessárias para a classificação e formação dos diversos grupos de tipos penais; c) o bem jurídico definido tem influência decisiva nas configurações dos institutos penais excludentes da antijuridicidade e de aplicação da lei penal. (JESCHECK, Hans Heinrich. *Tratado de derecho penal*. Trad. Mir Puig e Muñoz Conde. Barcelona: Bosch, 1981, p. 351-353).

[16] A própria Lei 12.737, de 30 de novembro de 2012, nomeia o crime dessa maneira.

[17] Conforme Cezar Bitencourt, a proteção de bem jurídico oferece um critério material extremamente importante e seguro na construção dos tipos penais, porque, assim, será possível distinguir o delito das simples atitudes interiores, de um lado, e, de outro, dos fatos materiais não lesivos de bem algum. (BITENCOURT, Cezar Roberto. *Tratado de direito penal*. v. I. São Paulo: Saraiva, 2004, p. 249).

eram (e ainda são) investigados utilizando-se as figuras típicas já existentes no Código Penal, como, por exemplo, estelionatos, danos, furtos qualificados, pedofilia, dentre outros. No entanto, o vazamento de informações sigilosas, a danificação de sistema computacional por *software* malicioso, acesso não autorizado a redes de computadores e instalação de vulnerabilidades em dispositivo de segurança, dentre outros, não possuíam tipificação própria.

Nesse sentido, utilizando-se como exemplo o caso da famosa atriz brasileira, era desnecessária uma lei penal que tipificasse condutas a fim de proibir a divulgação de fotos pela sociedade digital, pois tal conduta enquadra-se em alguma figura típica de crime contra a honra. Indispensável, no entanto, a tipificação de uma conduta que proibisse o acesso clandestino a computador ou dispositivo informático, protegendo não só o dispositivo informático, mas também, e principalmente, a privacidade da informação e sua segurança afastada de riscos.

Com isso, percebe-se que os delitos informáticos próprios são pluriofensivos, na medida em que afetam diversos bens jurídicos com a conduta realizada, sejam bens jurídicos tradicionais ou os novos interesses sociais derivados da sociedade da informação. Nessa senda, compartilhamos do mesmo entendimento do Magistrado espanhol Enrique del Canto,[18] para quem a tutela penal principal que se pretende é a segurança da informação e, secundariamente, os dados ou os sistemas,[19] e explica que os dados constituem a representação eletrônica ou digital da informação, ainda que com valores variáveis, ao passo que os sistemas nada mais são que os mecanismos materiais de funções automáticas de armazenamento, tratamento e transferência.

Importante a distinção da análise da tutela pretendida, pois o caráter fragmentário do Direito Penal também possui a função de limitar o poder punitivo Estatal, não permitindo eventual punição por conduta que não é capaz de lesionar ou pôr em perigo o bem jurídico tutelado pelo tipo penal.

3.1. Análise do tipo penal objetivo do art. 154-A do Código Penal

O tipo penal de invasão de dispositivo informático previsto no artigo 154-A, da nova Lei 12.737/12 descreve duas condutas, sendo tratado

[18] ROVIRA DEL CANTO, Enrique. *Delincuencia informática y fraudes informáticos*. Granada: Comares, 2002, p. 72.

[19] Há que entenda que o bem jurídico tutelado é a liberdade individual, por conta da localização topográfica do delito no Código Penal e, secundariamente, a privacidade da pessoal. (CABETTE, Eduardo Luiz Santos. *O novo crime de invasão de dispositivo informático*. Revista Consultor Jurídico, Fev. 2013. Disponível em <http://www.conjur.com.br>).

como espécie de tipo penal misto cumulativo.[20] A primeira delas consiste em *invadir dispositivo informático alheio, conectado ou não à rede de computadores, mediante violação indevida de mecanismo de segurança e com o fim de obter, adulterar ou destruir dados ou informações sem autorização expressa ou tácita do titular do dispositivo*. A segunda parte do *caput* do tipo penal incriminador consiste em *instalar vulnerabilidades para obter vantagem ilícita*.

Os dois núcleos do tipo de forma cumulativa tratam de duas condutas diversas que praticam o mesmo crime (homogeneidade de crimes). Dessa maneira permitirão a punição na forma de concurso material de crimes ou por crime continuado. Ou seja, se, por exemplo, Diógenes, especialista em TI, acessar de forma clandestina o computador da vizinha por meio da invasão, adulterando arquivos de dados, responderá ele pela prática do delito em questão, nas penas cominadas de 03 meses a 01 ano de detenção e multa. No entanto, caso Diógenes, além da invasão, também instalar vulnerabilidades para obter dinheiro ilícito de qualquer forma, incorrerá nas penas cominadas com os aumentos de pena específicos da regra do artigo 69 ou 71 do Código Penal, conforme o caso.

Na primeira parte do artigo 154-A, portanto, o núcleo do tipo é o verbo *invadir*, que significa entrar de maneira astuta e sem permissão; ingressar em dispositivo informático alheio de maneira clandestina. O dispositivo a ser invadido deve ser de outra pessoa, não importando se está no mesmo local, na mesma rede ou em local diverso ou desconhecido. A clandestinidade será verificada pela ausência de permissão expressa ou tácita do proprietário do dispositivo informático. Se, por exemplo, um técnico de informática tenha permissão de acesso a determinado local da rede, para sanar determinado problema e, durante o serviço, acessar local indevido não permitido, assegurado por mecanismo de segurança, ingressará o técnico na esfera da invasão indevida.

Entende-se que pela ausência de conhecimento técnico do legislador o verbo *invadir* tenha sido utilizado de maneira equivocada. Diz-se na fala popular que computadores são invadidos, mas o sujeito ativo permanece estático, sem sair do local. Na verdade, o sujeito não invade um determinado local, mas sim, *acessa* informações alheias. Acreditamos que o verbo *acessar* seria o mais adequado ao referido tipo penal.

Na segunda parte do *caput* do aludido artigo em análise, a *instalação de vulnerabilidades* pode ser concretizada sem a necessário invasão, eis que se tratam de condutas autônomas. A mencionada instalação não

[20] O tipo penal será misto quando for constituído de mais de uma conduta punível, dividindo-se em alternativo ou cumulativo. O primeiro ocorre quando a prática de uma ou várias condutas previstas no tipo levam à punição por um só delito, por exemplo, o art. 271 do CP. Já o segundo, cumulativo, ocorre quando a prática de mais de uma conduta, prevista no tipo, indica a realização de mais de um crime, por exemplo, o art. 208 do CP. (Nesse sentido: NUCCI, Guilherme de Souza. *Código penal comentado*. São Paulo: RT, 2007, p. 152).

poderá ser confundida com a simples varredura de vulnerabilidades em determinado dispositivo informático. Em muitos casos, a busca não concretizará sequer a invasão.

No tocante aos elementos normativos *dispositivo informático, mecanismo de segurança* e *vulnerabilidades*, acreditamos que carecem de definição estrita, podendo caracterizar norma penal em branco. Na ausência de complementação para definição, que poderia se dar na Lei do Marco Civil da Internet, a constatação, principalmente, da existência de mecanismo de segurança e vulnerabilidades deve se dar através de perícia técnica.

Em caso de inexistência de mecanismo de segurança, o fato é penalmente irrelevante. Esse elemento normativo necessário para a concretização do tipo penal reforça a ideia de que a proteção é da informação e não do dispositivo informático. Equivocado, portanto, analisar esta conduta com a conduta da invasão de domicílio, prevista no art. 150 do Código Penal, pois neste, tutela-se a inviolabilidade do domicílio. No crime previsto no art. 154-A protege-se a informação, a inviolabilidade do segredo.

Também pode-se preencher o tipo objetivo a dispositivo conectado ou não à rede mundial de computadores (*internet*). É dizer, uma violação em rede interna desconectada da *internet*. Entretanto, até mesmo nesta hipótese o computador deve estar assegurado com um mecanismo de segurança, que pode não ser apenas um *firewall* original de determinado sistema operacional, mas a demonstração do proprietário de que houve preocupação com a segurança dos dados através de sistemas de segurança específicos.

No tocante às características, trata-se de crime comum, onde o sujeito ativo pode ser qualquer pessoa, no caso, quem invadiu o dispositivo informático alheio, conectado ou não à *internet*. Evidentemente que a invasão a dispositivo conectado à rede mundial de computadores exigirá sujeito ativo com conhecimentos técnicos de informática capaz de acessar de forma clandestina sistema operacional ou outro mecanismo informático com a finalidade exigida na norma penal incriminadora. Entretanto, é equivocado dizer quer se trata de crime próprio, eis que a espécie não exige qualidade especial do agente.

Ainda, trata-se de crime formal, onde o resultado naturalístico pode ou não ocorrer, sendo consumado com a própria conduta da invasão ou instalação de vulnerabilidades. Por exemplo, caso Moacir instalar vulnerabilidades no computador pessoal de Sérgio, através de *software* criado para isto, com a finalidade de obter valor monetário ilícito cada vez que Sérgio acessar seu *homebank*, o crime estará consumado com a instalação, devendo esta ser meio eficaz e idôneo para alcançar o fim pretendido.

Não será necessário, portanto, que Moacir receba o valor monetário ilícito e, em ocorrendo, haverá incidência de majorante de pena pelo prejuízo econômico da vítima. Caso a conduta for plurissubsistente, admite-se a tentativa.

O sujeito passivo, por sua vez, é o proprietário do computador invadido, é quem teve seus dados invadidos e utilizados de acordo com o descrito na conduta típica ou quem sofreu com a instalação indevida de vulnerabilidades. Poderá haver, também, sujeito passivo secundário, caso as informações obtidas no dispositivo invadido sejam de terceiros.

3.2. Análise do tipo penal subjetivo do art. 154-A do Código Penal

Não obstante a concretização do tipo formal objetivo, necessária a existência do elemento subjetivo doloso. Esta vertente subjetiva, na lição de Francisco Muñoz Conde,[21] diferentemente da objetiva, é muito mais difícil de comprovar, já que reflete numa tendência ou disposição subjetiva que se pode deduzir, mas não observar. O novo art. 154-A do Código Penal apresenta dois momentos (eis que há duas condutas) de dolo específico. Esta finalidade especial de agir, segundo o tipo em questão, consiste em *obter, adulterar ou destruir dados ou informações* ou em *obter vantagem ilícita.*

De acordo com a leitura da norma incriminadora, a obtenção, adulteração ou destruição de dados ou informações será a vontade específica da conduta do acesso clandestino, ou seja, da invasão. Por outro lado, a obtenção de vantagem ilícita é o motivo específico da instalação de vulnerabilidades. Isso significa que, por exemplo, caso Hugo instale vulnerabilidades em dispositivo informático de Patrícia, sem invadi-lo, com a finalidade de destruir os arquivos existentes, não restará configurado o tipo penal.

Em contrapartida, caso a invasão for realizada, por exemplo, com a finalidade de testar a eficácia de determinado *software*, temos que o fato poderá típico. Isso porque o resultado lógico da invasão é o conhecimento dos dados existentes em determinado dispositivo. Entretanto, o fato poderá ser típico de acordo com o modo de utilização da informação, bem jurídico que se protege. A título de exemplificação, caso Luciana tenha programado um *software* de testes de vulnerabilidades e segurança de redes e pretenda testá-lo em determinado dispositivo de terceiro, com a finalidade específica de testá-lo e, constatar que o mesmo funciona, terá ela, na hipótese, invadido o dispositivo alheio e constatado que

[21] MUÑOZ CONDE. Francisco. Tipo de injusto del delito doloso. In: BITENCOURT, Cezar Roberto; MUÑOZ CONDE, Francisco. *Teoria geral do delito*. São Paulo: Saraiva, 2004, p. 169.

seu *software* funciona. Feita a descoberta, Luciana retira-se por *logoff* do dispositivo.

Diante da situação hipotética, já que a invasão e constatação de funcionamento do *software* consistiria na leitura dos dados existentes no dispositivo, pode-se perguntar: Luciana obteve informação ou dados? A obtenção de informação ou dados pode ser interpretada, em um primeiro momento, como espécie de furto de informação, ou seja, de subtração ou cópia de informação ou dados para si, através da transferência de arquivos. Dessa maneira, a simples leitura das informações não constituiria na obtenção necessária para a concretização do tipo penal.

Entretanto, o § 4º do art. 154-A dispõe que, se a obtenção de informações forem sigilosas, comerciais ou industriais e houver a divulgação, comercialização ou transmissão a terceiro, haverá gravame da reprimenda penal. Isto significa que, dependendo da utilização da informação que foi obtida mediante simples leitura, o fato será punível se repassada a terceiro.

Os referidos elementos subjetivos especiais do tipo também devem subsistir na hipótese de produção, oferta, distribuição, venda ou difusão de dispositivo ou programa que possibilite invasão ou instalação de vulnerabilidades, conforme disposição do § 1º do mesmo art. 154-A. É dizer, caso Luciana, do exemplo acima, não utilizasse seu programa, mas o vendesse a outrem, permitindo-lhe a concretização do tipo primário do *caput*, responderia como autora do crime se constatada sua culpabilidade.

3.3. *Formas majoradas e qualificadas*

O § 3º do art. 154-A do Código Penal apresenta a figura típica da invasão de dispositivo informático na forma qualificada, modificando-se a pena cominada para 06 meses a 02 anos de detenção e multa no caso de obtenção de informação de natureza profissional/empresarial.

As formas majoradas ocorrerão na hipótese de prejuízo econômico, contra o Presidente da República, governadores, prefeitos, Presidente do Supremo Tribunal Federal, Presidente da Câmara dos Deputados, Senado Federal, de Assembleia Legislativa do Estado, de Câmara Legislativa do Distrito Federal ou de Câmara Municipal ou dirigente máximo da Administração direta e indireta Federal, Estadual, Municipal ou do Distrito Federal.

3.4. *Ação penal*

Conforme disposição contida no art. 154-B, a ação penal proceder-se-á mediante representação, salvo se o crime for cometido contra a administração pública direta ou indireta de qualquer dos Poderes da União, Estados, Distrito Federal ou Municípios ou contra empresas concessionárias de serviços públicos.

As penas previstas para o crime previsto no *caput* e em sua forma majorada, bem como o delito qualificado são de menor potencial ofensivo, devendo-se utilizar, portanto, o procedimento da Lei 9.099/95 e seus institutos suspensivos processuais. Percebe-se o cuidado legislativo em tratar de forma distinta os "criminosos do computador", diferenciando-os dos criminosos tradicionais e mantendo-se, dessa maneira, infelizmente, a seletividade tradicional do sistema penal.

O desafio para a investigação criminal desta ação penal pública condicionada segue sendo a identificação dos autores desta espécie criminosa, eis que em se tratando de crime digital próprio, os sujeitos criminosos conhecedores da tecnologia da informação dificilmente são encontrados, tendo em vista o mascaramento dos acessos que são realizados por contas IPs de usuários distintos.

4. Considerações finais

Há muito que o Brasil vem pretendendo solucionar problemas sociais através do Direito Penal, utilizando-o como *prima ratio* a condutas de risco. A atual Lei 12.737/2012 é uma demonstração disso, eis que surgiu antes da debatida Lei do Marco Civil da *internet*, se é que esta virá um dia a ser sancionada. Além disso, vem-se sancionando leis penais de maneira rápida, a fim de responder supostos anseios sociais e, dessa maneira, a rapidez legislativa acarreta em ineficácia da utilização da lei penal.

No presente caso, a Lei 12.737/2012 surgiu para "solucionar" um caso de vazamento de fotos pessoais de famosa atriz brasileira, e nasceu a reprimenda penal com disposições dúbias, condutas cumulativas diversas em um mesmo tipo penal e penas cominadas insignificantes que não vem ao encontro do próprio fundamento punitivo majoritário.

Isso resultará, na prática, em impunidade criminal por conta da ineficácia da lei, mas poderá resultar em punições na esfera civil por meio de grandes indenizações. Acreditamos, aliás, que este seria o meio intimidatório adequado para se tentar reprimir condutas lesivas à segurança da informação. Percebe-se que o Direito Penal pode ser desnecessário não só por sua característica da fragmentariedade, intervenção mínima e subsidiariedade, mas também porque a própria Lei 12.737/2012 demonstra, ainda que de forma intrínseca, que o meio penal é inadequado, eis que prevê condutas que facilmente serão substituídas por penas restritivas de direitos (inclusive com valores monetários) ou facilmente prescritas por conta do *quantum* da pena e da necessidade de larga e demorada investigação pela complexidade fática.

A nova lei penal vem, no entanto, tentar fazer com que haja preocupação jurídica na esfera do Direito Digital até então pendente de larga análise e regulamentação, mas da qual somos totalmente dependentes. Este ponto positivo faz com que os "olhos" e pensamentos se voltem igualmente para as relações digitais, as quais são envolvidas por diversos ramos do Direito, havendo a necessidade de técnica transdisciplinar como também necessidade de aprendizado na área da segurança da informação por todos os juristas.

5. Referências bibliográficas

BITENCOURT, Cezar Roberto. *Tratado de direito penal.* Vol I. 9 ed. São Paulo: Saraiva, 2004.

——; MUÑOZ CONDE, Francisco. *Teoria geral do delito.* São Paulo: Saraiva, 2004.

CABETTE, Eduardo Luiz Santos. *O novo crime de invasão de dispositivo informático.* Revista Consultor Jurídico, Fev. 2013. Disponível em <http://www.conjur.com.br>.

CRESPO, Marcelo Xavier de Freitas. *Crimes digitais.* São Paulo: Saraiva, 2011.

JESCHECK, Hans Heinrich. *Tratado de derecho penal.* Trad. Mir Puig e Muñoz Conde. Barcelona: Bosch, 1981.

MARQUES, Jader; SILVA, Maurício Faria da (orgs.). *O Direito na Era Digital.* Porto Alegre: Livraria do Advogado Editora, 2012.

NUCCI, Guiherme de Souza. *Código penal comentado.* 7. ed. São Paulo, RT, 2007.

ROMEO CASABONA, Carlos Maria (Coord.). *El cibercrimen*: nuevos retos jurídico-penales, nuevas respuestas político-criminales. Granada: Comares, 2006.

ROVIRA DEL CANTO, Enrique. *Delincuencia informática y fraudes informáticos.* Granada: Comares, 2002.

— 11 —

A prova eletrônica

AMÁLIA ROSA DE CAMPOS[1]

Introdução

A evolução tecnológica experimentada nas últimas décadas tornou cada vez mais comum o uso de documentos obtidos em ambiente informático como meio de prova no âmbito processual.

Não obstante, o nosso ordenamento jurídico não acompanhou a referida tendência, sendo que no âmbito legislativo existem apenas algumas regras que referem que reproduções eletrônicas podem fazer prova da autoria dos fatos nela registrados, desde que não impugnadas pela parte adversa, ao passo que a doutrina ainda se mostra tímida ao abordar a questão da existência, delimitação conceitual e natureza jurídica da prova documental eletrônica.

Assim, a finalidade precípua do presente estudo consiste em permitir que os profissionais que atuam com provas obtidas em meio eletrônico tenham uma melhor noção de seu conceito e de sua natureza jurídica, o que possibilitará uma maior familiarização com este novo instituto e, consequentemente, uma maior segurança jurídica no seu tratamento e análise.

Para tanto, em um primeiro momento, são tecidas considerações sumárias acerca do conceito de prova, abordando-se aquelas noções jurídicas que comumente lhe são atribuídas, passando-se, em seguida, à análise do objeto da prova, com indicação daqueles fatos que dependem

---

[1] Bacharel em Direito pela Universidade do Vale do Rio dos Sinos – UNISINOS. Especialista em Direito e Processo do Trabalho pela Pontifícia Universidade Católica do Rio Grande do Sul – PUCRS. Advogada.

e independem de prova, bem como das hipóteses em que será necessária a prova do direito. Em continuidade, são destinadas algumas linhas ao esclarecimento da questão atinente à (a)tipicidade da prova.

Ato contínuo, é delineado o conceito de prova documental eletrônica, mediante uma análise comparativa das características próprias dos documentos físicos e dos documentos eletrônicos, sendo igualmente abordada a relevante questão de sua natureza jurídica, mediante a exposição das teorias jurídicas existentes sobre a matéria.

Assim, partindo-se de uma análise sistêmica do ordenamento jurídico pátrio, conjugando-se as disposições da legislação processual cível e recorrendo-se a entendimento doutrinário e jurisprudencial, buscam-se extrair máximas acerca da prova documental eletrônica que, embora não tenham o condão de esgotar o tema, por certo conferirão uma maior coesão e segurança jurídica aos profissionais que com ele se deparem.

1. Conceito de prova

Ao discorrerem sobre a definição de prova, os autores comumente referem tratar-se de termo que tem origem na palavra latina *probatio* e que significa "[...] verificação, exame, inspeção, demonstração".[2]

Trata-se, portanto, de um vocábulo que, por sua ampla acepção, é utilizado tanto na linguagem comum, na qual representa um meio de "[...] *controle da verdade de uma proposição* [...]"[3] [grifos do autor], como na linguagem científica, sendo empregado nas mais diversas áreas do conhecimento.[4] A saber:

> Não é unívoco o conceito de prova. No sentido filosófico, é aquilo que serve para estabelecer uma verdade por verificação ou demonstração, dando-nos uma ideia de ensaio, experiência, provação [...] Na linguagem da matemática, prova é a operação pela qual se verifica a exatidão de um cálculo. Do ponto de vista esportivo, prova é a competição entre esportistas, que consiste em corrida (a pé, de bicicleta, automóvel, etc.), arremesso, salto e etc., e na qual buscam classificação.[5]

[2] ARAÚJO, Viviane Souza de. *A Validade Jurídica dos Documentos Eletrônicos como Meio de Prova no Processo Civil.* Porto Alegre: PUC/RS, 2007. Monografia (Graduação em Direito), Faculdade de Direito, Pontifícia Universidade Católica do Rio Grande do Sul, 2007, p. 35.

[3] Na concepção de Francesco Carnelutti, no meio social, a prova é usualmente equivale a um "[...] *controle da verdade de uma proposição* [...] [grifos do autor]". *In:* CARNELUTTI, Francesco. *A prova civil*: parte geral: o conceito jurídico de prova. Traduzido por Amilcare Carletti. São Paulo: Liv. e Ed. Universitária de Direito, 2002, p. 66.

[4] SILVA, Ovídio Baptista Araújo. *Curso de Processo Civil.* 4. ed. rev. e atual. São Paulo: Revista dos Tribunais, 1998, v. 1, p. 337.

[5] Ao versar acerca do conceito de prova, Carlos Henrique Bezerra Leite assevera que seu conceito não é unívoco, porquanto "no sentido filosófico, é aquilo que serve para estabelecer uma verdade por verificação ou demonstração, dando-nos uma ideia de ensaio, experiência, provação [...] Na linguagem da matemática, prova é a operação pela qual se verifica a exatidão de um cálculo. Do ponto

Pois bem, o conceito de prova que mais interessa à compreensão do tema proposto, obviamente, é aquele utilizado pela ciência jurídica, a qual também lhe atribui uma pluralidade de significados,[6] sendo a prova vista, essencialmente: como atividade, como instrumento; e como resultado. É o que se extrai do seguinte trecho da obra de Ovídio Baptista da Silva:

> No domínio do processo civil, onde o sentido da palavra *prova* não difere substancialmente do sentido comum, ela pode significar tanto a atividade que os sujeitos do processo realizam para demonstrar a existência dos fatos formadores de seus direitos, quanto o instrumento por meio do qual essa verificação se faz. No primeiro sentido, diz-se que a parte produziu a prova, para significar que ela, através da exibição de algum elemento indicador da existência do fato que se pretende provar, fez chegar ao juiz certa circunstância capaz de convencê-lo da veracidade da sua afirmação. No segundo sentido, a palavra *prova* é empregada para significar não mais a ação de provar, mas o próprio *instrumento* utilizado, ou o *meio* com que a prova se faz. [...] Pode-se empregar o mesmo vocábulo *prova* para significar o convencimento que se adquire a respeito da existência de um determinado fato Valendo-nos do nosso exemplo, podemos afirmar que o autor, ou o réu, embora hajam trazido ao processo determinado documento, ou outro instrumento de prova diferente, em verdade não produziram a prova, ou seja, o procedimento probatório não foi capaz de convencer o julgador da existência do fato probando, de modo que o juiz permaneça em dúvida sobre sua existência. Pode-se, neste último caso, dizer que o fato não foi provado, na medida em que o juiz não resulte convencido de sua veracidade, ou da veracidade de sua existência.[7] [grifos do autor]

A reunião de todas as concepções suprarreferidas, permite que se chegue à conclusão de que a prova judiciária é a demonstração da veracidade de fatos e de alguns direitos, decorrente da atividade realizada pelas partes, através do uso dos meios colocados à sua disposição pelo ordenamento jurídico, sempre com a finalidade de convencer o julgador.

2. Objeto da prova

Uma vez esclarecido o que é prova, cumpre passar à análise de seu objeto, ou seja, daquilo que as partes podem ou não demonstrar em Juízo. Acerca do tema, assevera a doutrina que:

---

de vista esportivo, prova é a competição entre esportistas, que consiste em corrida [...] arremesso, salto e etc., e na qual buscam classificação". *In:* LEITE, Carlos Henrique Bezerra. *Curso de direito processual do trabalho.* 9. ed. São Paulo: LTr, 2011, p. 572.

[6] CARNELUTTI, Francesco. *Instituições do processo civil.* Traduzido por Adrián Sotero Witt Batista. São Paulo: Classic Book, 2000, p. 307

[7] SILVA, Ovídio Baptista Araújo da; GOMES, Fábio. *Teoria Geral do Processo Civil.* 3. ed. rev. e atual. São Paulo: Revista dos Tribunais, 2002, p. 293-4.

Segundo um princípio elementar de direito probatório, apenas os fatos devem ser objeto de prova, desde que a regra de direito presume-se conhecida do Juiz. O próprio art. 332 do CPC[8] confirma a regra ao dispor que a atividade probatória das partes dirige-se a estabelecer a veracidade dos fatos em que se funda a ação ou a defesa. A regra, porém, admite exceção, conforme dispõe o art. 337 do Código.[9] Sempre que a parte alegar direito municipal, estadual, estrangeiro ou consuetudinário, cabe-lhe o ônus de provar tais regras de direito [...].[10]

A fim de facilitar a compreensão da temática sob exame, serão abordados separadamente aqueles fatos que a doutrina aponta como sendo dependentes e independentes de prova, bem como os direitos cuja existência também necessita ser comprovada em sede processual.

2.1. Fatos que dependem de prova

Em que pese a legislação pátria não enumere quais os fatos que dependem de prova, os doutrinadores que se dedicam ao estudo deste tema comumente sustentam que a atividade probatória das partes deve recair sobre fatos que, a um só tempo, reúnam as características da relevância, determinação e controvérsia.

Considera-se relevante, pois, aquele fato que tenha uma relação com a causa, sendo capaz de influenciar o convencimento do julgador e, quiçá, o resultado da ação.[11] Nas palavras de Cândido Rangel Dinamarco, são relevantes aqueles fatos que "[...] havendo sido alegados na demanda inicial ou na defesa do réu, tenham em tese a desejada *eficácia constitutiva, impeditiva, modificativa ou extintiva*[12] pretendida por aquele que os alegou [...]"[13] [grifos do autor].

Por seu turno, "*determinados* são os fatos individualizados, especificados, os que possuem características capazes de diferenciá-los de

[8] Segundo o artigo 332 do CPC, "Todos os meios legais, bem como os moralmente legítimos, ainda que não especificados neste Código, são hábeis para provar a verdade dos fatos, em que se funda a ação ou a defesa".

[9] Dispõe o artigo 337 do CPC que: "A parte, que alegar direito municipal, estadual, estrangeiro ou consuetudinário, provar-lhe-á o teor e a vigência, se assim o determinar o juiz".

[10] SILVA, Ovídio Baptista Araújo. *Curso de Processo Civil*, p. 341-2.

[11] RIBEIRO, Darci Guimarães. *Provas atípicas*. Porto Alegre: Livraria do Advogado, 1998, p. 85.

[12] Na lição de João Humberto Cesário: "Fato constitutivo do autor é aquele que, uma vez provado, a princípio, garantirá o êxito da demanda. [...] Fato impeditivo do direito do autor, por sua vez, será aquela circunstância especial, em regra de origem legal, capaz de deduzir efeitos do fato constitutivo [...]. Fato extintivo, obviamente, é aquele que extermina um direito preexistente. [...] Modificativo, por fim, é o evento que permuta as consequências jurídicas do fato constitutivo do direito do autor". *In:* CESÁRIO, João Humberto. *Provas e recursos no processo do trabalho*. São Paulo: LTr, 2010. p 40.

[13] DINAMARCO, Cândido Rangel. *Instituições de Direito Processual Civil*. 4. ed. rev. e atual. São Paulo: Malheiros, 2004, v. 3, p. 65.

quaisquer outros que com eles possam se assemelhar"[14] [grifos do autor]. Como bem salienta Darci Guimarães Ribeiro, "o fato deve ser determinado, personalizado, caracterizado, individualizado com a finalidade de se lhe atribuir determinada eficácia, sob pena de, em assim não se procedendo, possibilitar ao juiz um julgamento *ultra, extra* ou *citra petita*".[15] [16] [grifos do autor]

Por fim, tem-se que os fatos controversos englobam não só aqueles que, tendo sido alegados por uma parte, foram contestados pela parte adversa, como também aqueles que por esta última não tenham sido admitidos. Neste sentido é a lição de Moacyr Amaral Santos:

> Por *controversos*, ou *controvertidos*, se (sic) entendem não só os fatos realmente contestados como também os não admitidos. Entre a afirmação do fato e a sua contestação, ou não admissão, ao juiz não será lícito considerá-lo na sentença, senão após demonstração de sua existência.[17] [grifos do autor]

Não obstante, cumpre registrar que o artigo 302, do Diploma Processual Cível[18] prevê de forma expressa que mesmo que quanto a eles não tenha havido impugnação específica, permanecerão controvertidos os fatos quando: não for admissível a seu respeito a confissão; a petição inicial não estiver acompanhada de instrumento público que a lei considere da substância do ato; ou quando não contestados, estiverem em contradição com a defesa no seu todo.

---

[14] TEIXEIRA FILHO, Manoel Antonio. *A prova no processo do trabalho*. 9. ed. São Paulo: LTr, 2010, p. 39.

[15] Para que bem se possa compreender o que constitui um julgamento *ultra, extra* ou *citra petita*, e quais as implicações processuais daí decorrentes, cumpre passar à transcrição dos ensinamentos de Cândido Rangel Dinamarco acerca do tema: "*Decidir nos limites da demanda proposta* (art. 128) significa não ir *além* ou *fora* deles, nem ficar *aquém*. Eis a primeira das grandes regras em que se desdobra a exigência legal de correlação entre a tutela jurisdicional e a demanda. [....] Ir *fora* da demanda (decisão *extra petita*) significa decidir para outras pessoas, por outros fundamentos ou com relação a outro objeto (a) *em vez* daqueles que a demanda indicou, ou (b) englobar as partes e mais outras pessoas, ou valer-se dos fundamentos postos e mais outros, ou incluir o bem pedido e mais algo. Ir *além* da demanda é decidir sobre objeto quantitativamente mais volumoso que o pedido (decisão *ultra petita*). [...] Decidir *menos* do que foi pedido significaria denegar justiça, com infração à promessa constitucional de tutela jurisdicional (Const., art. 5º, inc. XXXV). *Decidir menos* não é a mesma coisa que conceder ao autor menos do que ele pedira. Aqui, a procedência parcial da demanda (art. 459) é legítima consequência da medida da razão que o autor demonstre ter; *decidir menos*, ou *citra petita*, é omitir pronunciamento quanto a uma das parcelas do objeto do processo" [grifos do autor]. *In:* DINAMARCO, Cândido Rangel. *Instituições de Direito Processual Civil*, p. 274-5.

[16] RIBEIRO, Darci Guimarães. *Provas atípicas*, p. 87.

[17] SANTOS, Moacyr Amaral. *Prova judiciária no cível e no comercial*. 4. ed. São Paulo: Max Limonad, 1970. v. 1, p. 220-1.

[18] Nos termos do artigo 302, do CPC: "Cabe também ao réu manifestar-se precisamente sobre os fatos narrados na petição inicial. Presumem-se verdadeiros os fatos não impugnados, salvo: I – se não for admissível, a seu respeito, a confissão; II – se a petição inicial não estiver acompanhada do instrumento público que a lei considerar da substância do ato; III – se estiverem em contradição com a defesa, considerada em seu conjunto".

2.2. *Fatos que independem de prova*

Diferentemente do que ocorre com os fatos que dependem de prova, a Lei Processual Civil elenca, em seu artigo 334,[19] aquelas hipóteses em que será desnecessária a prova dos fatos alegados por uma ou outra parte. São elas: fato notório; fato alegado por uma parte e confessado pela outra; fato admitido como incontroverso; e fato em cujo favor milite uma presunção legal de existência ou de veracidade.

Pois bem, é considerado fato notório "[...] aquele que é de amplo domínio público, ou seja, de conhecimento geral em determinado espaço geográfico e temporal"[20] ou ainda aquele "[...] inerente à cultura mediana de determinado meio social no momento do julgamento da causa".[21] Trata-se de fato, pois, que se reveste de tamanha publicidade que, em homenagem aos princípios da economia e celeridade processual, o legislador pátrio dispensou a parte que o alega do ônus de comprovar a sua existência.[22]

Será igualmente desnecessária a realização de prova sempre que uma das partes confessar a veracidade, total ou parcial, de fato que lhe seja desfavorável e que tenha sido alegado pela parte adversa,[23] como, aliás, extrai-se do artigo 348 do Código de Processo Civil.[24]

O mesmo se dá com relação ao fato incontroverso, que é reiteradamente descrito pela doutrina como aquele que é alegado por uma parte e admitido pela outra – o que equivale, em última análise, à hipótese de confissão[25] – ou aquele que não é contestado pela parte que tinha o ônus de sobre ele se manifestar.[26] A sua prova passa a ser dispensável, porque se

> [...] não há controvérsia, com referência aos fatos alegados pelos litigantes, a questão se reduz à mera aplicação do direito. A prova de fatos não contestados e reconhecidos ou

[19] Nos termos do artigo 334, do CPC: "Não dependem de prova os fatos: I – notórios; II – afirmados por uma parte e confessados pela parte contrária; III – admitidos, no processo, como incontroversos; IV – em cujo favor milita presunção legal de existência ou de veracidade".

[20] CESÁRIO, João Humberto. *Provas e recursos no processo do trabalho*, p. 40.

[21] LEITE, Carlos Henrique Bezerra. *Curso de direito processual do trabalho*, p. 592.

[22] ZENI, Alessandro Valler. *A prova no processo do trabalho*. Curitiba: Juruá, 1998, p. 44.

[23] Idem, p. 101.

[24] Reza o artigo 348, do CPC, que: "Há confissão, quando a parte admite a verdade de um fato, contrário ao seu interesse e favorável ao adversário. A confissão é judicial ou extrajudicial".

[25] Aqui cumpre registrar crítica tecida pela doutrina no sentido que: " [...] o legislador processual, ao estabelecer (CPC, art. 334) que independem de prova (I) os fatos afirmados por uma parte e confessados pela parte contrária e (II) os admitidos no processo como incontroversos, incorreu manifesto vício tautológico [...]" (*In*: TEIXEIRA FILHO, Manoel Antonio. *A prova no processo do trabalho*, p. 43) na medida em que "[...] todo o fato confessado, ou seja, alegado por uma parte e confirmado pela outra, é incontroverso, mas nem todo fato incontroverso é confesso" (*In:* LEITE, Carlos Henrique Bezerra. *Curso de direito processual do trabalho*, p. 593).

[26] SCHIAVI, Mauro. *Provas no Processo do Trabalho*. 2. ed. rev. e ampl. São Paulo: LTr, 2011, p. 23.

admitidos, incontroversos (sic), pois, seria inútil e frustratória. [...] é da economia processual que tudo que é inútil deve ser evitado; é regra de lógica que não carece de prova tudo quanto se admite provado.[27]

Por fim, será desnecessária a realização de prova do fato alegado pela parte quando sobre ele a lei estabelecer, de forma expressa, uma presunção absoluta acerca de sua existência e/ou veracidade, já que quanto a ela não se admite prova em contrário.[28]

2.3. Prova do direito

Como sobejamente referido, em regime de exceção, tocará à parte trazer aos autos a prova da existência e do conteúdo de legislação municipal e estadual, do direito estrangeiro e consuetudinário.

Com relação ao direito municipal e ao direito estadual, como bem salienta Alexandre Freitas Câmara, sua prova pode ser feita "[...] através da juntada do diário oficial onde foi publicada a norma jurídica ou através de certidão do órgão legislativo (Câmara de Vereadores ou Assembleia Legislativa) onde se ateste o teor da vigência da lei indicada".[29]

Já no que pertine ao direito estrangeiro, tem-se que poderá ele ser provado "[...] através da juntada de documento ou publicação oficial do país estrangeiro cuja norma é aplicada",[30] sendo ainda admitida a comprovação "[...] por parecer fornecido por jurista do país de cujo direito se cogita (*affidavit*) ou mesmo por especialista brasileiro, notoriamente conhecedor da ordem jurídica de interesse para a causa".[31]

Por fim, a prova do direito costumeiro – assim considerado aquele proveniente de uma prática difundida e continuada, adotada por determinado grupo social que, sendo moralmente adequada, passa a ter cará-

---

[27] SANTOS, Moacyr Amaral. *Prova judiciária no cível e no comercial*, p. 221.

[28] Acerca dos tipos de presunção existentes em nosso sistema legal e de sua eficácia probatória, assevera Ísis de Almeida que: "A presunção é a dedução, a conclusão, a consequência que se tira de um fato conhecido, para se admitir com certa, verdadeira e provada a existência de um fato desconhecido ou duvidoso. [...] As presunções que resultam do raciocínio do juiz, mas são fundadas em fatos ou estabelecidas pelo homem, denominam-se 'presunções comuns' ou *hominis* e confundem-se, às vezes, com indícios.. Nada provam por si só. Deverão constar de um contexto probatório amparadas por outros elementos subsidiários de valor certo. E a mesma presunção não pode permitir conclusões antagônicas. Há, todavia, as presunções jurídicas, estabelecidas expressamente na lei, subdividindo-se em absolutas (*jure et de jure*) e relativas (*júris tantum*). As primeiras são irrefutáveis, trazem a afirmação incondicional de um fato verdadeiro, inadmitindo prova em contrário. [...] As outras são condicionais, podendo ser destruídas por outra prova em contrário" [grifos da autora]. *In:* ALMEIDA, Ísis de. *Manual de direito processual do trabalho.* 10. ed. atual. e ampl. São Paulo: LTr, 2002, p. 168-171.

[29] CÂMARA, Alexandre Freitas. *Lições de Direito Processual Civil.* 9. ed. rev. e atual. Rio de Janeiro: Lumen Juris, 2003. v. 1, p. 399.

[30] Idem, p. 399.

[31] DINAMARCO, Cândido Rangel. *Instituições de Direito Processual Civil*, p. 69.

ter cogente[32] –, normalmente é efetuada através da oitiva de testemunhas, tendo em vista não ser comum a documentação destas práticas.[33]

3. (A)tipicidade da prova

Muito embora ao tratar das provas existentes em nosso ordenamento jurídico a doutrina sugira uma série de classificações, em virtude dos limites objetivos deste estudo, será objeto de análise apenas a classificação da prova quanto à sua tipicidade.

Por este prisma, vige em nosso ordenamento jurídico o princípio da liberdade da prova, com previsão no artigo 332 do Código de Processo Civil, segundo o qual "uma prova deve ser admitida no processo sempre que necessária à determinação da verdade dos fatos e à formação da convicção do juiz".[34] Tal primado tem por principal escopo permitir ao instituto da prova "[...] imediata adaptação à moderna tecnologia, evitando defasagem que normalmente acontece entre as rápidas conquistas tecnológicas e as demoradas disposições jurídicas".[35]

Em razão do que dispõe o princípio sob comento, além daqueles meios de prova previstos em lei, que são normalmente denominados de provas típicas, será igualmente admitido que o juiz se valha de meios de prova outros, chamados de atípicos, para formar seu convencimento. *In verbis*:

> O legislador ao elaborar o CPC, previu determinadas provas que poderiam ser utilizadas em juízo para formar o convencimento do magistrado (sic) tais como o depoimento pessoal, a confissão, a exibição de documento ou coisa, o documento, a testemunha, a perícia e a inspeção judicial. Todavia, não vetou a possibilidade de o juiz se convencer através de outros meios de prova, quando introduziu, sabiamente, o art. 332 do CPC, permitindo com isso que pudesse o magistrado se abebedar em outras fontes de convencimento para melhor atender aos reclames da justiça.[36]

Não obstante, para que os meios típicos e atípicos de prova possam ser admitidos em sede processual, é necessário que atendam aos requisitos da legitimidade moral e da legalidade. Neste diapasão, cumpre registrar que

> [...] meio de prova moralmente legítimo é aquele que, para ser obtido, não infringiu ou não desrespeitou o conceito de moralidade média de uma determinada população em um dado momento histórico. Aqui se deve vislumbrar conceitos que não remetam nem a

[32] TEIXEIRA FILHO, Manoel Antonio. *A prova no processo do trabalho*, p. 49.

[33] SCHIAVI, Mauro. *Provas no Processo do Trabalho*, p. 27.

[34] PORTANOVA, Rui. *Princípios do Processo Civil*. Porto Alegre: Livraria do Advogado, 2005, p. 208.

[35] Idem, p. 210.

[36] RIBEIRO, Darci Guimarães. *Provas atípicas*, p. 93.

um excesso de ingenuidade e puritanismo, nem a uma sistemática de 'vistas grossas' ao (sic) princípios morais básicos de honestidade, privacidade, segurança, defesa e devido processo legal.[37]

Por fim, será considerada legal aquela prova que houver sido colhida mediante a observância dos princípios e regras de direito material existentes em nosso ordenamento jurídico e que houver sido introduzida no processo em conformidade com o que dispõem as normas de direito processual.[38]

4. Prova eletrônica

O fenômeno social da popularização do uso de ferramentas informacionais e do acesso à internet que foi experimentado nas últimas décadas produziu efeitos diretos na seara jurídica. O aporte, em sede de processo, de provas originadas e extraídas da rede mundial de computadores[39] ou de arquivos eletrônicos,[40] passou a se tornar cada vez mais frequente e a exigir dos sujeitos processuais uma análise mais detalhada acerca dos chamados documentos eletrônicos, mormente se considerado que o Código de Processo Civil em vigor não trata de forma específica e sistematizada acerca desta matéria.

No presente título, portanto, serão tecidas algumas considerações acerca do conceito e natureza jurídica dos documentos eletrônicos, a fim de que se possa determinar qual o tratamento jurídico que a eles deve ser destinado.

---

[37] POZZEBON, Felipe Dreyer de Ávila. *A prova documental e a internet*. Porto Alegre: PUC/RS, 2002. Dissertação (Mestrado em Direito), Faculdade de Direito, Pontifícia Universidade Católica do Rio Grande do Sul, 2002, p. 61.

[38] Não por acaso existe vertente doutrinária que sustenta que as provas inadmissíveis no processo formariam um gênero denominado de provas ilegais ou vedadas, o qual, divide-se nas espécies de: prova ilícita, que seria aquela que decorre da violação de norma de direito material, cuja vedação está positivada no art. 5º, inciso LVI, da Constituição Federal; e prova ilegítima, que se configura sempre que normas de cunho processual não são observadas pelos sujeitos processuais. *In:* HAINZENREDER JÚNIOR, Eugênio. *Direito à privacidade e o poder diretivo do empregador:* o uso do *e-mail* no trabalho. São Paulo: Atlas, 2009, p. 143.

[39] Na concepção de Alexandre Atheniense, a rede mundial de computadores, também conhecida como *World Wide Web*, WWW ou Web), corresponde a um catálogo mundial de páginas de serviços e informações que são disponibilizadas aos usuários da *internet* através de telas com textos, imagens ou recursos de som. *In:* ATHENIENSE, Alexandre. *Internet e o direito*. Belo Horizonte: Inédita, 2000, p. 45.

[40] De acordo com a doutrina, arquivo eletrônico nada mais é do que expressão utilizada para "[...] designar qualquer informação gravada em meio eletrônico. Pode ser considerado sinônimo de documento eletrônico, se a informação deste arquivo eletrônico representar o registro de fatos. Mas pode o arquivo eletrônico conter apenas instruções para o funcionamento do computador, no caso de arquivos executáveis ou do sistema operacional". *In:* MARCACINI, Augusto Tavares Rosa. *Direito e Informática*: Uma abordagem jurídica sobre a criptografia.Disponível em: <http://pt.scribd.com/doc/62961107/Direito-e-Informatica-MARCACINI>. Acesso em: 15 ago. 2011, p. 181.

4.1. Conceito

Para que bem possa ser estabelecido o conceito de documento eletrônico, faz-se necessário que se discorra, num primeiro momento, acerca da definição clássica de documento desenvolvida pelos doutrinadores processualistas civis, a fim de que seja possível identificar os pontos de contato e os traços distintivos existentes entre ambos.

I) Conceito de documento físico

A palavra *documento* tem origem na palavra latina *documentum*, significando, consequentemente, instruir ou informar.[41] Por esta razão, Giuseppe Chiovenda sustenta que "documento, em sentido amplo, é toda representação material destinada a reproduzir determinada manifestação do pensamento, como uma voz fixada duradouramente (*vox mortua*)"[42] [grifos do autor].

No mesmo sentido é o posicionamento adotado por Moacyr Amaral Santos, que agrega à noção retrotranscrita a constatação de que, no âmbito jurídico, a manifestação do pensamento pode-se desdobrar em fatos e ideias, e ressalta a necessidade de que o documento, além de duradouro, seja também idôneo. *In verbis:*

> Num sentido amplo é a coisa que representa e presta-se a reproduzir uma manifestação do pensamento. Ou seja, uma coisa representativa de idéias ou fatos. Transportada esta conceituação para o campo da prova judiciária, cujo objeto são os fatos, em relação à qual também as idéias se encaram como fatos, dir-se-á que documento é uma coisa representativa de um fato. O documento visa a fazer conhecer o fato representado de modo duradouro, por forma que o mesmo esteja representado no futuro. É, pois, a coisa representativa de um fato, de modo permanente. Mas essa coisa deve ser não só destinada como também idônea a reproduzir o fato. As garatujas de um analfabeto, lançadas num papel, ainda que ele as destinasse a representar o seu pensamento, não constituem documento. Este deve contar uma representação idônea do fato. [...] Documento, assim, *é a coisa representativa de um fato e destinada a fixá-lo de modo permanente e idôneo, reproduzindo-o em juízo.*[43] [grifos do autor]

Oportuno observar que a doutrina também costuma atribuir aos documentos as características da artificialidade e da retratação de fato pretérito. A primeira decorre do fato de que o documento necessariamente será produto da atividade humana, independentemente de o fato retrata-

---

[41] SOUZA, Edimilson Pedro de. *A prova do documento eletrônico no Processo Civil.* Itajaí: Univali, 2006. Monografia (Graduação em Direito), Centro de Ciências Jurídicas, Políticas e Sociais, 2006. Não paginado.

[42] CHIOVENDA, Giuseppe. *Instituições de Direito Processual Civil.* 3. ed. São Paulo: Saraiva, 1969. v. 3, p. 127.

[43] SANTOS, Moacyr Amaral. *Primeiras linhas de direito processual civil.* 27. ed. atual. São Paulo: Saraiva, 2011. v. 2, p. 429.

do ser um fenômeno natural ou uma manifestação de vontade humana.[44] Já no que pertine à segunda, pode-se dizer que "[...] a prova documental caracteriza-se, primordialmente, pela demonstração de fato pretérito, oferecendo ao juiz um meio de prova através do qual terá conhecimento do fato por meio de seus próprios sentidos".[45]

Essas considerações acerca da prova documental são de fundamental importância não só porque permitem determinar o que de fato é um documento, mas também porque tornam possível antever qual o universo de coisas que poderão representar fatos juridicamente relevantes. A premissa de que qualquer coisa que reúna as características já descritas possa servir de suporte para a materialização de fatos permite concluir que, "em sentido *lato*, o documento pode abranger escritos, desenhos, fotografias, mapas, gravações sonoras ou qualquer outra forma de representação física daquilo que se pretende ver provado".[46]

II) Conceito de documento eletrônico

No que concerne especificamente ao documento eletrônico, o primeiro impasse que se verifica em âmbito doutrinário[47] diz respeito à terminologia que deva ser empregada, haja vista que alguns autores utilizam o citado termo como sinônimo de documento informático, enquanto outros referem ser o primeiro uma espécie da qual o segundo constitui gênero.[48]

---

[44] SILVA, Ovídio Baptista Araújo da. *Curso de Processo Civil*, p. 379.

[45] POZZEBON, Felipe Dreyer de Ávila. *A prova documental e a internet, p.* 102.

[46] SALOMÃO, Cláudia Moura. *A prova do documento eletrônico no processo de conhecimento.* São Paulo: Universidade Presbiteriana Mackenzie, 2006. Monografia (Graduação em Direito), Faculdade de Direito, 2006, p. 29.

[47] Diz-se âmbito doutrinário porque não há em nosso ordenamento jurídico Lei que trate de forma específica acerca dos documentos eletrônicos, estabelecendo parâmetros para sua conceituação. Em âmbito nacional, verifica-se apenas a existência de projetos de lei que versam sobre comércio, assinatura e documentos eletrônicos, os quais, em sua integralidade, aguardam aprovação em plenário. São eles: a) o Projeto de Lei n. 1.483/99, que institui a fatura eletrônica e a assinatura digital nas transações de "comércio" eletrônico; b) Projeto de Lei n. 1.589/99, que dispõe sobre o comércio eletrônico, a validade jurídica do documento eletrônico e a assinatura digital, e dá outras providências; c) Projeto de Lei n. 4.906/2001, que dispõe sobre o comércio eletrônico; d) Projeto de Lei n. 6.965/2002, que Confere valor jurídico à digitalização de documentos, e dá outras providências; e e) Projeto de Lei n. 7.093/2002, que dispõe, dentre sobre a correspondência eletrônica comercial, e dá outras providências. Afora isso, a matéria atinente aos documentos eletrônicos é comumente vinculada à: a) Lei n. 11.419/06, que dispõe acerca do processo eletrônico e altera parcialmente e redação do Código de Processo Civil; b) Medida Provisória n. 2202-2/2001 que institui a Infra-Estrutura de Chaves Públicas Brasileira – ICP-Brasil, transforma o Instituto Nacional de Tecnologia da Informação em autarquia, e dá outras providências; c) Decreto n. 3.872/2001, que dispõe sobre o Comitê Gestor da Infra-Estrutura de Chaves Públicas Brasileira – CG ICP-Brasil, sua Secretaria-Executiva, sua Comissão Técnica Executiva e dá outras providências; d) Decreto n. 3.996/2001, que dispõe sobre a prestação de serviços de certificação digital no âmbito da Administração Pública Federal; e d) Lei Modelo Lei Modelo das Nações Unidas sobre Comércio Eletrônico – Uncitral, que dispõe acerca do comércio eletrônico.

[48] SOUZA, Edimilson Pedro de. *A prova do documento eletrônico no Processo Civil.* Não paginado.

Com efeito, Ivo Teixeira Gico Júnior esclarece que as expressões documento informático e documento eletrônico mantêm entre si relação de gênero e espécie. A saber:

> Expandindo este raciocínio, podemos dizer que existe uma categoria genérica dos documentos informáticos ou telemáticos, que envolveria todos os documentos produzidos ou transmitidos por meios eletrônicos, ou que necessitem de tal expediente para cognição, além dos que simplesmente são transmitidos através de linhas de comunicação. E podemos ir um pouco além, subclassificando-os em dois grupos: os documentos informáticos *stricto senso*, fruto de um original cartular e transmitidos telematicamente; e os documentos eletrônicos [...] que seriam os documentos residentes na memória de um computador e que exigem sua utilização para cognição.[49] [grifos do autor]

A análise da explanação supracitada, pois, já permite identificar a principal característica do documento eletrônico: sua intangibilidade, a qual, é importante registrar, é plenamente compatível com a noção clássica de documento como meio de prova. Senão, veja-se:

> Em certa medida, o verbo documentar e o substantivo documento recuperam no meio eletrônico o sentido etimológico, que não tem conexão com a idéia de materialização de atos. Documento decorre do latim documentum, que significa ensino, lição. O sentido, pois, é muito mais abstrato que material. Ensino é uma atividade não uma coisa material (*res*). [...] Aqui, desmaterializar não significa, evidentemente, a passagem para o mundo místico, espiritual ou coisa que o valha, mas simplesmente a passagem do mundo dos átomos para o mundo dos bits, ou seja, para o mundo lógico ou formal, para o mundo da linguagem – linguagem das máquinas. [...] Em outras palavras, a estabilização da demanda judicial é feita por meio da linguagem, da pura forma lógica, e não mais pela forma material (do papel). Aqui escritura e linguagem acabam adquirindo sentidos distintos.[50] [grifos do autor]

Resta claro, portanto, que assim como o documento físico, o documento eletrônico também retrata um fato pretérito de forma idônea, moralmente legítima e duradoura, mas tem a peculiaridade de não o materializar em um suporte físico e palpável, mas sim em um arquivo digital, sob a forma de uma sequência de códigos binários[51] que somente passa a ser inteligível quando traduzida por um programa de computa-

---

[49] GICO JÚNIOR, Ivo Teixeira. *O Documento Eletrônico como Meio de Prova no Brasil*. Disponível em: <http://works.bepress.com/cgi/viewcontent.cgi?article=1013&context=ivo_teixeira_gico_junior>. Acesso em: 21 mar. 2012. Não paginado.

[50] CHAVES JÚNIOR, José Eduardo de Resende. Processo em Rede. *In:* —— (coord.) *Comentários à Lei do Processo Eletrônico*. São Paulo: LTr, 2010, p. 25-6.

[51] O código binário a que se fez menção é comumente chamada de *bit*, cujo significado e função é bem elucidado por Laércio Vasconcelos. A saber: "Dentro do computador, todos os dados que estão sendo armazenados ou processados são representados na forma de BITS, que são impulsos elétricos positivos ou negativos, sendo esses representados por 1 e 0, respectivamente. A cada impulso elétrico, damos o nome de Bit que é um acrônimo de Binary Digit ou Dígito Binário. È chamado de 'binário' porque pode assumir apenas dois valores diferentes, zero ou um". *In:* VASCONCELOS, Laércio. *Introdução à organização de computadores*. Disponível em: <HTTP://www.laercio.com.br/artigos/HARDWARE/HARD-016.HTM>. Acesso em: 15 abr. 2011.

dor específico, o que o torna absolutamente independentemente do meio em que foi gravado.[52]

Neste sentido, para Augusto Tavares Rosa Marcacini, o documento eletrônico corresponde a "[...] uma seqüência de *bits* que, traduzida por meio de um determinado programa de computador, seja representativa de um fato",[53] conceito este que não diverge daquele sugerido por Aldemário Araújo Castro, para quem

> [...] o documento eletrônico pode ser entendido como a representação de um fato concretizada por meio de um computador e armazenado em formato específico (organização singular em *bits* e *bytes*), capaz de ser traduzido ou apreendido pelos sentidos mediante emprego de programa (*software*) apropriado.[54] [grifos do autor]

Em vista do exposto, não paira dúvida de que "da mesma forma que os documentos físicos, o documento eletrônico não se resume aos escritos",[55] podendo adquirir as mais variadas formas, de acordo com o meio informático em que haja sido gerado, como, *e.g.*, "[...] *e-mails*,[56] arquivos gerados a partir de editores de texto, conteúdo de portais da *Internet* (*websites*),[57] fotografias digitais, desenhos ou gráficos criados em computador, arquivos gravados em CDs, disquetes, *pen-drives, palm-tops,* etc.".[58] [grifos do autor]

a) Natureza jurídica

Diversamente do que ocorre com a conceituação de documento eletrônico, a perquirição de sua natureza jurídica não é ponto pacífico no âmbito doutrinário, na medida em que se verifica a existência de vertente que defende que o documento eletrônico deve ser tratado como prova

---

[52] ARAÚJO, Viviane Souza de. *A Validade Jurídica dos Documentos Eletrônicos como Meio de Prova no Processo Civil*, p. 56.

[53] MARCACINI, Augusto Tavares Rosa. *Direito e Informática*: Uma abordagem jurídica sobre a criptografia, p. 69.

[54] CASTRO, Aldemario Araújo. *O documento eletrônico e a assinatura digital*: uma visão geral. Disponível em: <http://www.aldemario.adv.br/doceleassdig.htm>. Acesso em: 12 mar. 2012. Não paginado.

[55] MARCACINI, Augusto Tavares Rosa. *O documento eletrônico como meio de prova*. Disponível em: <http://augustomarcacini.net/index.php/DireitoInformatica/DocumentoEletronico>. Acesso em: 15 ago. 2011. Não paginado. CASTRO, Aldemario Araújo. *O documento eletrônico e a assinatura digital*: uma visão geral. Não paginado.

[56] A doutrina refere ser o *e-mail* um sinônimo de correio eletrônico, cuja principal finalidade consiste em permitir aos usuários que enviem e recebam mensagens geradas em meio eletrônico, com ou sem arquivos eletrônicos anexados. *In:* ATHENIENSE, Alexandre. *Internet e o direito*, p. 46.

[57] *Websites* ou simplesmente *sites*, significam "literalmente 'lugar'. Na Internet, a palavra *site* é utilizada para designar um lugar virtual, situado em algum endereço eletrônico da *World Wide Web* [grifos do autor]". *In:* MARCACINI, Augusto Tavares Rosa. *Direito e Informática*: Uma abordagem jurídica sobre a criptografia, p. 188.

[58] SALOMÃO, Cláudia Moura. *A prova do documento eletrônico no processo de conhecimento*, p. 36.

atípica, ao passo que outra refere que deve ele ser percebido como uma espécie de documento em sentido lato.

Há, pois, aqueles doutrinadores que, em que pese reconheçam a existência de documentos eletrônicos, consideram tratar-se de um meio de prova *sui generis*, existente fora do catálogo exemplificativo plasmado na legislação pátria, já que colhido de forma diversa da tradicional.[59] Com fundamento no princípio da liberdade da prova, consolidado no artigo 332, do Código de Processo Civil, asseveram que nosso ordenamento jurídico admite a "[...] utilização de qualquer meio para provar, desde que seja legal e moralmente legítimo, o que pode se adequar perfeitamente ao documento eletrônico",[60] já que "é um *meio de prova*, porque é capaz de produzir convencimento; é um meio *moralmente legítimo*, até prova em contrário; e não está especificado no código"[61] [grifos do autor].

A segunda corrente doutrinária, de aceitação majoritária, argumenta que "diante dos princípios do acesso à justiça, da ampla possibilidade probatória [...]"[62] e da constatação de que "a tradicional definição de documento enquanto *coisa* é justificada pela impossibilidade, até então, de registrar fatos de outro modo [...]"[63] [grifo do autor], deve ela passar por uma releitura, privilegiando-se "[...] o pensamento ou o fato que se quer perpetuar e não a coisa em que estes se materializam",[64] de modo a abranger "[...] todos e quaisquer registros aptos à demonstração de um fato juridicamente significante, [...] independentemente da mídia em que vinculados".[65] A saber:

> Historicamente nossos doutrinadores tem (sic) definido o documento como algo material, uma res, uma representação exterior do fato que se quer provar e, sempre conhecemos a prova documental como a maior das provas, pois consistente da representação fática do acontecido. Na esteira desses pensamentos, ao ligarmos indelevelmente o fato jurídico à matéria como uma coisa tangível, teríamos dificuldades em conceituar o documento eletrônico, pois este é intangível e etéreo, e muito longe se encontra do conceito de "coisa" como matéria. [...] Mas se olharmos pelo prisma do registro do fato, veremos que ele se adequa perfeitamente a este conceito, porque como uma sequência de bits ele pode ser traduzido por meio de programas de informática que vai (sic) revelar o pensamento ou a vontade daquele que o formulou, exigindo do intérprete uma concepção abstrata para compreendê-lo.[66]

---

[59] LUIZ, Maria Izabella Gullo Antônio. *A prova obtida por meio eletrônico.* Curitiba: PUC/PR, 2003. Dissertação (Mestrado em Direito), Pontifícia Universidade Católica do Paraná, 2003, p. 91.

[60] POZZEBON, Felipe Dreyer de Ávila. *A prova documental e a internet*, p. 117.

[61] RIBEIRO, Darci Guimarães. *Provas atípicas*, p. 135.

[62] SCHIAVI, Mauro. *Provas no Processo do Trabalho*, p. 116.

[63] MARCACINI, Augusto Tavares Rosa. *O documento eletrônico como meio de prova.* Não paginado.

[64] SOUZA, Edimilson Pedro de. *A prova do documento eletrônico no Processo Civil.* Não paginado.

[65] CESÁRIO, João Humberto. *Provas e recursos no processo do trabalho*, p. 75.

[66] BRASIL, Angela Bittencourt. O documento físico e o documento eletrônico. *Jus Navigandi*, Teresina, ano 5, n. 42, 1 jun. 2000. Disponível em: <http://jus.uol.com.br/revista/texto/1781>. Acesso em: 15 ago. 2011. Não paginado.

Assim, partindo do pressuposto de que é possível identificar dois elementos constitutivos de documento – "[...] o *material*, formado pelo suporte e pelo continente e o *formal*, formado pelo conteúdo"[67] [grifos do autor] –, propõe a doutrina que seja o elemento material subdividido em corpóreo e incorpóreo, a fim de que o documento eletrônico possa ser metodologicamente considerado como uma espécie do gênero documento.[68] Senão, veja-se:

> Incluído o documento eletrônico no conceito jurídico de documento, dadas as suas características peculiares mostra-se possível propor mais uma classificação – além das que já são estabelecidas pela doutrina – para distinguir o documento entre *documento físico* e *documento eletrônico*. O documento físico bem pode continuar sendo definido como *uma coisa representativa de um fato* (Moacyr Amaral Santos). Se documento, em sentido lato, é o registro de um fato, o documento físico é o registro de um fato inscrito em meio físico e a ele inseparavelmente ligado. Já o documento eletrônico, como dito acima, não se prende ao meio físico em que está gravado, possuindo autonomia em relação a ele.[69] [grifos do autor]

A caracterização do documento eletrônico como espécie de documento *lato sensu* é de extrema relevância, pois permite que os operadores do direito se valham, na medida do possível e respeitadas as peculiaridades dos documentos criados, arquivados ou transmitidos em ambiente digital, do regramento já existente acerca da produção da prova documental quando se depararem com aquela sorte de prova.[70]

Conclusão

De tudo o que foi exposto no presente estudo, é possível observar que a prova, em sua conotação jurídica, possui uma significação plural, abrangendo tanto as atividades desenvolvidas pelas partes a fim de demonstrar em juízo a veracidade dos fatos por si alegados, como também os instrumentos que o ordenamento jurídico coloca à sua disposição e,

---

[67] LUIZ, Maria Izabella Gullo Antônio. *A prova obtida por meio eletrônico*, p. 85.

[68] Neste sentido, assevera Ricardo L. Lorenzetti que: "O documento tem dois elementos: a) a docência (docere), quer dizer, a capacidade de incorporar e transmitir uma declaração, como, por exemplo, os sinais da escrita; b) o suporte, quer dizer, uma coisa, como, por exemplo, um papel ou uma fita magnética. A expansão da regra do documento escrito de forma quase que prepotente fez com que esta distinção deixasse de ser percebida e se firmou a noção de que os documentos são coisas nas quais se vertem, por escrito, as manifestações de vontade. As mudanças mencionadas nos fazem insistir na separação de ambos elementos: – o documento ou declaração documentada é uma declaração de vontade emanada de um autor e destinada a produzir efeitos jurídicos na sua esfera de interesse; – a documentação é a forma que adota essa declaração que pode ser: a) 'corporal', como se diz na linguagem dos códigos, fazendo referência ao mundo dos átomos; coisas em geral, papel, fitas de vídeo e áudio; b) 'não corporal' ou 'imaterial', ou eletrônica ou digital, fazendo referência ao mundo dos *bits* [grifos do autor]". *In:* LORENZETTI, Ricardo L. *Comércio eletrônico.* Traduzido por Fabiano Menke. São Paulo: Revista dos Tribunais, 2004, p. 99.

[69] MARCACINI, Augusto Tavares Rosa. *O documento eletrônico como meio de prova.* Não paginado.

[70] SOUZA, Edimilson Pedro de. *A prova do documento eletrônico no Processo Civil.* Não paginado.

em última análise, o resultado de convencimento que é produzido no julgador.

A prova documental eletrônica, como toda e qualquer prova, somente será admitida em juízo caso os fatos que se pretenda provar sejam, a um só tempo, controvertidos, relevantes e determinados. Será, por via de consequência, desnecessária a sua prova caso o fato nela retratada tenha sido objeto de confissão, mostre-se incontroverso ou ainda albergado por uma presunção absoluta de veracidade. Com relação à prova do direito, considerando-se que hodiernamente é deveras comum a disponibilização de leis, tratados e convenções internacionais no âmbito da rede mundial de computadores, parece não haver qualquer óbice a que informações extraídas de diários oficiais ou de sítios eletrônicos oficiais de assembleias legislativas e de órgãos internacionais sejam utilizadas para esta finalidade.

No mais, restou claro que, embora o tema atinente à prova eletrônica ainda não seja objeto de largo enfrentamento no âmbito legislativo, doutrinário e jurisprudencial, o arcabouço jurídico que se apresenta aos profissionais que lidam com esta sorte de prova já permite, com segurança, que os documentos eletrônicos existem e devem ser percebidos como aquela sequência de códigos binários, criada pelo homem através do uso de programas específicos de computação, que se destina à representação de fatos ou ideias, de forma idônea e moralmente legítima.

A partir do momento, pois, em que resta claro que a única diferença existente entre os documentos físicos e o eletrônico repousa na imaterialidade deste último, no fato de suas informações poderem ser amplamente reproduzidas sem que isto implique a perda de suas características originais, parece plenamente possível a adoção do entendimento propalado por parcela da doutrina, no sentido de que o documento eletrônico seja percebido como uma espécie do gênero prova documental, devendo ser adotado novo critério de classificação que proponha a divisão do seu elemento material, de seu continente, em material e imaterial.

Tudo com a finalidade de permitir aos operadores do direito e aos demais profissionais que se confrontem com tal sorte de prova, que possam ser aproveitar do arcabouço jurídico já existente, ainda que ele não seja ideal em termos de clareza e especificidade, quando se depararem com provas eletrônicas.

Referências bibliográficas

ARAÚJO, Viviane Souza de. *A Validade Jurídica dos Documentos Eletrônicos como Meio de Prova no Processo Civil*. Porto Alegre: PUC/RS, 2007. Monografia (Graduação em Direito), Faculdade de Direito, Pontifícia Universidade Católica do Rio Grande do Sul, 2007.

BRASIL, Ângela Bittencourt. *O documento físico e o documento eletrônico.* Jus Navigandi, Teresina, ano 5, n. 42, 1 jun. 2000. Disponível em: <http://jus.uol.com.br/revista/texto/1781>. Acesso em: 15 ago. 2011.

CÂMARA, Alexandre Freitas. *Lições de Direito Processual Civil.* 9.ed. rev. e atual. Rio de Janeiro: Lumen Juris, 2003, v.1.

CARNELUTTI, Francesco. *A prova civil: parte geral*: o conceito jurídico de prova. Traduzido por Amilcare Carletti. São Paulo: Liv. e Ed. Universitária de Direito, 2002.

——. *Instituições do processo civil.* Traduzido por Adrián Sotero Witt Batista. São Paulo: Classic Book, 2000.

CASTRO, Aldemario Araújo. *O documento eletrônico e a assinatura digital*: uma visão geral. Disponível em: <http://www.aldemario.adv.br/doceleassdig.htm>. Acesso em: 12 mar. 2012. Não paginado.

CESÁRIO, João Humberto. *Provas e recursos no processo do trabalho.* São Paulo: Ltr, 2010.

CHIOVENDA, GUISEPPE. *Instituições de Direito Processual Civil.* 3.ed. São Paulo: Saraiva, 1969, v.3.

DINAMARCO, Cândido Rangel. *Instituições de Direito Processual Civil.* 4.ed. rev. e atual. São Paulo: Malheiros, 2004, v.3.

LEITE, Carlos Henrique Bezerra. *Curso de Direito Processual do Trabalho.* 6.ed. São Paulo: LTr, 2008.

LUIZ, Maria Izabella Gullo Antônio. *A prova obtida por meio eletrônico.* Curitiba: PUC/PR, 2003. Dissertação (Mestrado em Direito), Faculdade de Direito, Pontifícia Universidade Católica do Paraná, 2003.

MARCACINI, Augusto Tavares Rosa. *Direito e Informática*: Uma abordagem jurídica sobre a criptografia. Disponível em: <http://pt.scribd.com/doc/62961107/Direito-e-Informatica-MARCACINI>. Acesso em: 11 ago. 2011.

——. *O documento eletrônico como meio de prova.* Disponível em: <http://augustomarcacini.net/index.php/DireitoInformatica/DocumentoEletronico>. Acesso em: 11 ago. 2011.

PORTANOVA, Rui. *Princípios do Processo Civil.* Porto Alegre: Livraria do Advogado, 2005.

POZZEBON, Felipe Dreyer de Ávila. *A prova documental e a internet.* Porto Alegre: PUC/RS, 2002. Dissertação (Mestrado em Direito), Faculdade de Direito, Pontifícia Universidade Católica do Rio Grande do Sul, 2002.

SALOMÃO, Cláudia Moura. *A prova do documento eletrônico no processo de conhecimento.* São Paulo: Mackenzie, 2006. Monografia (Graduação em Direito), Faculdade de Direito, Universidade Presbiteriana Mackenzie, 2006.

SANTOS, Moacyr Amaral. *Primeiras linhas de direito processual civil.* 27. ed. atual. São Paulo: Saraiva, 2011. v.2.

——. *Prova judiciária no cível e no comercial.* 4.ed. São Paulo: Max Limonad, 1970. v. 1.

SILVA, Ovídio Baptista Araújo da. *Curso de Processo Civil.* 4. ed. rev. e atual., São Paulo: Editora Revista dos Tribunais, 1998, v.1.

——; GOMES, Fábio. *Teoria Geral do Processo Civil.* 3. ed. rev. e atual. São Paulo: Editora Revista dos Tribunais, 2002.

SOUZA, Edimilson Pedro de. *O Documento Eletrônico como Meio de Prova no Direito Processual Civil.* Itajaí: UNIVALI, 2006. Monografia (Graduação em Direito), Faculdade de Direito, Universidade do Vale do Itajaí, 2006.

TEIXEIRA FILHO, Manoel Antônio. *A prova no processo do trabalho.* 9. ed. rev. e ampl. São Paulo: LTr, 2010.

ZENNI, Alessandro Valler. *A prova no processo do trabalho.* Curitiba: Juruá, 1998.

— 12 —

Perícia digital e a computação forense digital

GRAZIELA GRECO[1]

Sumário: 1. Introdução; 2. Computação forense; 3. O profissional perito investigador; 4. Principais exames forenses em informática; 5. Locais de crime envolvendo equipamentos computacionais; 6. Fontes de evidências eletrônicas; 7. Exames periciais em computação forense; 8. Técnicas interessantes; 8.1 Criptografia e criptoanálise; 8.2. Esteganografia; 9. Casos reais; 9.1. O pastor; 9.2. EUA invade rede da Rússia; 9.3. Antena celular; 10. Conclusão; Referências bibliográficas.

1. Introdução

As pesquisas no ramo da informática cresceram de forma vertiginosa durante a última década. A conectividade oferecida pela *internet* permite acesso a todo e qualquer tipo de informação desde que estejam disponíveis nos *sites* de navegação virtual.

Portanto, o crescente acesso às redes de informática elevaram as possibilidades de práticas delituosas, consideradas criminosas em âmbito computacional. É nesse contexto que a perícia criminal demonstra sua importância, por meio de seus segmentos de investigação e produção de laudos periciais, utilizando como fonte de trabalho o conhecimento científico e as inovações tecnológicas aplicadas.

Nessa produção acadêmica demonstra-se a importância desses profissionais para o desfecho de práticas criminosas cometidas em ambiente virtual. A definição de computação forense e o perito de investigação constituem o objeto desta pesquisa.

A partir dessas definições, é possível traçar os principais atributos de tais profissionais, envolvendo o local de coleta de provas, as fontes, os acessos, os exames, as técnicas e os modos de arquivamento das provas

---

[1] Graduanda em Ciências Jurídicas e Sociais pela Pontifícia Universidade Católica do Rio Grande do Sul. Bolsista (Bpa/Pucrs) do Grupo de Estudos e Pesquisas da PUCRS intitulado "Novas Tecnologias e Relações de Trabalho" sob coordenação da Profa. Dra. Denise Pires Fincato.

levantadas no equipamento periciado. Ao final demonstra-se concretamente como isso ocorre na prática.

As evidências de que tratamos de uma área latente e carente de desenvolvimento teórico demonstram que a abordagem da área virtual em temáticas de pesquisa acadêmica é campo vasto de discussões e entendimentos diversos, restando aos operadores do Direito avaliar e formatar posicionamentos legais que possibilitem a visibilidade dos diversos profissionais que surgem nesta área.

2. Computação forense

A Ciência Computacional Forense abarca todas as questões relacionadas aos crimes praticados por meio do uso da *Internet*, são conhecidos como *cyber-crimes*. É possível reunir e coletar evidências de crimes e violações, bem como analisar e documentar casos considerados crimes que foram praticados e permanecem "arquivados" no computador. É uma área de pesquisa relativamente nova e são poucas as investigações sobre este assunto, no Brasil. Entretanto, mostra-se crescente a necessidade de entendimentos acerca desta temática, haja vista que a utilização de computadores em atividades criminosas é prática cada vez mais comum.

Diariamente, há diversos tipos de casos de fraudes e crimes em que o meio eletrônico é utilizado para este fim. Essa prática é conhecida como *crime virtual ou cyber crime*. Conforme a ilustração abaixo, é possível fazer a distinção entre o crime cometido em âmbito real e em âmbito virtual.[2]

MUNDO REAL	MUNDO VIRTUAL
Violação de domicílio: entrar numa edificação sem a devida autorização.	**Hacking:** invasão de um computador ou rede sem a devida autorização.
Extorsão: uso ilegal da força, posição ou autoridade para conseguir vantagens.	**Extorsão na Internet:** invadir um sistema e exigir dinheiro ou vantagens para devolver o controle e/ou dados furtados.
Estelionato: obter vantagem ilícita induzindo ou mantendo alguém em erro.	**Fraude na Internet:** usar a Internet para realizar transações ou criar relações, sem oferecer realmente a contrapartida devida.
Roubo de identidade: atribuir-se falsa identidade para obter vantagem.	**Roubo de identidade:** obter informações de identidade, passando-se por terceiro, por meio de ardil, usando computadores.
Exploração de menores: pedofilia, abuso ou pornografia infantil.	**Exploração de menores:** uso de computadores e Internet para facilitar a exploração de menores.

A famosa frase "crimes sempre deixam vestígios" é popularmente conhecida e não está desprovida de verdade, pois podemos definir vestígio como um "sinal deixado pela pisada ou passagem do homem, como

[2] Tendências dos Crimes Cibernéticos. Disponível em: <http://www.iccyber.org2009/uploads/trabalhos/20090923/Policia_Federal_Marcos_Vinicius.pdf>. Acesso em: 28 Mai.2013

de qualquer outro animal; pegadas, rastros".[3] No caso da computação, não é diferente, pois os vestígios de um crime são digitais e toda a informação permanece armazenada dentro desses equipamentos computacionais, composta por *bits* em uma sequencia lógica.

De outra banda, o Código de Processo Penal determina, em seu artigo 158, que: "Quando a infração deixar vestígios será indispensável o exame de corpo de delito, direto ou indireto, não podendo supri-lo a confissão do acusado". Dessa forma, surge a necessidade de um profissional qualificado, que examine vestígios e produza laudos de interesse à justiça, durante a apuração do delito, conforme definidos nos *caputs* dos artigos 159 e 160 do CPP, que dizem, respectivamente: "O exame de corpo de delito e outras perícias serão realizados por perito oficial, portador de diploma de curso superior". "Os peritos elaborarão o laudo pericial, no qual descreverão minunciosamente o que examinarem e responderão aos quesitos formulados." No caso específico da computação, quem realiza esse trabalho de forma oficial, em âmbito penal é o Perito Criminal em Informática. Entretanto, outros profissionais podem ser contratados particularmente para elaborar laudos, após examinar um computador. São eles: peritos particulares, auditores de sistemas, profissionais de TI e outros. Além disso, juízes, advogados, delegados, promotores e demais profissionais da área de direito também devem conhecer as evidências e provas digitais para consequente apuração das mesmas.[4]

A investigação da Computação Forense deve levar em consideração algumas questões, a saber: toda busca e análise de evidências realizada por perícia deve sempre ser precedida de requisição ou da autoridade policial (art. 6°, VII, CPP), Ministério Público (art. 47, CPP), ou magistrado (art. 423, CPP).[5]

Ademais, toda prova avaliada e concluída não poderá sofrer nenhum tipo de alteração durante sua análise pelos peritos. Considerando o disposto no art. 169, que versa sobre as providências que a autoridade deve realizar no sentido de isolar e preservar os vestígios do crime no local,[6] a primeira parte do art. 170 trata, a seu turno, da necessidade de se guardar material suficiente para a eventualidade de nova perícia, visando inclusive o contraditório.[7] Levando em conta o fato de que a maioria dos vestígios de crimes informáticos tem por característica sua fragilida-

---

[3] ELEUTÉRIO, Pedro Monteiro da Silva; MACHADO, Marcio Pereira. *Desvendando a Computação Forense.* São Paulo: Novatec, 2010.

[4] Idem, p. 16.

[5] BRITO, Alexis Augusto Couto de. *Processo Penal Brasileiro.* São Paulo: Atlas, 2012, p. 210 e 211.

[6] ESPINDULA, Alberi. *Perícia criminal e cível*: uma visão geral para peritos e usuários da perícia. 2. ed. São Paulo: Millennium Editora, 2005, p. 42.

[7] OLIVEIRA, Eugênio Pacelli de. *Curso de processo penal.* 14. ed, revista e atualizada. Rio de Janeiro: Lumen Juris, 2011, p. 415.

de, que exige delicado manuseio para a preservação das informações ali constantes,[8] recomenda-se a cópia dos dispositivos originais para a análise efetiva se dar sobre as réplicas.

Portanto, a Computação Forense tem como objetivo principal determinar a dinâmica, a materialidade e autoria de ilícitos ligados a área de informática, tendo como questão principal a identificação e o processamento de evidências digitais em provas materiais de crime, por meio de métodos técnico-científicos, conferindo-lhes validade probatória em juízo.

3. O profissional perito investigador

Para caracterizar um investigador, também chamado perito, enfatizam-se algumas observações importantes sobre sua personalidade e seus princípios. O bom profissional tem de ser, antes de tudo, uma pessoa de conduta ilibada, sendo conhecedor dos princípios básicos do direito, de sigilo e privacidade, além de ter conhecimento e entendimento profundo das características de funcionamento de sistemas de arquivos, programas de computador e padrões de comunicação em redes de computadores, noção sobre psicologia dos agentes criminosos, seus perfis de comportamento e motivações que os levam a realizar um ataque.[9]

Com o avanço da tecnologia, o profissional deverá ter familiaridade com as ferramentas, técnicas, estratégias e metodologias dos ataques na *internet*, inclusive as que não se têm registro de ter ocorrido, mas que já são vistas como uma exploração em potencial de uma determinada vulnerabilidade de um sistema.

Este terá de ter conhecimento das diretivas internas das empresas e instituições envolvidas no processo investigativo, com especial atenção às limitações de privacidade, sigilo e jurisdição de atuação, sendo uma pessoa que está sempre atualizada com os acontecimentos globais, novas tecnologias, *softwares* e aplicações *hackers*.

4. Principais exames forenses em informática[10]

Considerando o crescente uso dos computadores e da popularização dos dispositivos computacionais portáteis, espera-se que novos tipos

[8] Idem, p. 364 e 365.

[9] Revista *Evidência Digital*, p. 23.

[10] ELEUTÉRIO, Pedro Monteiro da Silva; MACHADO, Marcio Pereira. *Desvendando a Computação Forense*. São Paulo: Novatec, 2010, p. 19.

de exames forenses na área de informática sejam necessários em um futuro próximo.

Da mesma forma, imagina-se que a demanda crescerá bastante nos próximos anos, pois os computadores tornaram-se um excelente mecanismo de investigação, sendo fundamentais para solucionar diversos tipos de delitos.

Entretanto, nos dias atuais, e dentro da experiência profissional dos autores, os principais exames forenses de informática são:

- exames e procedimentos em locais de crime de informática: consistem principalmente no mapeamento, identificação e correta preservação dos equipamentos computacionais, a fim de permitir melhor seleção do material a ser apreendido para posterior análise em laboratório. Em alguns casos, é necessária a realização de exames forenses ainda no local de crime;

- exames em dispositivos de armazenamento computacional: são os exames periciais mais solicitados na Computação Forense e consistem basicamente em analisar arquivos, sistemas e programas instalados em discos rígidos, CDs, DVDs, Blu-Rays, *pen drives* e outros dispositivos de armazenamento digital de dados. Esses exames são compostos de quatro fases (preservação, extração, análise e formalização) e fazem uso de algumas técnicas, como recuperação de arquivos apagados, quebra de senhas e virtualização;

- exames em aparelhos de telefone celular: compreendem basicamente a extração dos dados desses aparelhos, a fim de recuperar e formalizar as informações armazenadas em suas memórias (lista de contratos, ligações, fotos, mensagens, etc.), de acordo com a necessidade de cada caso;

- exames em sites da Internet: consistem principalmente na verificação e cópia de conteúdo existente na Internet, em sites e servidores remotos dos mais variados serviços. Além disso, trata-se da investigação do responsável por um domínio de um site ou endereço IP; e

- exames em mensagens eletrônicas (*e-mails*): correspondem basicamente à análise das propriedades das mensagens eletrônicas, a fim de identificar hora, data, endereço IP e outras informações do remetente da mensagem.

5. Locais de crime envolvendo equipamentos computacionais

Local de crime é o lugar onde uma suposta infração penal ocorreu. Nele podem ser encontradas evidências muito úteis à investigação, possibilitando esclarecer a autoria (quem), a dinâmica (como) e a materialidade (o que aconteceu) do delito.[11]

Local do crime, segundo a orientação preceituada pelo Código de Processo Penal, é o lugar onde houve a consumação ou o último ato de

[11] ELEUTÉRIO, Pedro Monteiro da Silva; MACHADO, Marcio Pereira. *Desvendando a Computação Forense*. São Paulo: Novatec, 2010, p. 25.

tentativa da infração.[12] Alberi Espindula conceitua como "todo espaço físico onde ocorreu a prática da infração penal".[13]

Para Alberi Espindula o local do crime em delitos informáticos deve ser compreendido como todo lugar por onde as informações pertinentes ao objetivo criminoso transitaram e/ou foram processadas, fatores que afastam uma adequação do conceito tradicional de local de crime no que diz respeito a esse delito em específico.[14]

Um local de crimes de informática nada mais é do que um local de crime convencional acrescido de equipamentos computacionais que podem ter relação com o delito investigado. São comuns nos dias de hoje, assim como o cumprimento de mandados de busca e apreensão envolvendo equipamentos computacionais.[15]

Já o mandado de busca e apreensão é uma ordem expedida por autoridade policial ou judicial (se envolvendo eventual invasão de domicílio) com o fito de prender criminosos, apreender indícios da materialidade do delito e demais elementos de convicção pertinentes.

Em locais de crime, o isolamento, a análise, a documentação minuciosa dos vestígios encontrados e sua posterior coleta são tarefas fundamentais. Já em cumprimento de mandados de busca e apreensão envolvendo equipamentos computacionais, deve-se, primeiramente, identificar para, em seguida selecionar e coletar os equipamentos necessários.

Nos dois casos, cuidados especiais devem ser tomados durante a coleta dos vestígios digitais, pois assim como alguns vestígios convencionais são muito sensíveis, uma vez que podem ser facilmente perdidos e/ou destruídos.

Depois da coleta de todos os equipamentos é necessário se assegurar de que estão devidamente relacionados, identificados e documentados. É dada atenção especial a evidências ou pistas que estão implícitas ou ocultas e, com isso, torna-se indispensável o espírito investigativo do profissional da área. Todo dispositivo ou mídia magnética deve ser armazenado em embalagens antiestáticas apropriadas. Nunca é utilizado material que pode produzir energia estática, como o plástico convencional. Deve-se evitar dobras, riscos, e outras alterações nos aspectos físicos dos dispositivos. Durante o transporte, todas as evidências precisam ser isoladas de fontes magnéticas, como rádios, alto-falantes, acomodações com calor excessivo. É desaconselhável a manutenção de evidências den-

---

[12] BRITO, Alexis Augusto Couto de. *Processo Penal Brasileiro.* São Paulo: Atlas, 2012, p. 126

[13] ESPINDULA, Alberi. *Perícia criminal e cível: uma visão geral para peritos e usuários da perícia.* 2. ed. São Paulo: Millennium Editora, 2005.p. 147.

[14] Idem, p. 365.

[15] ELEUTÉRIO, Pedro Monteiro da Silva; MACHADO, Marcio Pereira. *Desvendando a Computação Forense.* São Paulo: Novatec, 2010, p. 26.

tro de veículos por períodos prolongados de tempo. Condições de calor, frio ou umidade excessiva podem danificar evidências, assim como choques ou vibrações muito fortes. É necessária também a manutenção da cadeia de custódia durante todo o transporte.

Para armazenamento dos dispositivos, cuidados semelhantes são tomados. O ambiente não pode ter temperatura demasiadamente alta ou baixa. Os equipamentos coletados devem estar livres de fontes radioativas, poeira, umidade ou qualquer outra condição que possa comprometê-los. Existe uma preocupação especial com dados contendo datas, horários e configurações de sistemas que podem ser perdidos se o dispositivo for armazenado por um período muito longo de tempo. Baterias têm tempo limitado de duração e todas as precauções necessárias são tomadas por profissionais apropriados quando se trata deste tipo de dispositivo.

6. Fontes de evidências eletrônicas

A maior fonte de informação para um perito forense computacional é o sistema de arquivos do computador. Todos os tipos de dados (binários, textos, imagens) têm de ser analisados, e a identificação do respectivo conteúdo determina sua funcionalidade no sistema investigado. O conhecimento da atividade criminosa suspeita pode auxiliar muito neste processo, fornecendo indícios de palavras-chaves, imagens ou tipos de programas que podem ser identificados como relevantes, de acordo com alguma finalidade específica. Espaços não utilizados no dispositivo de armazenamento também devem ser cuidadosamente investigados, pois podem conter indícios de atos ilícitos. Estes espaços podem ser caracterizados por setores não alocados do disco, espaços alocados e não utilizados *(file slacks)*, arquivos ou dados excluídos além de áreas do dispositivo de armazenamento que não constituem uma partição do disco ou não contém sistema de arquivos.

Outra fonte de dados valiosa que merece atenção são os arquivos de *log*. O objetivo de um arquivo de *log* é manter um registro detalhado de ações realizadas em um sistema operacional ou aplicativo. Um registro de *log* pode conter data e hora de ações, descrição de ações executadas, locais onde ações foram executadas, dados alterados por estas ações e, principalmente, os autores destas ações. Um navegador *Web*, por exemplo, guarda *logs* de todos os *sites* visitados incluindo data, hora e endereço do *site*. Saber o que um usuário acessa pode ajudar a identificar intenções da pessoa investigada. Por exemplo, se o sujeito acessou dados financeiros ou fez transações bancárias, se acessou seus *e-mails*, quais informações (notícias, *blogs*, entretenimento) visualizadas, quais palavras-chaves foram utilizadas para encontrar *sites* em mecanismos de buscas, etc. Os Arquivos Temporários (*Temp Files*), que são criados durante a execução de algum programa, ou sistema operacional, e são posteriormente descartados, devem ser minuciosamente avaliados devido à possibilidade de conter informações a respeito de dados manipulados pelo usuário. E todos dados manipulados pelo suspeito devem ser examinados.

O setor de *Boot* contém arquivos responsáveis pela inicialização do sistema operacional quando o computador é ligado, em outras palavras, ele prepara a máquina para interação com o usuário (ou realização de alguma tarefa). Durante a etapa de boot, o computador carrega informações básicas de programas, carrega drivers dos dispositivos, ativa serviços do sistema operacional, entre outras coisas. A importância de se investigar este setor se encontra na possibilidade de encontrar programas ou rotinas diversas àquelas que deveriam estar presentes, uma vez que é possível a inserção de instruções que possam iniciar algum tipo de processo malicioso no computador, como interceptação e envio de dados.

A memória é responsável por manter os arquivos voláteis do sistema, que são utilizados por programas em execução ou ainda arquivos que não foram gravados em disco.

Para se recuperar estes dados, pode-se fazer um *dump* de memória que, em outras palavras, significa gravar todo o conteúdo presente na memória em dado instante de tempo para um arquivo (arquivo de *dump*). Além disso, pode-se também utilizar *core files*, que são arquivos criados quando um programa termina inesperadamente sua execução por causa de um erro no próprio programa (bug), alguma violação do sistema operacional ou devido a algum mecanismo de proteção do *hardware*. Este arquivo contém uma descrição detalhada do estado do programa quando este foi terminado. Como qualquer outro tipo de dado citado, os dados da memória também merecem ser analisados na busca de vestígios de evidências de atividades ilícitas. Vale lembrar que análise de memória inclui desde área de transferência de arquivos até *buffer* de impressoras (que pode conter informações de conteúdos impressos).

A memória virtual (ou setor de *Swap*) tem como uma de suas funções básicas e mais conhecida permitir um processo de utilização de mais memória do que a fisicamente existente.

Com isso, dados de programas em execução são escritos no disco (ao invés de serem escritos na memória *RAM*). Justifica-se, então, a importância de se considerar também o setor de *Swap* como uma fonte de evidências em potencial.

7. Exames periciais em computação forense

É tarefa difícil enumerar todos os tipos de exames envolvidos na área de computação forense.

A maior casuística da perícia de informática ainda é a busca de informações gerais a partir da busca por palavras-chave em uma mídia de armazenamento computacional. Para esse tipo de exame, o perito recebe qualquer mídia de armazenamento, realiza procedimentos típicos de recuperação de dados apagados e/ou ocultos e aplica buscas pelas palavras solicitadas. Técnicas modernas permitem a recuperação de grande quantidade de dados apagados. Contudo, esses dados tendem a se apresentar sob a forma de fragmentos de difícil visualização e interpretação. Nesse sentido, quanto maior o conhecimento do perito sobre o caso, melhor a filtragem dos resultados obtidos na busca, proporcionando maior aderência entre os documentos (completos ou fragmentos) contendo as palavras selecionadas e o caso em apuração.

Em que pese se tratar de uma atividade relevante em várias situações, no contexto brasileiro, trata-se corriqueiramente de uma inversão de procedimento, onde a fase de análise (ou mesmo o laudo pericial) tem o objetivo de identificar os dispositivos relevantes à investigação. Tipicamente se dá o caso em que ao perito é solicitada apenas a indicação de arquivos ou fragmentos que contenham palavras dentro de um conjunto selecionado, e não a identificação de elementos que materializem um suposto crime.

Durante exames de registros de operações, cabe ao perito analisar a sistemática de registros de acessos adotada pelo sistema (operacional ou aplicativos), compreendendo-a e extraindo os dados em uma semântica apropriada ao solicitado.

Não raro, encontram-se situações em que o registro do acesso aos dados ou informações não foi feito pelo sistema que os gerencia. Nesses casos, adota-se a sistemática de busca por fragmentos do dado/informação sob análise na máquina que supostamente ocorreu o acessou.[16]

Em algumas situações, necessita-se a materialização de um suposto crime no mundo virtual. Assim, divulgação na *Internet* antecipada de propaganda eleitoral, divulgação de material proibido, propaganda enganosa, difamação, calúnia, entre outros, são exemplos dessa situação.

Os peritos dispõem de ferramentas que conseguem rastrear todos os *hiperlinks* de uma página, recuperando um sítio inteiro para materialização e navegação *off-line*. Esse tipo de exame não oferece grandes difi-

[16] SOUSA, Galileu Batista – WMM – *Uma ferramenta para extração de Vestígios deixados pelo Windows Live Messenger*. The Third International Conference of Forensic Computer Science, Vol. 3. Nº 1, 2008.

culdades técnicas, exceto pela calibragem de quais *hiperlinks* devem ser seguidos, pois, de outra forma, uma quantidade muito maior de informação pode ser recuperada. O objetivo é de preservação e de caracterização da divulgação da informação.[17]

As redes sociais têm sido o foco de crimes de difamação e calúnia. Por meio de convênio com os responsáveis pelos sítios das maiores redes sociais, as forças policiais podem, agora, solicitar a remoção e a preservação dos perfis com suspeita de prática de crime, para posterior investigação e materialização do crime.

Na medida em que está se tornando a principal fonte de troca de informação, a *Internet* também viabiliza a divulgação e a troca de informações ilícitas. São exemplos: troca de imagens e vídeos contendo exploração sexual de crianças e troca de material protegido por direito autoral, como *software*, música e filmes.

8. Técnicas interessantes[18]

8.1. Criptografia e criptoanálise

A palavra criptografia vem do grego *kryptós*, escondido, e *gráphein*, escrita. Portanto, criptografar uma mensagem significa transformá-la, a partir de algum algoritmo, em uma outra que seja ilegível para um receptor que não saiba uma determinada chave que possibilita descriptografar a informação. Criptoanálise consiste em decifrar uma mensagem sem conhecer a chave utilizada para criar a informação codificada.

Citar os elementos básicos da criptografia ajudará a entender melhor a essência desta técnica:

- Mensagem Inteligível: trata-se de uma informação qualquer, um texto ou imagem, que se encontra em uma forma clara, mas cujo conhecimento (ou possibilidade de entendimento) deve ser restrito às pessoas desejadas;
- Mensagem Codificada: uma informação ininteligível, aparentemente sem sentido, mas que contém uma mensagem inteligível em seu conteúdo;
- Algoritmo: um processo, geralmente baseado em complexas funções matemáticas, que transforma uma mensagem inteligível em uma mensagem codificada. Essa operação é baseada em uma chave de criptografia;
- Chave de Criptografia: um texto, de tamanho fixo ou variável, que torna possível a transformação de uma mensagem codificada em uma mensagem inteligível.

---

[17] COLLI, Maciel. Cibercrimes – *Limites e perspectivas à investigação policial de crimes cibernéticos*. São Paulo: Juruá, 2010.

[18] ELEUTÉRIO, Pedro Monteiro da Silva; MACHADO, Marcio Pereira. *Desvendando a Computação Forense*. São Paulo: Novatec, 2010, p. 85.

O campo de estudos de criptografia é extremamente amplo, e não se limita ao ramo forense. Profissionais desta área são criptógrafos, criptólogos ou criptoanalistas, conforme as atribuições na área da criptologia, que engloba criptografia e criptoanálise. Muitas são as vantagens que se podem obter destas técnicas em diversas aplicações, tais como: assegurar confidencialidade de informações, garantir integridade de dados, aumentar a confiabilidade de sistemas de autenticação entre outras utilidades.

Cabe a um perito computacional conhecer profundamente as técnicas de criptologia a fim de se identificar possíveis trocas de informações com finalidades criminosas.

Vale lembrar que no mundo do crime também existem pessoas muito competentes com tecnologia, e por isso é importante estar sempre atualizado com estudos, pesquisas e avanços relevantes ao meio em que se atua.

8.2. Esteganografia[19]

A esteganografia consiste na pesquisa e utilização de técnicas que permitem ocultar mensagens dentro de imagens ou de outras mensagens. A palavra tem origem no grego *steganographia*, que significa "coberta" ou "escrita encoberta". Há uma série de aplicações para a esteganografia:

- verificação de autenticidade: marcas d'agua em cédulas entre outros casos onde é necessária a prevenção de falsificações;
- manutenção da confidencialidade de informações valiosas;
- impressoras modernas (HP, Xerox) também adicionam minúsculos pontos em cada página com informações codificadas de número de série, além de data e hora da impressão; e
- terrorismo: há rumores de que esteganografia foi utilizada em imagens digitais do *site* *eBay* para planejar os ataques de 11 de Setembro, nos Estados Unidos.

A esteganografia também pode ser utilizada em textos, áudios, vídeos. Criptografia e Esteganografia trabalham lado a lado garantindo a ocultação da mensagem. Enquanto a criptografia tenta codificar o conteúdo, a estenografia tenta camuflar uma mensagem dentro de outra. As duas técnicas podem ser utilizadas conjuntamente, dificultando ainda mais que as pessoas não autorizadas visualizem a mensagem ocultada.

A vantagem da esteganografia é que geralmente o formato da sua mensagem não atrai atenção. Trata-se de uma simples imagem, ou arqui-

---

[19] ELEUTÉRIO, Pedro Monteiro da Silva; MACHADO, Marcio Pereira. *Desvendando a Computação Forense*. São Paulo: Novatec, 2010, p. 86.

vo texto com uma lista telefônica, por exemplo. Quanto à criptografia, um texto cifrado sempre acaba por chamar a atenção.

Caso o perito não descubra a técnica utilizada para ocultar a mensagem, uma alternativa é verificar a existência de *softwares* específicos instalados no dispositivo examinado, realizando o mesmo procedimento utilizado no caso de criptografia.

9. Casos reais[20]

9.1. O pastor

Um pastor norte-americano chamado Willian Guthrie era casado com Sharon Guthrie, de 54 anos. Em 1999, ela foi encontrada na banheira de sua casa, aparentemente morta por afogamento. A autópsia revelou a existência da droga *Temazepan*, indicada pelo marido para auxiliar no sono. Um perito chamado Judd Robbins analisou durante alguns dias o computador do pastor, e descobriu coisas incríveis. O pastor havia feito pesquisas na *internet* usando termos como "acidentes domésticos" e "acidentes na banheira". Buscou ainda por *sites* que explicavam como matar de forma eficaz e indolor, incluindo o uso do *Temazepan*. Como todas estas evidências datavam de antes da mulher morrer, ajudaram a incriminar o marido da vítima como culpado.

9.2. EUA invade rede da Rússia

Autoridades americanas estavam interessadas em prender *hackers* russos e, para isso, precisavam atrair os acusados para território nacional. Fizeram então uma empresa fictícia, e convidaram os russos para entrevistas de empregos. Foram então incentivados a invadir a rede de computadores da tal empresa a fim de provar suas capacidades. Todos os computadores utilizados continham *softwares* para registro de toda atividade do usuário. Com isso, informações cruciais foram obtidas a fim de auxiliar na coleta de evidências de ações dos *hackers* deixadas na rede de computadores russa. Quando então os acusados chegaram aos Estados Unidos, sob o pretexto de uma entrevista, foram presos. A Rússia encaminhou uma reclamação contra o FBI, alegando que eles não tinham o direito de invadir uma rede russa e baixar arquivos, mas a resposta foi que a legislação russa não se aplica às ações de agentes do FBI.

---

[20] BULLE, Felipe. Computação Forense. Disponível em: <http://grenoble.ime.usp.br/~gold/cursos/2008/movel/gradSemCorrecao/FelipeBulleC.pdf>. Acesso. 28 Mai 2013.

9.3. Antena celular

Há um caso de um corretor que fora acusado de homicídio. Ele afirmava estar em outra localidade na ocasião do crime, não podendo ser o assassino. Umas das evidências utilizadas contra ele foi o registro de chamadas de sua operadora de telefonia móvel. Próximo à hora do crime, as ligações que ocorreram utilizaram determinada antena e, com os devidos cálculos, foi possível determinar, com uma margem aproximada de erro de 100 metros, que o corretor estava na região do crime.

10. Conclusão

Devido à globalização dos crimes digitais, é fundamental que sejam feitos, em cada país, esforços constantes a respeito de legislação local, nacional e internacional em conjunto com a padronização de procedimentos, criação e uso de manuais de boas práticas aceitas internacionalmente para a forense computacional.

A atividade criminosa contemporânea está ciente das facilidades proporcionadas pelo advento da informação e delas se valem tanto para dissuadir o sujeito vulnerável, quanto para dissimular as evidências destas práticas. Por vezes equipada com aparato tecnológico de contornos surreais, desenvolve-se o delito pelo viés computacional, gerando fácil enriquecimento às sofisticadas organizações que pelo ilícito buscam angariar seus resultados.

Porém, a tecnologia é para todos, e tradicionalmente os avanços na ciência partem da iniciativa governamental. A promoção à inclusão científica de certa maneira agrega ao pólo da legalidade o potencial de uma nova geração que já cresce com a informática intrinsecamente vinculada ao seu cotidiano.

Portanto, é fundamental um constante esforço na busca de métodos eficazes (alternativos ou otimizados), levando em conta, além da manutenção dos sucessos já alcançados, um crescente progresso na busca da erradicação da criminalidade informatizada.

Referências bibliográficas

BRITO, Alexis Augusto Couto de. *Processo Penal Brasileiro*. São Paulo: Atlas, 2012. p. 126.

BULLE, Felipe. *Computação Forense*. Disponível em:<http://grenoble.ime.usp.br/~gold/cursos/2008/movel/gradSemCorrecao/FelipeBulleC.pdf>Acesso em: 28 Mai 2013.

COLLI, Maciel. Cibercrimes – Limites e perspectivas à investigação policial de crimes cibernéticos. São Paulo: Juruá, 2010.

COSTA, Marcelo Antonio Sampaio Lemos. *Computação Forense.* 3. ed. Campinas: Millennium, 2011.

DAN FARMER e Wietse Venema. *Perícia Forense Computacional* – Teoria e Prática Aplicada. São Paulo: Pearson Prentice Hall, 2007.

ELEUTÉRIO, Pedro Monteiro da Silva; MACHADO, Marcio Pereira. *Desvendando a Computação Forense.* São Paulo: Novatec, 2010.

ESPINDULA, Alberi. Perícia criminal e cível: uma visão geral para peritos e usuários da perícia. 2ª Edição. São Paulo: Millennium Editora, 2005.

FREITAS, Andrey Rodrigues. *Pericia Forense Aplicada à Informática.* São Paulo – SP. Instituto Brasileiro de Propriedade Intelectual – IBPI, 2007.

OLIVEIRA, Eugênio Pacelli de. *Curso de processo penal.* 14 edição, revista e atualizada. Rio de Janeiro: Lumen Juris, 2011.

REVISTA *Evidência de Digital.* Disponível em: <http://www.guiatecnico.com.br/evidenciadigital/>. Acesso em: 28 Mai 2013.

SOUSA, Galileu Batista – WMM – *Uma ferramenta para extração de Vestígios deixados pelo Windows Live Messenger.* The Third International Conference of Forensic Computer Science, Vol. 3. Nº 1, 2008.

Tendências dos Crimes Cibernéticos. Disponível em: <http://www.iccyber.org2009/uploads/trabalhos/20090923/Policia_Federal_Marcos_Vinicius.pdf>. Acesso em: 28 Mai. 2013.

— 13 —

Responsabilidade do servidor público e dos funcionários da iniciativa privada nas questões de direito digital

BRUNA BIER DA SILVA[1]

Sumário: Introdução; 1. Responsabilidade civil-trabalhista; 2. Mau uso da ferramenta de trabalho tecnológica; 3. Concorrência desleal e vazamento de informação confidencial; Conclusão; Referências bibliográficas.

Introdução

A responsabilidade civil é um assunto extremamente vasto, por isso é um grande desafio enfrentá-lo. Sua dificuldade aumenta ainda mais quando o tema vincula-se ao direito digital, visto que é matéria muito controvertida devido à sua modernidade, o que causa muitas dúvidas tanto à sociedade quanto aos profissionais do direito. De maneira alguma seria possível prever todas as situações da vida humana em sociedade que possam acarretar dano e, portanto, responsabilidade ao trabalhador frente à era digital. Por conseguinte, não é esse o objetivo da narrativa que se propõe.

A questão é que muitas dúvidas surgem a partir da necessidade de utilização da tecnologia, especialmente quando se é obrigado a utilizá-la em atividades laborais. Entende-se que, mais do que a má-fé, a falta de informação é um dos principais agentes a que se atribui a prática de atos digitais danosos. É, portanto, com a intenção de informar que este artigo é escrito, visto que a falta de conhecimento acerca do tema prejudica as

[1] Graduanda do curso de Ciências Jurídicas e Sociais – Direito, na Pontifícia Universidade Católica do Rio Grande do Sul – PUCRS. Pesquisadora do projeto "O valor social do trabalho e o princípio da fraternidade: reflexões sobre o teletrabalho e o isolamento social do laborista em face do convívio humano virtualizado", coordenado pela Profa. Dra. Denise Pires Fincato e financiado com bolsa de pesquisa de iniciação científica PIBIC/CNPQ. Integrante do Grupo de Estudos e Pesquisas – CNPq – intitulado "Novas Tecnologias e Relações de Trabalho".

relações laborais como um todo, trazendo transtornos a ambas as partes – empregado e empregador.

Dessa forma, primeiramente pretende-se apresentar a significação do termo responsabilidade civil e demonstrar sua incidência no que tange o Direito do Trabalho, relacionando os riscos presentes nas relações entre empregador e empregado quanto a eventuais situações que incorram em dano a terceiro. Por conseguinte, cumpre analisar as atitudes inadequadas que empregados devem evitar quando da utilização das ferramentas digitais no ambiente de trabalho. Após, faz-se resumida menção dos principais tópicos referentes à concorrência desleal, bem como ao vazamento de informação confidencial, podendo este último ser deflagrado na forma de responsabilidade culposa.

1. Responsabilidade civil-trabalhista

Entende-se por responsabilidade civil a necessidade de reparação da ação ou omissão de um indivíduo que resulte em um dano moral e/ou patrimonial. Tal ação deve ter sido essencial para haver o resultado (dano), caso contrário não estará presente um dos principais pressupostos para a configuração da responsabilidade que é o chamado "elo de causalidade" (causa-efeito). Nesse sentido, Maria Helena Diniz define a responsabilidade civil da seguinte forma:

> Aplicação de medidas que obriguem alguém a reparar dano moral e/ou patrimonial causado a terceiro em razão de ato do próprio imputado, de pessoa por quem ele responde, ou de fato de coisa ou animal sob sua guarda, ou, ainda, de simples imposição legal.[2]

Por outro lado, além da ação (ou omissão), do dano e do elo de causalidade, um requisito, por vezes, entendido como necessário para a responsabilidade é o dolo ou a culpa do indivíduo causador do ato, que é a chamada responsabilidade subjetiva. Caracterizar-se-á dolo ou culpa quando o sujeito agir com negligência ou com imprudência;[3] no entanto, há hipóteses em que o dolo ou a culpa são considerados como sendo irrelevantes para a configuração do dever de reparar. Nesses casos, remetendo às questões trabalhistas, examina-se que se o indivíduo exerce atividade profissional capaz de gerar dano a terceiros, possui o dever de repará-lo, mesmo que não tenha agido com dolo ou culpa, pois assumiu o risco do resultado. Tal conceito se refere à responsabilidade objetiva, cuja definição Maria Helena Diniz aduz:

---

[2] DINIZ, Maria Helena. *Dicionário jurídico universitário*. São Paulo: Saraiva, 2010, p. 509.

[3] Código Civil Brasileiro, art. 159: "Aquele que, por ação ou omissão voluntária, negligência, ou imprudência, violar direito, ou causar prejuízo a outrem, fica obrigado a reparar o dano"

> [...] bastará a existência do nexo de causalidade entre o prejuízo sofrido pela vítima e a ação do agente para que surja o dever de indenizar.[4]

Além disso, o dano pode ter sido causado por ato do próprio indivíduo considerado como responsável, mas também por ação ou omissão de pessoa por quem ele responde; essa é a chamada responsabilidade complexa ou indireta. Nessa hipótese, o dano pode ser provocado sob as ordens do responsável ou não, pois se entende que o sujeito que praticou o dano estava sob a guarda do sujeito a quem será imputado o dever de ressarcir. Nesse sentido, Maria Helena Diniz leciona:

> [...] só pode ser vinculada indiretamente ao responsável, não se conformando, portanto com o princípio geral de que o homem apenas é responsável pelos prejuízos causados diretamente por ele e por seu fato pessoal.[5]

A autora, ainda, ensina que há duas modalidades de responsabilidade indireta. A primeira é "a responsabilidade por fato alheio, desde que o causador do dano esteja sob a direção de outrem, que, então responderá pelo evento lesivo"; a segunda é a "responsabilidade pelo fato de coisas animadas ou inanimadas que estiverem sob guarda de alguém, que se responsabilizará pelos prejuízos causados". Em resumo, define que a responsabilidade complexa ou indireta é referente a "ato de terceiro vinculado ao agente, ou de fato de animal ou de coisa inanimada sob sua guarda".

Abaixo está posto um resumo esquematizado e superficial do que fora abordado acerca da responsabilidade civil, com o intuito didático de facilitar o entendimento e a relação do referido tema com a matéria trabalhista.

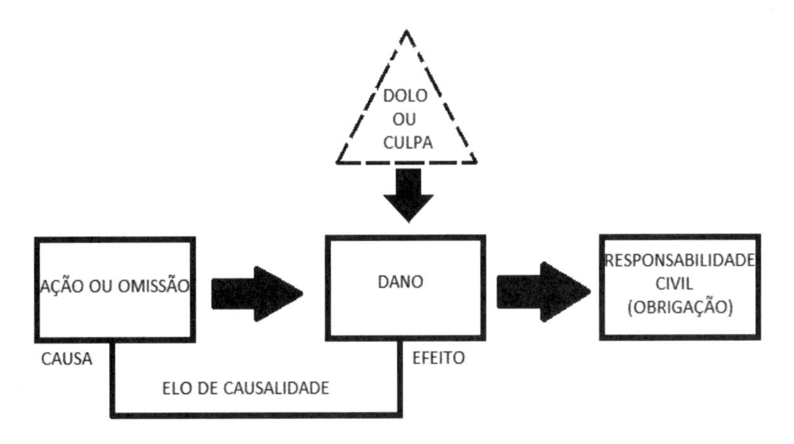

[4] Ob. cit, p. 510.
[5] Ob. cit, p. 509.

Remetendo à esfera trabalhista, observa-se que o empregador é responsável pela reparação civil de dano causado por seu empregado;[6] contudo, o empregado que realizou o ato pode ser considerado responsável, de maneira subsidiária (não principal), e ser obrigado a arcar com os prejuízos do dano. O Código Civil brasileiro, em seu artigo 934, faz referência à questão do direito de regresso do indivíduo que ressarciu o dano causado por outrem;[7] todavia, no âmbito do direito do trabalho se mostra imperiosa a observância do parágrafo único do artigo 462 da CLT, que permite o desconto no salário do empregado em caso de dano causado por ele, "desde que esta possibilidade tenha sido acordada ou na ocorrência de dolo do empregado".[8]

Há de se entender, portanto, a partir dos dispositivos elencados que é necessário o acordo, prévio ou quando da ocorrência do evento danoso, para que ao empregador seja permitido descontar valores quando a conduta danosa for flagrada culposa; contudo, em caso de dolo o referido desconto poderá ser efetuado, ainda que nada tenha sido pactuado. Sendo assim, passaremos a analisar algumas situações, as quais poderão gerar demissão por justa causa, bem como incumbir o trabalhador do dever de indenizar.[9]

Ademais, o dever de indenizar do empregador por conta de ato do empregado, no exercício do trabalho ou em razão dele, deixou de ser hipótese de responsabilidade civil subjetiva, como dispunha a súmula 341 do Supremo Tribunal Federal; transformou-se, pois, em hipótese de responsabilidade objetiva, o que tornou a ideia de culpa totalmente irrelevante para atribuir responsabilidade civil ao empregador. Isso ocorre para atender de maneira mais eficaz à vítima no que diz respeito a seu ressarcimento e vai ao encontro do que já fora referido com relação à necessidade de o empregador responder pelos riscos econômicos da atividade exercida.[10]

---

[6] Código Civil Brasileiro, art. 932: "São também responsáveis pela reparação civil: III – O empregador ou comitente, por seus empregados, serviçais e prepostos, no exercício do trabalho que lhes competir, ou em razão dele".

[7] Art. 934, CC: Aquele que ressarcir o dano causado por outrem pode reaver o que houver pago daquele por quem pagou, salvo se o causador do dano for descendente seu, absoluta ou relativamente incapaz.

[8] Art. 462, CLT: Ao empregador é vedado efetuar qualquer desconto nos salários do empregado, salvo quando este resultar de adiantamentos, de dispositivos de lei ou de contrato coletivo. § 1º Em caso de dano causado pelo empregado, o desconto será lícito, desde que esta possibilidade tenha sido acordada ou na ocorrência de dolo do empregado.

[9] PAMPLONA FILHO, Rodolfo. Responsabilidade Civil nas Relações de Trabalho e o Novo Código Civil Brasileiro. Disponível em: <http://aplicacao.tst.jus.br/dspace/bitstream/handle/1939/3815/tst_1-2004_7.pdf?sequence=1>. Acesso em 14.10.2013, p. 109.

[10] Ob. cit., p. 108.

2. Mau uso da ferramenta de trabalho tecnológica

No caso do mau uso de ferramenta tecnológica de trabalho, a utilização de *e-mail* coorporativo para fins pessoais é um tema que causa bastante controvérsia. Há quem pense que apesar de ser utilizado no ambiente de trabalho, o correio eletrônico é uma correspondência pessoal; essa linha de raciocínio entende não ser necessária a prestação de contas quanto à sua forma de utilização, sendo, portanto, inviolável. Outra corrente doutrinária entende que o *e-mail* coorporativo é uma ferramenta de trabalho, o que concede ao empregador o direito de monitorar seu uso, não havendo, pois, relação quanto à violação do direito à privacidade e à intimidade do trabalhador. Ademais, há uma corrente intermediária que acredita se tratar de uma correspondência violável apenas em último caso, com autorização judicial. Com relação a essa matéria, o TST se pronunciou da seguinte forma:

> AGRAVO DE INSTRUMENTO EM RECURSO DE REVISTA – E-MAIL CORPORATIVO – ACESSO PELO EMPREGADOR SEM A ANUÊNCIA DO EMPREGADO – PROVA ILÍCITA NÃO CARACTERIZADA. Consoante entendimento consolidado neste Tribunal, o e-mail corporativo ostenta a natureza jurídica de ferramenta de trabalho, fornecida pelo empregador ao seu empregado, motivo pelo qual deve o obreiro utilizá-lo de maneira adequada, visando à obtenção da maior eficiência nos serviços que desempenha. Dessa forma, não viola os arts. 5º, X e XII, da Carta Magna a utilização, pelo empregador, do conteúdo do mencionado instrumento de trabalho, uma vez que cabe àquele que suporta os riscos da atividade produtiva zelar pelo correto uso dos meios que proporciona aos seus subordinados para o desempenho de suas funções. Não se há de cogitar, pois, em ofensa ao direito de intimidade do reclamante. Agravo de instrumento desprovido. (TST, Relator Vieira de Mello Filho, AIRR-1640/2003-051-01-40.0, Julgado em 15.10.2008)[11]

A divergência de entendimentos ocorre por existirem dois argumentos importantes, posto que é incontestável o direito do empregado à sua intimidade, protegido pelo artigo 5º, X,[12] da Constituição Federal brasileira. Por outro lado, no entanto, também parece legítimo o direito do empregador de se proteger e de traçar regras que façam com que a empresa funcione sem que nenhum prejuízo lhe seja atribuído, com força no princípio da proteção da propriedade privada, protegido pela Constituição Federal, que legitima o direito do empregador de regular a utilização dos bens da empresa; nesse sentido, muitos argumentam que o uso do computador deve se limitar às atividades relacionadas ao labor,

[11] Disponível em: <http://portal.trt22.gov.br/site/arquivos/downloads/Direito_Eletronico-Jurisprudencia_11477.pdf>. Acesso em: 14.10.13.

[12] "são invioláveis a intimidade, a vida privada, a honra e a imagem das pessoas, assegurado o direito a indenização pelo dano material ou moral decorrente de sua violação"

ponto de vista que se mostra razoável.[13] Nessa mesma linha de raciocínio, Sergio Ricardo Marques Gonçalves defende:

> O direito, é bom que se lembre, é uma via de mão dupla: a empresa tem o direito de regular o uso de suas instalações, equipamentos e demais instrumentos de trabalho colocados ao dispor de seus funcionários. Mas estes têm seus direitos a liberdade e privacidade. Se ambos têm direitos, aparentemente opostos, como então conciliá-los?
>
> Tudo começa pela instituição de regras claras sobre como devem ser usados os recursos da Internet colocados ao dispor dos empregados. Ao empresário, que tem o poder hierárquico para dirigir a prestação de serviços por seus funcionários cabe regulamentar como se utilizarão os recursos da empresa no ambiente de trabalho. O Poder Diretivo do empregador sobre os empregados lhe permite traçar regras que mantenham a empresa funcionando sem prejuízo, seja qual for o empregado sob sua autoridade. A empresa, na qual ele (empregador) assume os riscos inerentes a atividade econômica, deve ser sua principal preocupação.[14]

Nessa senda, entende-se que há legitimidade na preocupação dos empregadores, visto que a transmissão de conteúdos inapropriados, como materiais pornográficos ou piadas pode sobrecarregar a rede da empresa.[15] Além disso, se um empregado envia vírus por meio do correio eletrônico da empresa e causa dano a terceiros, ela será responsável pelos atos desse indivíduo e poderá ser obrigada a ressarcir os prejuízos causados. Acerca do mau uso do correio eletrônico pelo empregado, segue jurisprudência do Tribunal Regional do Trabalho da 4ª Região:

> DESPEDIDA POR JUSTA CAUSA. MAU PROCEDIMENTO. USO INDEVIDO DE CORREIO ELETRÔNICO. QUANDO SE CARACTERIZA. Prova que evidencia a utilização do email funcional, pelo empregado, para difundir informações tendentes a denegrir a imagem da empregadora. Constitui justa causa para a despedida o uso indevido do correio eletrônico fornecido pelo empregador, não se podendo cogitar de infração ao disposto no artigo 5º, inciso XII da CF, já que o serviço de "e-mail" é ferramenta fornecida para uso estritamente profissional. Sentença mantida. (TRT4, Rel. Flavio Portinho Sirangelo, RO nº 00168-2007-203-04-00-3, Julgado em 03.09.2008)

Além disso, há a possibilidade de responsabilização do empregado em casos de acesso a sítios eletrônicos inadequados, no ambiente de trabalho, como é o caso jurisprudencial que se colaciona a seguir:

> RESCISÃO CONTRATUAL MOTIVADA. Uso indevido de recursos de informática que incorporavam à rede conteúdo divorciado do objetivo laboral e comprometiam o seu desempenho, constitui falta grave ensejadora da rescisão sumária do contrato de trabalho,

---

[13] CALVO, Adriana Carrera. O uso indevido do correio eletrônico no ambiente de trabalho. Disponível em: <http://ww3.lfg.com.br/artigos/O_uso_indevido_de_emails_no_ambiente_de_trabalho.pdf>. Acesso em: 14.10.2013

[14] GONÇALVES, Sérgio Ricardo M. *Web no serviço. Empregado não deve usar e-mail para assunto particular. Revista Consultor Jurídico,* 13 de Nov. 2001. Disponível em: <http://www.conjur.com.br/2001-nov-13/empregado_nao_usar_e-mail_assunto_particular> Acesso em 14.10.2013.

[15] CALVO, Adriana Carrera. Ob. cit.

mesmo na presença de estabilidade provisória de cipeiro. (TRT4, Rel. Raul Zoratto Sanvicente, RO nº 0000102-27.2012.5.04.0402, Julgado em 13.06.2013)

Ademais, emprestar uma senha pessoal a um amigo, familiar ou colega de trabalho pode parecer uma atitude inofensiva, a princípio; no entanto, quando essa atitude envolve o ambiente de trabalho, também poderá gerar algumas consequências inesperadas aos laboristas mal informados.

Muitos trabalhadores não sabem, mas deverá ser responsabilizado o profissional que forneça, sem autorização, sua senha a terceiros, tendo em vista que são estritamente pessoais e sua divulgação coloca em risco o patrimônio intelectual da empresa/instituição. Portanto, se o mau uso dessa ferramenta causar dano ao patrimônio ou à moral da empresa (ou a terceiros), o funcionário poderá ser incumbido da obrigação de ressarcir.

Quando utilizada sem o consentimento do usuário proprietário, a senha utilizada indevidamente pode caracterizar o "furto de identidade", que consiste em fingir ser outra pessoa, em sistemas informatizados, o que acarreta, por óbvio, sérias implicações pessoais. Nesse caso, poderá ser imputada, inclusive, a responsabilização penal, tendo em vista o artigo 325, §1º, do Código Penal Brasileiro.[16]

3. Concorrência desleal e vazamento de informação confidencial[17]

Tal questão é considerada muito importante no âmbito do direito digital, visto que o vazamento de uma informação confidencial pode acarretar prejuízos para a empresa, de forma a diminuir sua capacidade competitiva e seu valor de mercado. Dessa forma, uma das maiores razões para o monitoramento de empregados, tanto com relação ao que fazem no computador, quanto para seu comportamento de maneira geral dentro da corporação.

Isso ocorre porque há casos inclusive de vazamento involuntário, hipótese em que a responsabilidade do funcionário será baseada na culpa, por conta da imprudência; o mero envio de arquivos de trabalho para endereço eletrônico pessoal, bem como utilizar *pen drive* para salvar do-

[16] "[...] quem: I – permite ou facilita, mediante atribuição, fornecimento e empréstimo de senha ou qualquer outra forma, o acesso de pessoas não autorizadas a sistemas de informações ou banco de dados da Administração Pública; II – se utiliza, indevidamente, do acesso restrito. Pena – detenção, de 6 (seis) meses a 2 (dois) anos, ou multa, se o fato não constituir crime mais grave".

[17] Forte no art. 5º, XII e XXIX, da Constituição Federal bem como nos arts. 2º, V, 195, III, XI, XII e XIV, 206 e 209 da Lei de Propriedade Industrial (Lei nº 9.279/96)

cumentos profissionais representam atitudes que podem trazer consequências danosas para as empresas.[18]

Visto isso, é essencial que as regras estejam institucionalizadas para que fique claro ao trabalhador a conduta que se espera dele, tornando expressa a obrigação do funcionário em manter sigilo profissional, o que deverá ser realizado por meio de documentação, contratos ou normas internas. Essas medidas são necessárias como forma de precaução por parte do empregador para que o conhecimento pertencente à empresa seja mantido em segredo. No entanto, no caso do contrato, as cláusulas que preveem as atitudes do trabalhador após o término da relação contratual não poderão ser abusivas. Tendo em vista a relevância do assunto, vejamos a seguir alguns exemplos de atitudes que podem ter por consequência a responsabilização do laborista.

O furto de dados é matéria extremamente relevante e indispensável no que se refere à matéria do presente tópico. Assim, cumpre iniciar a referi-lo apresentando a conceituação geral do instituto: de acordo com Maria Helena Diniz, é denominado furto o "crime contra o patrimônio consistente da subtração para si ou para outrem de coisa alheia móvel, sem violência, feita às escondidas".[19] Tal delito pode ser punido com pena de reclusão e multa.[20]

Contudo, no direito digital essa conceituação tradicional causa alguma dificuldade para caracterizar o ilícito, pois há dúvidas quanto a essa denominação nos casos em que o trabalhador "copia e cola" material pertencente à empresa, visto que é não retirado fisicamente do local. A questão torna-se ainda mais controversa quando tal produção é criada pelo próprio funcionário, visto que se pensa que ele possa estar amparado pela questão do direito autoral, possuindo o direito a portfólio.[21]

Dessa forma, como já mencionado, é de extrema importância que a empresa se proteja dessas situações e deixe claro, de forma documental, a cessão de direitos autorais, de forma que se entenda como clara a obrigação de manter o sigilo profissional. A violação dessa regra poderá tipificar crime de concorrência desleal e vazamento de informação confidencial.[22]

---

[18] SIGOLLO, Rafael. *Cresce a preocupação com segurança no uso da internet pelos funcionários: Empresas monitoram computadores para evitar vazamento de informações. Disponível em:* <http://www.granadeiro.adv.br/template/template_clipping.php?Id=5264>. Acesso em: 14.10.2013.

[19] DINIZ, Maria Helena. Dicionário Jurídico Universitário. São Paulo: Saraiva, 2010, p. 285.

[20] Código Penal Brasileiro, art. 155: "Subtrair para si ou para outrem coisa alheia móvel: Pena – reclusão, de 1 (um) a 4 (quatro) anos, e multa."

[21] PECK, Patrícia. A Crise e o Furto de Dados por Funcionário. Disponível em: <http://portalcallcenter.consumidormoderno.uol.com.br/seu-espaco/colunistas/patricia-peck/a-crise-e-o-furto-de-dados-por-funcionario>. Acesso em: 14.10.2013.

[22] Ob. cit.

Sem dúvidas em muito a era digital ajudou muitas marcas a se consolidarem no mercado. Nunca foi tão fácil divulgar campanhas publicitárias e tornar conhecidas no mercado empresas as quais ainda não possuíam nome consolidado; no entanto, essa facilidade também pode ser utilizada contra a empresa.

O simples ato de copiar e colar, quando não autorizado, do logotipo da marca caracteriza seu uso indevido. Entende-se como sendo uma situação de caráter grave, pois a reputação da marca pode ser facilmente abalada. Basta que alguém atribua, despropositadamente, a determinada empresa o apoio a alguma causa não aceita moralmente pela sociedade que estará configurada hipótese de dano moral, visto que é bastante complicado reverter tal situação.[23]

Desse modo, poderá ser responsabilizado civilmente o funcionário que prejudicar a imagem da empresa fazendo uso não autorizado da marca, o que deverá gerar obrigação de indenização por danos morais. Ainda, no caso de conluio e flagrante má-fé do laborista, poderá ser tipificado ilícito penal, previsto no artigo 195, X, da Lei da Propriedade Industrial (Lei nº 9.279/96).[24]

Conclusão

Há de se ter muito cuidado com o uso dos computadores em ambiente de trabalho, visto que a partir do momento em que a tecnologia está vinculada às atividades laborais do indivíduo, mais do que acarretar em responsabilização do próprio trabalhador, as ações individuais poderão atribuir responsabilidade a seu superior ou até mesmo à empresa/instituição perante os terceiros prejudicados, se houver.

Tendo em vista o estudo jurisprudencial realizado, será ônus do empregador apresentar as provas necessárias para a responsabilização do empregado. Quando bem sucedido o arrolamento probatório, verifica-se incidência de demissão por justa causa como consequência do efeito danoso e do mau uso das tecnologias em ambiente laboral. Não é necessário, contudo, comprovação de prejuízo para que seja atribuída uma punição, basta o descumprimento das regras.

Ademais, em determinadas situações, os danos podem ser causados aos bens ou à moral da própria empresa/instituição para a qual o sujeito ativo trabalha, o que poderá causar uma obrigação de ressarci-

[23] Ob. cit.

[24] "Comete crime de concorrência desleal quem: [...] recebe dinheiro ou outra utilidade, ou aceita promessa de paga ou recompensa, para, faltando ao dever de empregado, proporcionar vantagem a concorrente do empregador".

mento à pessoa jurídica em questão. Destarte, para que riscos jurídicos sejam evitados, tanto para os servidores públicos ou funcionários de iniciativa privada, quanto para as empresas ou instituições, é necessário que sejam claramente estipuladas as regras e as responsabilidades decorrentes da atividade laboral a qual o trabalhador exerce, posto que a modernidade do direito digital acarreta grande dificuldade quanto à análise jurídica dos casos, causando alguma insegurança jurídica no que se refere às relações obrigacionais entre os atores da sociedade da informação.

Tanto o dano a terceiro quanto à corporação pode ser realizado de maneira dolosa ou culposa; este último possui muita incidência por conta da falta de informação dos indivíduos ou à displicência com relação às precauções que devem ser tomadas no lidar com as ferramentas digitais. Nesse sentido, é papel do funcionário observar as regras estabelecidas pela empresa, mas é seu direito ser informado quanto à necessidade de proteção de informações e procedimentos que devem ser seguidos.

Referências bibliográficas

CAVALIERI FILHO, Sérgio. *Programa de Responsabilidade Civil*. 6. ed. São Paulo: Malheiros Editores, 2005.

CALVO, Adriana Carrera. *O uso indevido do correio eletrônico no ambiente de trabalho*. Disponível em: <http://ww3.lfg.com.br/artigos/O_uso_indevido_de_emails_no_ambiente_de_trabalho.pdf>. Acesso em: 14.10.2013.

DINIZ, Maria Helena. *Curso de Direito Civil*. 10. ed. São Paulo: Editora Saraiva, 1996.

——. *Dicionário Jurídico Universitário*. 1. ed. São Paulo: Editora Saraiva, 2010.

GONÇALVES, Sérgio Ricardo M. *Web no serviço. Empregado não deve usar e-mail para assunto particular*. Revista Consultor Jurídico, 13 de Nov. 2001. Disponível em: <http://www.conjur.com.br/2001-nov-13/empregado_nao_usar_e-mail_assunto_particular> Acesso em 14.10.2013.

LAGO JÚNIOR, Antônio. *Responsabilidade Civil por Atos Ilícitos na Internet*. São Paulo: Editora LTr, 2001.

LUCCA, Newton de; SIMÃO FILHO, Adalberto. (org.) *Direito & Internet*: aspectos jurídicos relevantes. 1. ed. Bauru: EDIPRO, 2000.

MARQUES, Jader; SILVA, Maurício Faria da. (org.) *O Direito na Era Digital*. Porto Alegre: Livraria do Advogado Editora, 2012.

PAMPLONA FILHO, Rodolfo. *Responsabilidade Civil nas Relações de Trabalho e o Novo Código Civil Brasileiro*. Disponível em: <http://aplicacao.tst.jus.br/dspace/bitstream/handle/1939/3815/tst_1-2004_7.pdf?sequence=1>. Acesso em 14.10.2013.

PECK, Patrícia. *Direito Digital*. São Paulo: Editora Saraiva, 2002.

——. *A Crise e o Furto de Dados por Funcionário*. Disponível em: <http://portalcallcenter.consumidormoderno.uol.com.br/seu-espaco/colunistas/patricia-peck/a-crise-e-o-furto-de-dados-por-funcionario>. Acesso em: 14.10.2013.

SIGOLLO, Rafael. Cresce a preocupação com segurança no uso da internet pelos funcionários: Empresas monitoram computadores para evitar vazamento de informações. Disponível em: <http://www.granadeiro.adv.br/template/template_clipping.php?Id=5264>. Acesso em: 14.10.2013.

STOCO, Rui. *Tratado de Responsabilidade Civil*: Doutrina e Jurisprudência. 8. ed. São Paulo: Editora Revista dos Tribunais, 2011.

SILVA JUNIOR, Roberto Roland Rodrigues da. (Org.) *Internet e Direito*: reflexões doutrinárias. Rio de Janeiro: Lumen Juris, 2001.

— 14 —

Ferramenta eletrônica para organização da administração pública judicial: a implementação do sistema virtual

CÍNTIA GUIMARÃES[1]

Sumário: 1. Introdução; 2. Da organização processual-virtual na esfera pública; 3. Da informatização do processo por meio da Lei 11.419/06; 4. Da ferramenta tecnológica; 5. Conclusão; 5. Referências bibliográficas.

1. Introdução

Nos últimos anos, a implantação de ferramentas tecnológicas na esfera pública, sobretudo no judiciário, é um tema vastamente discutido pelos cidadãos, servidores e profissionais da área do Direito. Muito se debate sobre as alterações necessárias e específicas para tal acontecimento, porém muitos questionam se efetivamente estamos preparados para lidar com essas novas tecnologias.

A longa duração de um processo, ao tramitar no judiciário, era visto como problemático, sobretudo para a parte hipossuficiente da relação litigiosa, por muitas vezes não conseguir acompanhar o processamento da sua lide.

Com o intuito de modernizar as bases do Judiciário e garantir maior celeridade e acesso aos cidadãos (preocupação considerada desde a Emenda Constitucional nº 45/2004, que assegura "a razoável duração do processo e os meios que garantam a celeridade de sua tramitação", para viabilizar a satisfação dos direitos fundamentais de quarta geração), foi implementada uma ferramenta eletrônica para tramitação processual em rede virtual. Trata-se de garantir Direitos relacionados à informática, en-

---

[1] Advogada. Mestre em Ciências Sociais pela PUC/RS. Coordenadora de Pesquisa e Extensão do Instituto de Pesquisa Gianelli Martins. Integrante do Grupo de Pesquisa Novas Tecnologias e Relações de Trabalho na PUC/RS, coordenado pela Prof. Dra. Denise Pires Fincato.

volvendo aqueles que preservam uma minoria social frente à evolução da sociedade e a globalização das informações em rede.

A transição desses modelos implica uma série de reflexões, que vão desde o investimento financeiro até o treinamento de todos os envolvidos no processo, porém, estamos frente a um caminho sem volta, restando aos operadores do Direito aderir à eficiência que se pretende de um sistema voltado para a atividade judicial.

Essa organização parte de um planejamento que teve início com o advento da Lei 11.419/06. Uma ferramenta de manipulação e guarda das peças processuais, capaz de orientar o procedimento da lide, foi idealizada pelo CNJ (Conselho Nacional de Justiça), para que essa nova realidade desenvolva-se como um imperativo, uma demanda inadiável diante do atual contexto no Judiciário.

2. Da organização processual-virtual na esfera pública

A utilização das TICs (tecnologias da informação e comunicação) está em ascensão tanto no cenário privado quanto no cenário público. Inúmeras são as ferramentas que estão sendo colocadas à disposição por meio da administração pública aos seus administrados, quais sejam, os cidadãos.

Diante dessa nova realidade, à rotina dos servidores públicos, estão sendo agregadas capacitações contínuas para aprendizagem e manipulação de procedimentos advindos da implementação dos processos de informação, introjetados na esfera pública. São sistemas que arquivam informações das partes interessadas em um litígio, por exemplo.

Trata-se de um fluxo de informações destinado a balizar a rotina dos servidores e dos cidadãos que se ocupam dos serviços prestados pela administração pública. É direcionado a organizar as informações em rede e disponibilizar o acesso global dessas informações para todos aqueles que tiverem interesse em acompanhar o desfecho de suas demandas, sobretudo as armazenadas no Poder Judiciário.

Para garantir esse acesso aos cidadãos, os servidores (empregados) públicos são orientados e capacitados para "alimentar" esses sistemas de informação, ou seja, a cultura do poder judiciário movimenta-se para uma "desmaterialização dos autos processuais".[2] Todavia:

[2] CHAVES JR. José Eduardo de Resende. Os Princípios e a Nova Teoria Geral do Processo Eletrônico. In *Anais IV Congresso Ibero-Americano de Teletrabalho e Teleatividades*. Porto Alegre: Magister, 2011, p. 116.

O processo eletrônico não se diferencia simplesmente pela desmaterialização, mas, sobretudo, pela possibilidade dessa desmaterialização viabilizar a transmissão incessante, em tempo real, do conteúdo dos atos e das práticas processais. Em sede de processo eletrônico não há falar nem sequer em pedido de vista do processo, já que o processo está conectado às partes e à sociedade, 24horas por dia, 365 dias do ano.[3]

Essa conexão ao espaço virtual, a qualquer tempo, remete-nos a uma realidade já construída na esfera privada, desenhada para atender a uma determinada situação, ou seja, a estruturação das organizações no formato virtual.[4] No entanto, atualmente, podemos atribuir essa ideia de organização virtual à esfera pública, tendo em vista a engenharia que se forma em rede, com a finalidade de consolidar o acesso aos autos processais a qualquer tempo.

Todo esse aparato teve como base projetos e programas organizados pelo CNJ (Conselho Nacional de Justiça)[5] que, de acordo com os programas relacionados à fiscalização, serve à transparência e ao aperfeiçoamento dos serviços prestados pelo judiciário, "o CNJ desenvolve programas relacionados à tecnologia da informação e à comunicação do Poder Judiciário, com intuito de modernizar a Justiça brasileira".[6]

---

[3] CHAVES JR. José Eduardo de Resende. Os Princípios e a Nova Teoria Geral do Processo Eletrônico. In *Anais IV Congresso Ibero-Americano de Teletrabalho e Teleatividades*. Porto Alegre: Magister, 2011, p. 127.

[4] "As organizações virtuais são criadas para se atingir uma meta ou atender a uma necessidade de mercado específica. São constituídas de duas ou mais empresas diferentes que complementam competências, recursos, conhecimentos e meios para o cumprimento de uma tarefa ou o desenvolvimento de um produto, ultrapassando fronteiras geográficas, temporais e culturais. Segundo Lévy (1998), o principal objetivo de uma organização virtual é permitir que um grupo de empresas desenvolva rapidamente e de forma flexível um ambiente de trabalho comum para gerenciar e utilizar os recursos de que dispõem, tendo em vista uma meta proposta. O sucesso do projeto depende da cooperação entre os membros participantes. As organizações virtuais são ideais para atividades orientadas por metas, altamente dinâmicas e, segundo Mowshowitz (1997a), apresentam duas características. A primeira é que a estruturação é definida em função de tarefas organizadas virtualmente. Uma tarefa organizada virtualmente é uma atividade orientada por metas, implantada pela alocação de recursos concretos, conforme necessidades abstratas (lógicas) de uma tarefa. A segunda é que a função da organização virtual é o gerenciamento de tarefas organizadas virtualmente (metagerenciamento) e que consiste de quatro atividades básicas: a) Analisar as necessidades abstratas intrínsecas para compor o produto ou serviço requisitado; b) Identificar as alternativas para atender ao requisitado; c) Desenvolver e manter os processos necessários para atender ao requisitado; e d) Aperfeiçoar os critérios de alocação de recursos". In: TOLEDO, Luciano Augusto e LOURES, Carlos Augusto. Organizações virtuais. Cadernos EBAPE.BR Vol. 4, nº 2, jun/2006, p. 3. <http://www.scielo.br/pdf/cebape/v4n2/v4n2a09.pdf>, acesso em 19/06/13.

[5] O Conselho Nacional de Justiça foi um dos resultados da chamada Reforma do Judiciário, proporcionada pela Emenda Constitucional nº 45 de 2004. Tem como objetivo fundamental auxiliar na administração do Poder Judiciário, ampliando a questão da visibilidade, da transparência e auxiliando na administração da Justiça através do planejamento político e estratégico do Judiciário e de autogoverno, inclusive com a expedição de resoluções. O Conselho Nacional de Justiça passa, então, a controlar o Judiciário, no sentido de apresentar limites e propor soluções voltadas para o Estado, atingindo como fim a sociedade.

[6] In: <http//www.cnj.jus.br/programas-de-a-a-z/eficiencia-modernizacao-e-transparencia>, acesso em 25/06/13.

Além da atualização das ferramentas tecnológicas de trabalho, o CNJ, também implementou em sua gestão e planejamento, as chamadas metas de nivelamento do Poder Judiciário.[7]

Dentre essas metas, está a de oferecer maior celeridade e efetividade ao processo judicial, como forma de atender aos principais Princípios Fundamentais da Constituição e assegurar ao cidadão o alcance do direito pleiteado. Assim, como forma de propiciar o acesso à Justiça e efetivar princípios garantidores do direito, o CNJ projetou informatizar todas as unidades do Poder Judiciário no país e interligá-las em rede por meio da Internet. Essa ferramenta, além de reduzir custos, firmou o avanço judicial em termos de processo eletrônico e, paralelamente a isso, houve a configuração da organização virtual na esfera pública, com alguns objetivos:

> Cada avanço tecnológico pouco ou nada significa se não propiciar um correspondente avanço social. No tema, do processo eletrônico, a obtenção de redução de custos é um aperfeiçoamento que não se justifica por si só, mesmo que impressionem, especialmente a todos administradores.
>
> O que se deseja é:
>
> a) garantir e ampliar o acesso à Justiça;
>
> b) a maior transparência, com democracia e participação;
>
> c) a celeridade processual.
>
> Os três objetivos, antes mencionados, muito mais representarão do que simples redução de custos.
>
> Muito mais do que implementar inovações tecnológicas, desejamos avançar na construção, coletiva, de transformações sociais.[8]

Transformação social que está paulatinamente sendo incorporada ao cotidiano da vida dos cidadãos/usuários e servidores públicos do judiciário, por demonstrar inúmeras vantagens do ponto de vista qualitativo para a produção, para o custo e para o tempo. Também são apontadas algumas vantagens como "a agilidade, a publicidade, a comodidade

---

[7] "As metas de nivelamento do Poder Judiciário foram definidas pela primeira vez no 2º Encontro Nacional do Judiciário, que aconteceu em Belo Horizonte, Minas Gerais, em 2009. Ao final do Encontro, os tribunais brasileiros traçaram 10 metas de nivelamento para o Judiciário no ano de 2009. O grande destaque foi a Meta 2, que determinou aos tribunais que identificassem e julgassem os processos judiciais mais antigos, distribuídos aos magistrados até 31.12.2005. Com a Meta 2, o Poder Judiciário começou a se alinhar com o direito constitucional de todos os cidadãos brasileiros que estabelece a duração razoável do processo na Justiça. Foi o começo de uma luta que contagiou o Poder Judiciário do país para acabar com o estoque de processos causadores de altas taxas de congestionamento dos tribunais. Também foram definidas outras metas importantes para organizar o trabalho nas varas de Justiça, informatizar o Judiciário e proporcionar mais transparência à sociedade". In: <http//www.cnj.jus.br/gestao-e-planejamento/metas>, acesso em 25/06/13.

[8] ARAÚJO, Francisco Rossal de; VARGAS, Luiz Alberto de; MALLMANN, Maria Helena e FRAGA, Ricardo Carvalho. Avanços Tecnológicos – Acesso ao Judiciário e outros temas. In: *Novos Avanços do Direito do trabalho*. Luiz Alberto de Vargas e Ricardo Carvalho Fraga, (coords.). São Paulo: LTr, 2011, p. 66.

e a acessibilidade"[9] em razão da facilidade que proporciona à "rotina de trabalho, otimizando a informação e a comunicação institucional, assim como a prestação de serviços para sociedade".[10]

Por isso a capacitação dos servidores é ponto importante para essas mudanças estruturais na esfera pública. Outro ponto importante para a organização do judiciário, foi o advento da Lei 11.419/06 que dispõe sobre a informatização do processo judicial para garantir maior segurança quanto às práticas dos atos processuais no ambiente virtual.

3. Da informatização do processo por meio da Lei 11.419/06

Como já abordado anteriormente, um grande passo para modernização do judiciário foi impulsionado por meio da publicação da Lei 11.419/06, sobre a informatização do processo judicial para reduzir a complexidade dos atos processuais e facilitar o acesso aos cidadãos.

As evidentes vantagens da implementação de tecnologias no ambiente público de trabalho corresponderam à eliminação de algumas rotinas que, outrora, culminavam em morosidade do processo quando físico. O chamado processo, agora eletrônico, além de reduzir os problemas burocráticos, sanaram algumas outras questões como a perda dos autos físicos e a impossibilidade de reconstituí-los, sobretudo quando possuíam documentos raros, a falta de espaço físico para armazenamento dos autos nos cartórios e varas judiciais, bem como a deterioração dos mesmos.

Para organizar os procedimentos que passaram de físicos para virtuais, estabeleceram-se alguns critérios, previstos, atualmente, na Lei 11.419/06. Esse dispositivo regula o uso dos meios eletrônicos na tramitação dos processos judiciais, comunicação de atos e transmissão de peças processuais.

A Lei que regula o uso do meio eletrônico considera, em seu artigo 2º, qualquer forma de armazenamento ou tráfego de documentos e arquivos judiciais como válidos para composição dos autos eletrônicos. Ademais, considera como transmissão eletrônica, toda forma de comunicação à distância com a utilização de redes de comunicação, preferencialmente a rede mundial de computadores. A partir disso, o processo virtual vai tomando forma e criando uma nova realidade, uma nova forma de se trabalhar nos autos, pois:

---

[9] SOARES, Fernanda Dias. Processo Judicial Eletrônico. In: <http//www.ambito-juridico.com.br/site/index.php?n_link=revista_artigos_leitura&artigo_id=8900>. Acesso em 25/06/13.

[10] Idem.

O desenvolvimento da comunicação assistida por computador e das redes digitais planetárias aparece como a realização de um projeto mais ou menos bem formulado, o da constituição deliberada de novas formas de inteligência coletiva,[11] mais flexíveis, mais democráticas, fundadas sobre a reciprocidade e o respeito das singularidades.[12]

Nesse momento de alteração de paradigmas, há que se entender essa reformulação para além da simples troca dos meios (físico para virtual), pois tudo isso passa por uma reformulação de noções como espaço e tempo. "Sendo assim, a mutação contemporânea pode ser entendida como uma retomada da autocriação da humanidade".[13]

Com a evolução de inúmeras esferas na sociedade, em que a migração para o mundo virtual já é uma constante, com o Poder Judiciário não seria diferente. Essas reformulações capacitam as partes (cidadãos, servidores e magistrados) para uma concepção mais moderna, menos burocrática e menos formalista do acesso à Justiça.

Uma experiência positiva, no Brasil, foi pronunciada durante o I Congresso de Justiça Eletrônica (e-justiça) da UFPR, Paraná, em 2012, em que:

No Tribunal do Trabalho do Paraná foi implantado nos últimos dois anos o processo eletrônico. A ideia era de que o processo eletrônico resolveria o problema da morosidade das demandas, mas não se trata somente disso, vez que a incorporação de tecnologias serve, de maneira ampla, para que o Judiciário preste melhor o seu serviço. O Tribunal do Trabalho paranaense aderiu ao projeto do CNJ de processo judicial eletrônico. Partiu de algumas premissas: o documento digital como regra (e o papel como exceção) – buscando criar condições de acesso e produção aos usuários; a utilização de sistemas já disponibilizados pelo CNJ; a certificação digital e a implementação de uma cultura digital no Judiciário. Buscou-se conceber uma forma acessível a todos, surgindo o modelo de escritório digital – havendo atualmente mais de 17.000 advogados cadastrados. Houve investimentos importantes em treinamento, infraestrutura, informação e equipamentos, além de um sistema de atendimento *online*. Atualmente, há ainda muitos processos em fase de execução que tramitam em autos físicos, mas há grande crescimento de peticionamentos eletrônicos mesmo nestes processos, o que demonstra a adesão dos usuários ao processo eletrônico. As perspectivas do processo judicial eletrônico envolvem discussões relevantes a respeito

[11] Sobre inteligência coletiva – LEVY, Pierre. *Inteligência Coletiva*: por uma antropologia do ciberespaço; tradução de Luiz Paulo Rouanet. São Paulo: Loyola, 1998, p. 29: "É uma inteligência distribuída por toda parte, incessantemente valorizada, coordenada em tempo real, que resulta em uma mobilização efetiva das competências. Acrescentemos à nossa definição este complemento indispensável: a base e o objetivo da inteligência coletiva são o reconhecimento e o enriquecimento mútuos das pessoas, e não o culto de comunidades fetichizadas ou hipostasiadas. Uma Inteligência distribuída por toda parte: tal é o nosso axioma inicial. Ninguém sabe tudo, todos sabem alguma coisa, todo o saber está na humanidade. Não existe nenhum reservatório de conhecimento transcendente, e o saber não é nada além do que o que as pessoas sabem. A luz do espírito brilha mesmo onde se tenta fazer crer que não existe inteligência: 'fracasso escolar', 'execução simples', 'subdesenvolvimento', etc. O juízo global de ignorância volta-se contra quem o pronuncia. Se você cometer a fraqueza de pensar que alguém é ignorante, procure em que contexto o que essa pessoa sabe é ouro".

[12] LEVY, Pierre. *O que é o Virtual*. Tradução de Paulo Neves. São Paulo: Ed. 34, 1996, p. 96.

[13] Idem, p. 74.

da redução das funcionalidades, da facilitação de visualização das peças, entre outras. Há também questões para o futuro acerca do tema, como: i) o modelo de gestão e construção de um sistema único; ii) a certificação digital – e se ela restringe ou não o acesso à justiça; iii) a viabilidade a utilização de um sistema único, e a maneira de absorção das experiências já desenvolvidas; iv) a necessidade de superação das incongruências geradas pela legislação insuficiente ao processo eletrônico; v) a possibilidade de utilização de sistemas inteligentes para auxiliar a tomada de decisão dos magistrados.[14]

O processo eletrônico foi projetado para conceber atitudes modernas e sua utilização já é algo presente e permanente no cenário jurídico. A modernização não aparece apenas nas Leis, mas na dinâmica do uso das tecnologias a favor do cidadão e dos operadores do Direito. Atitudes essenciais para garantir maior celeridade com menor custo e satisfação aos princípios fundamentais da Constituição.

4. Da ferramenta tecnológica

Com a missão de informatizar todos os cartórios e varas judiciais do país, o CNJ convencionou um software de processo eletrônico. Esta ferramenta reproduz e armazena todas as etapas de um processo, não permitindo o ingresso de petições ou documentos por meio físico e, de acordo com seus idealizadores, isso é o que garante a agilidade na tramitação de um processo.

Outra intenção desse sistema é a de produzir mais, no sentido de decidir em maior quantidade as demandas judiciais dentro de um menor tempo possível, com o subsídio da utilização dos meios informáticos. Além disso, um processo virtual exige a formação de autos eletrônicos mais simples, mais resumidos, requerendo plataformas e links com manuseios mais singelos e acessíveis a todos os cidadãos.

Essa ideia de facilidade na tramitação, imprime soluções inovadoras na rotina do Judiciário, inclusive,

> Na mesma perspectiva do projeto antes mencionado, existe outro encaminhamento do Supremo Tribunal Federal. Viu-se que uma das propostas é a criação de um canal do YouTube para o STF e para o CNJ a fim de que as pessoas possam acessar as informações veiculadas pela TV Justiça sobre as atividades que essas instituições têm desenvolvido. A intenção é que o internauta acesse, por exemplo, vídeos dos julgamentos pela Internet em qualquer hora e lugar. Com a cooperação tecnológica também se pretende viabilizar projetos do CNJ e criar ferramentas para a melhoria da comunicação institucional das duas

[14] GUSMÃO, Bráulio. Experiências de informatização processual: perspectivas atuais e futuras. In: o Poder Judiciário e a Sociedade da Informação: resumos expandidos – I Congresso de Justiça Eletrônica e-justiça da UFPR; Organizador: Cezar Serbena. Curitiba: UFPR, 2012, p. 19.

Casas, com a busca de informações a processos e integração de juízes e advogados em todo o país.[15]

Essa integração pretendida pelo CNJ, diz respeito ao necessário planejamento para implementação de meios e métodos tecnológicos da informação em âmbito Nacional. Para isso, é mister a interação entre os tribunais e permutas de conhecimentos e rotinas para a boa condução e desenvolvimento dos sistemas virtuais. Portanto, a unificação dos trâmites processuais é o propósito insigne do CNJ.

A evolução do Direito, utilizando os meios informáticos viabiliza e agiliza a tramitação de inúmeras demandas judiciais, porém, é necessário que as partes saibam manusear os sistemas de informação conforme suas competências e exigências da função que desempenham.

A implementação dessas novas ferramentas, não é algo simples, compreende uma automação das rotinas processuais. São necessárias a organização e a preparação do ambiente laboral para que os agentes tenham condições de receber, entender e manusear as ferramentas para concretização e efetivação na condução do processo em ambiente virtual.

Para tanto, treinamentos são oferecidos de forma recorrente, para que juízes, servidores públicos e advogados tenham condições de utilizar esses novos sistemas virtuais. Inclusive, na Ordem dos Advogados do Brasil, com sede no Rio Grande do Sul, criou-se uma Comissão Especial sobre a implantação do Processo Eletrônico no Judiciário, por meio da Portaria 00304/2011.[16]

---

[15] ARAÚJO, Francisco Rossal de; VARGAS, Luiz Alberto de; MALLMANN, Maria Helena e FRAGA, Ricardo Carvalho. Avanços Tecnológicos – Acesso ao Judiciário e outros temas. In: *Novos Avanços do Direito do trabalho.* Luiz Alberto de Vargas e Ricardo Carvalho Fraga, coordenadores. São Paulo: LTr, 2011, p. 61 e 62.

[16] A Comissão Especial sobre a implantação do Processo Eletrônico no Judiciário, foi criada pela Portaria No. *00304/2011* e tem como competências: 1. Ser o elo de ligação entre a OAB e os órgãos do Poder Judiciário no que tange aos assuntos ligados a implantação dos diversos sistemas de processo eletrônico, participando ativamente da criação, do desenvolvimento e da implantação dos sistemas; 2. Buscar a unificação dos sistemas de Processo Eletrônico junto aos órgãos do Poder Judiciário, e a aproximação dos recursos dos diversos sistemas que serão implementados, proporcionando o intercâmbio de informação entre os órgãos do Judiciário para tal fim; 3. Analisar os diversos sistemas e apresentar sugestões visando a diminuição dos impactos negativos de suas implementações e a exclusão digital dos operadores advogados; 4. Divulgar a classe as mudanças tecnológicas e comportamentais resultantes da implantação dos sistemas; 5. Incentivar e proporcionar o desenvolvimento tecnológico, o treinamento e a inclusão digital dos advogados; *Neste sentido, a Comissão, para alcançar seus objetivos desenvolverá esforços para:* a. Firmar parcerias entre a OAB e os órgãos do Poder Judiciário para a ampliação da utilização do processo eletrônico; b. Realizar, em parceria com a Escola Superior de Advocacia, ESA, cursos, palestras, congressos e treinamentos sobre o Processo Eletrônico e os diversos sistemas nos quais se operacionalizam; c. Manter, na página da OAB/RS, uma página web que vise a divulgação de notícias, das mais diversas informações e treinamentos sobre o Processo Eletrônico e os sistemas nos quais se operacionalizam; d. Firmar convênios e parcerias com órgão públicos e empresas privadas, no sentido de proporcionar aos advogados a inclusão digital e minorar as dificuldades que a implantação dos diversos sistemas podem oferecer; e. Proporcionar

A implantação do Processo Judicial Eletrônico é uma mudança em pleno movimento, sem possibilidade de retrocesso, assim como foi a mudança cultural da passagem da escrita para a utilização da máquina de escrever, por exemplo. Tudo será uma questão de adaptação do sujeito ao novo modo de acompanhar os autos, agora virtuais.

Há que se observar apenas, as idealizações, trazidas pela Lei 11.419/06, consoante em seu artigo 14: "Os sistemas a serem desenvolvidos pelos órgãos do Poder Judiciário deverão usar, preferencialmente, programas com código aberto, acessíveis ininterruptamente por meio da rede mundial de computadores, priorizando-se a sua padronização. E parágrafo único. Os sistemas devem buscar identificar os casos de ocorrência de prevenção, litispendência e coisa julgada". Deixamos aqui, um convite à reflexão: seria viável a aplicação desse dispositivo, tal qual sua expressa previsão?

5. Conclusão

A desmaterialização dos autos, na administração pública judiciária, é uma revolução que acompanha às mudanças sociais, ou seja, acompanha a inclusão dos sistemas de informação nas mais diversas searas da sociedade. Julgar em maior quantidade, imprimindo maior celeridade, dentro de um tempo menor, requer assimilar as novas técnicas que se apresentam.

Permitir ao cidadão o acesso pleno à lide, é mister dos tribunais. Inclusive há previsão para uma implementação padronizada das ferramentas virtuais nas varas e cartórios de todo o país, instituído por meio das novas tecnologias de informação e comunicação. Porém, essa alteração de paradigmas deve ser cuidadosamente aplicada, para que nenhuma garantia fundamental deixe de ser alcançada aos usuários do Judiciário.

As dificuldades não podem ser negadas, elas ocorrem tal como em qualquer mudança de paradigma. Não pode ser percebido como simples alteração de local de tramitação processual, mas sim como uma reformulação de espaço e tempo, como criação e anseios da humanidade.

A preocupação maior deve repousar em proteger a parte hipossuficiente da relação para que estes cidadãos não sejam prejudicados em seus acessos e acompanhamentos de suas demandas. Ou seja, oferecer condições de autonomia para que ele possa acompanhar o desfecho de

---

com a classe o debate e canais de comunicação e os meios pelos quais possam se manifestar sobre os problemas e as dificuldades que a implantação dos sistemas pode oferecer. f. Criar e manter um grupo de trabalho e estudos sobre o processo eletrônico e buscar o intercâmbio de informações com outras seccionais da OAB e o Conselho Federal. In: <http://www.oabrs.org.br/processoeletronico/apresentacao>. Acesso em 12/08/13.

sua lide em qualquer lugar e a qualquer tempo, isso é uma das premissas que garantem os direitos fundamentais dos sujeitos.

Ao idealizarmos questões que alcancem direitos de forma mais concreta, não podemos esquecer que vivemos em um país de grandes discrepâncias sociais e de amplas dimensões geográficas, algo que não garante uma isonomia de tratamento tanto para implementação quanto para acompanhamento da instalação e manuseio de novos sistemas digitais.

5. Referências bibliográficas

ARAÚJO, Francisco Rossal de; VARGAS, Luiz Alberto de; MALLMANN, Maria Helena e FRAGA, Ricardo Carvalho. Avanços Tecnológicos – Acesso ao Judiciário e outros temas. In: *Novos Avanços do Direito do trabalho*. Luiz Alberto de Vargas e Ricardo Carvalho Fraga (coords.). São Paulo: LTr, 2011.

CHAVES JR. José Eduardo de Resende. Os Princípios e a Nova Teoria Geral do Processo Eletrônico. In *Anais IV Congresso Ibero-Americano de Teletrabalho e Teleatividades*. Porto Alegre: Magister, 2011.

GUSMÃO, Bráulio. Experiências de informatização processual: perspectivas atuais e futuras. In: *o Poder Judiciário e a Sociedade da Informação: resumos expandidos*. I Congresso de Justiça Eletrônica e-justiça da UFPR; Organizador: Cezar Serbena. Curitiba: UFPR, 2012.

LEVY, Pierre. *O que é o Virtual*; tradução de Paulo Neves. São Paulo: Ed. 34, 1996.

——. *Inteligência Coletiva*: por uma antropologia do ciberespaço; tradução de Luiz Paulo Rouanet. São Paulo: Edições Loyola, 1998.

SOARES, Fernanda Dias. Processo Judicial Eletrônico. In: <http//www.ambito-juridico.com.br/site/index.php?n_link=revista_artigos_leitura&artigo_id=8900>. Acesso em 25/06/13.

TOLEDO, Luciano Augusto e LOURES, Carlos Augusto. Organizações virtuais. Cadernos EBAPE.BR Vol. 4, nº 2, jun/2006, p. 3. <http://www.scielo.br/pdf/cebape/v4n2/v4n2a09.pdf>, acesso em 19/06/13.

— 15 —

A eliminação do uso do papel na administração pública: uma visão geral

AMÁLIA ROSA DE CAMPOS[1]

Sumário: Introdução; 1. O documento eletrônico como tendência; 2. Documento eletrônico: original e cópia; 3. Admissibilidade do documento eletrônico; 4. Eficácia probatória do documento eletrônico; 4.1. Autenticidade; 4.2. Integridade; 4.3. Perenidade; Conclusão; Referências bibliográficas.

Introdução

A popularização da *internet* e a crescente informatização da população é fenômeno cultural responsável pela alteração dos paradigmas que até então envolviam as relações interpessoais, que hodiernamente podem se desenvolver, senão exclusivamente, ao menos parcialmente através de plataformas informacionais.

A toda obviedade, esta nova realidade passou a ter implicações, também, nas searas jurídicas e administrativas, que passaram a ter que lidar com um novo universo de documentos, que abrange não só aqueles transpostos do meio físico para o digital, como também os criados e transmitidos por vias informáticas ou telemáticas.

Surge, a partir daí, uma tendência de eliminação gradativa dos documentos físicos, a qual somente pode ser implementada de forma adequada a partir do momento em que os profissionais responsáveis pela criação, emissão e exame desta nova sorte de prova documental estejam familiarizados com suas vicissitudes.

Por esta razão, após uma breve digressão acerca do conceito e âmbito de aplicação dos documentos eletrônicos, passa-se a tratar da relevan-

[1] Bacharel em Direito pela Universidade do Vale do Rio dos Sinos – UNISINOS. Especialista em Direito e Processo do Trabalho pela Pontifícia Universidade Católica do Rio Grande do Sul – PUCRS. Advogada.

te questão que envolve a perquirição da possibilidade de existência de originais e cópias, sendo indicado critério para sua diferenciação.

Em um segundo momento, passa-se a discorrer especificamente acerca da admissibilidade do documento eletrônico em nosso ordenamento jurídico, apontando-se quais os requisitos indispensáveis para que possa servir como meio de prova dos fatos nele certificados ou registrados.

Por fim, é levada a efeito uma análise de sua eficácia probatória, mediante a abordagem dos requisitos da autenticidade e integridade da documentação eletrônica, usualmente condicionada à existência de assinatura digital proveniente da adoção de certificação pública e de criptografia assimétrica, assim como da questão de sua perenidade, ou seja, da possibilidade de preservação do documento digital para o futuro.

Conhecidas estas peculiaridades do documento eletrônico, será possível a sua análise crítica e, por via de consequência, tornar-se-á viável a difusão das práticas de desmaterialização de documentos que já vem sendo adotadas no âmbito da administração pública.

1. O documento eletrônico como tendência

O documento eletrônico, como é cediço, pode ser compreendido como uma sequencia de códigos binários, representativa de uma manifestação do pensamento ou da vontade humana, cujo conteúdo somente é cognoscível através do emprego de programas de informática.[2]

Alguns autores sustentam que a noção de documento eletrônico albergaria além dos documentos gerados através do uso de ferramentas informacionais, também aqueles provenientes de um original cartular posteriormente digitalizado, ao passo que outros argumentam que os documentos de gênese física devem ser denominados de documentos informáticos.[3]

Independentemente da denominação empregada, dúvida não há de que a utilização de documentos eletrônicos no âmbito das relações interpessoais tem sido potencializada não só em razão da popularização da informática, produto da política de inclusão digital adotada pelo Brasil

[2] BRASIL, Angela Bittencourt. O documento físico e o documento eletrônico. *Jus Navigandi*, Teresina, ano 5, n. 42, 1 jun. 2000. Disponível em: <http://jus.uol.com.br/revista/texto/1781>. Acesso em: 15 ago. 2011. Não paginado.

[3] GICO JÚNIOR, Ivo Teixeira. *O Documento Eletrônico como Meio de Prova no Brasil.* Disponível em: <http://works.bepress.com/cgi/viewcontent.cgi?article=1013&context=ivo_teixeira_gico_junior>. Acesso em: 21 mar. 2012. Não paginado.

na última década,[4] mas também em razão da expansão da *internet*,[5] que, introduzida no Brasil no final da década de 1990 após o aproveitamento do modelo desenvolvido pelos Estados Unidos da América no final da década de 1960 e início da década de 1970,[6] sofreu nos últimos anos um vertiginoso aumento quanto ao número de usuários e, consequentemente, quanto às suas formas de uso.[7]

Dentre os muitos usos que têm sido dados à documentação digital, aquele que mais se mostra relevante ao estudo do tema proposto diz respeito à condição de instrumento por meio do qual tem se tornado viável a adoção de medidas governamentais tendentes à gradativa eliminação do uso de papel, como é o caso, *e.g.*: da adoção: do processos judicial eletrônico, regulamentado pela Lei n.º 11.419/2006; da emissão, pela Administração Pública, de declarações e/ou certidões obrigatórias por meio eletrônico; e da declaração e lançamento de tributos através do uso de portais da Administração Pública.

Justamente em vista disso é que, nos títulos que se seguem, serão abordados aqueles aspectos da documentação digital cujo conhecimento se considera indispensável à maximização de seu uso e à consolidação da tendência de eliminação dos documentos físicos.

2. Documento eletrônico: original e cópia

Uma vez tecidas considerações iniciais acerca do conceito e dos usos dos documentos informáticos em sentido amplo, cumpre observar que há, no âmbito doutrinário, um debate acerca da noção de original e cópia do documento eletrônico, na medida em que "há uma certa divergência na doutrina quanto ao estabelecimento desses dois conceitos [...]".[8]

Esta divergência, a toda obviedade, decorre do caráter intangível da documentação eletrônica, que permite que ela seja reproduzida sem que

---

[4] POZZEBON, Felipe Dreyer de Ávila. *A prova documental e a internet*. Porto Alegre: PUC/RS, 2002. Dissertação (Mestrado em Direito), Faculdade de Direito, Pontifícia Universidade Católica do Rio Grande do Sul, 2002, p. 113.

[5] Nas palavras de Eugênio Haizenreder Júnior, a internet deve ser compreendida como um "[...] sistema aberto, de domínio público, com natureza impessoal e abstrata, que gera comunicação remota (*on line*) entre equipamentos, pois configura meio de transmissão" [grifos do autor]. *In:* HAINZENREDER JÚNIOR, Eugênio. *Direito à privacidade e o poder diretivo do empregador:* o uso do *e-mail* no trabalho. São Paulo: Atlas, 2009, p. 143.

[6] PARENTONI, Leonardo Netto. A regulamentação legal do documento eletrônico no Brasil. *Jus Navigandi*, Teresina, ano 10, n. 772, 14 ago. 2005. Disponível em: <http://jus.com.br/revista/texto/7154>. Acesso em: 26 mar. 2012. Não paginado.

[7] BLOG DO PLANALTO. Disponível em: <http://blog.planalto.gov.br/numero-de-usuarios-de-internet-no-brasil-cresce-139-em-um-ano-e-chega-a-432-mi/>. Acesso em 12 out. 2012.

[8] POZZEBON, Felipe Dreyer de Ávila. *A prova documental e a internet*, p. 109.

as sequências binárias nela contidas sofram qualquer alteração, tornando impossível identificar qual arquivo originou o seguinte, o que, *a priori*, poderia levar à conclusão de que não se há de falar em original ou cópia de documento eletrônico.[9]

Não obstante, uma análise detida da matéria permite notar que será admitida

> [...] a existência de original e cópia sempre que houver mudança de meio. Se um documento foi elaborado e assinado em um meio eletrônico e, posteriormente, impresso em papel, se (sic) dirá que o documento eletrônico é o original e o impresso em papel é cópia [...].[10]

Outra não é a conclusão a que se chega após a análise da obra de Augusto Tavares Rosa Marcacini:

> Estes conceitos, de documento original, ou de vias de um mesmo documento, são inexistentes no meio eletrônico. O documento eletrônico é a seqüência de bits e, onde quer que esteja gravado, em qualquer quantidade de cópias, mas desde que seja reproduzida exatamente a mesma seqüência, teremos sempre o mesmo documento. Dado o fato de que o documento eletrônico pode ser copiado infinitas vezes, mantendo-se exatamente igual à matriz, é impossível falar-se em original, em cópia, ou em número de vias do documento eletrônico. Toda "cópia" do documento eletrônico terá sempre as mesmas características do "original" e, por isso, deve ser assim considerada. É o caso até de dizermos que não existe um original e não existem cópias nem vias do documento eletrônico, enquanto ele for mantido nesta forma. Se pensarmos, porém, que um documento eletrônico pode ser reproduzido em meio físico, e vice-versa, neste caso é possível falar-se em original e cópia. Se o documento foi originalmente elaborado e assinado em meio eletrônico, é de ser considerada original a mesma seqüência de bits, qualquer que seja o meio em que esteja armazenada; mas podemos falar em cópia do documento eletrônico, quando esta seqüência de bits, traduzida pelo programa de computador, for impressa sobre papel.[11]

Por final, cumpre apenas destacar que os entendimentos retro transcritos encontram-se em plena consonância com o disposto no artigo 365, inciso VI, do Código de Processo Civil[12] e com o artigo 14 do Projeto de Lei n.1.589/1999.[13]

---

[9] BRASIL, Angela Bittencourt. *O documento físico e o documento eletrônico*. Não paginado.

[10] POZZEBON, Felipe Dreyer de Ávila. *A prova documental e a internet*, p. 116.

[11] MARCACINI, Augusto Tavares Rosa. *O documento eletrônico como meio de prova*. Disponível em: <http://augustomarcacini.net/index.php/DireitoInformatica/DocumentoEletronico>. Acesso em: 15 ago. 2011. Não paginado.

[12] Consoante artigo 365, inciso VI, do CPC: "Fazem a mesma prova que os originais: [...] *VI* – as reproduções digitalizadas de qualquer documento, público ou particular, quando juntados aos autos pelos órgãos da Justiça e seus auxiliares, pelo Ministério Público e seus auxiliares, pelas procuradorias, pelas repartições públicas em geral e por advogados públicos ou privados, ressalvada a alegação motivada e fundamentada de adulteração antes ou durante o processo de digitalização".

[13] Trata-se de projeto da Câmara dos Deputados, de iniciativa do Deputado Luciano Pizzatto, cujo artigo 14, assim dispõe: "Considera-se original o documento eletrônico assinado pelo seu autor mediante sistema criptográfico de chave pública. § 1º – Considera-se cópia o documento eletrônico resultante da digitalização de documento físico, bem como a materialização física de documento eletrônico original. § 2º – Presumem-se conformes ao original as cópias mencionadas no parágrafo

3. Admissibilidade do documento eletrônico

No que pertine à admissibilidade da prova documental eletrônica, em que pese existam algumas vozes isoladas que sustentem "[...] a impossibilidade jurídica do documento eletrônico",[14] em razão de sua "volaticidade, alterabilidade e fácil falsificação",[15] a maioria dos autores que se dedica ao estudo do tema defende que, independentemente de ser caracterizado como um meio de prova atípico ou como uma espécie de prova documental em sentido amplo,[16] o documento digital é plenamente admissível.

Assim, asseveram que o artigo 5º, inciso LVI, do Texto Constitucional,[17] autoriza o uso de documento eletrônico como prova, na medida em que "numa interpretação genérica, a lei não exclui a prova informática, desde que lícita",[18] previsão esta que é ratificada no âmbito infraconstitucional pelo artigo 332 do Código de Processo Civil,[19] que expressamente admite a produção de meios atípicos de prova, desde que observados os requisitos da legalidade e da legitimidade moral.

E mais. Aqueles que sustentam a existência de uma relação de gênero e espécie entre documentos em *lato sensu* e documentos eletrônicos trazem à baila o artigo 383 do Diploma Processual Cível,[20] argumentando que ao fazer menção a "qualquer reprodução mecânica", o legislador pátrio teria admitido também a realização de prova documental gerada por meio informático.[21] Esta tese foi fortalecida com o advento do Códi-

---

anterior, quando autenticadas pelo escrivão na forma dos arts. 33 e 34 desta lei. § 3º A cópia não autenticada terá o mesmo valor probante do original, se a parte contra quem foi produzida não negar sua conformidade".

[14] CASTRO, Aldemario Araújo. *O documento eletrônico e a assinatura digital*: uma visão geral. Disponível em: <http://www.aldemario.adv.br/doceleassdig.htm>. Acesso em: 12 mar. 2012. Não paginado.

[15] GANDINI, João Agnaldo Donizeti; SALOMÃO, Diana Paola da Silva *et al.* A validade jurídica dos documentos digitais. *Jus Navigandi,* Teresina, ano 7, n. 58, 1 ago. 2002. Disponível em: <http://jus.com.br/revista/texto/3165>. Acesso em: 26 mar. 2012. Não paginado.

[16] Acerca do tema sob comento, veja-se o artigo "A prova Eletrônica", em especial nos seus títulos "3 (A)Tipicidade da Prova" e "4.2 Natureza Jurídica".

[17] Consoante refere o inciso LVI, do artigo 5º, do CF, "são inadmissíveis, no processo, as provas obtidas por meios ilícitos".

[18] PAESANI, Liliana Minardi. *Direito de informática:* comercialização e desenvolvimento internacional do Software. 3.ed. São Paulo: Atlas, 2001, p. 30.

[19] Nos termos do artigo 332, do CPC, "Todos os meios legais, bem como os moralmente legítimos, ainda que não especificados neste Código, são hábeis para provar a verdade dos fatos, em que se funda a ação ou a defesa".

[20] Consoante artigo 383, do CPC, "qualquer reprodução mecânica, como a fotográfica, cinematográfica, fonográfica ou de outra espécie, faz prova dos fatos ou das coisas representadas, se aquele contra quem foi produzida lhe admitir a conformidade. Impugnada a autenticidade da reprodução mecânica, o juiz ordenará a realização de exame pericial".

[21] POZZEBON, Felipe Dreyer de Ávila. *A prova documental e a internet*, p. 117.

go Civil em vigor, que em seu artigo 225,[22] expressamente previu que as reproduções eletrônicas fazem plena prova dos fatos nelas registrados, contanto que a parte contra quem foram exibidos não as impugne.

Outro dispositivo legal comumente arrolado como fundamento jurídico da admissibilidade dos documentos eletrônicos como meio de prova é o artigo 10, § 2º, da Medida Provisória n. 2.200-2/2001, segundo o qual:

> Art. 10. Consideram-se documentos públicos ou particulares, para todos os fins legais, os documentos eletrônicos de que trata esta Medida Provisória. [...] § 2º O disposto nesta Medida Provisória não obsta a utilização de outro meio de comprovação da autoria e integridade de documentos em forma eletrônica, inclusive os que utilizem certificados não emitidos pela ICP-Brasil, desde que admitido pelas partes como válido ou aceito pela pessoa a quem for oposto o documento.

Registra-se, por oportuno, que esta regra legal se encontra em plena consonância com o preconizado pela Lei Modelo das Nações Uncitral – Comissão das Nacões Unidas sobre Direito do Comércio Internacional, particularmente com seus artigos 5º e 9º, item 1, alínea "a",[23] de cuja interpretação sistemática se pode extrair a máxima de que não se poderá aplicar regra jurídica que restrinja a admissibilidade de documento pelo simples fato de ele haver sido gerado em meio eletrônico.

Verifica-se, pois, que tanto a legislação pátria como a legislação internacional "[...] estão intimamente entrelaçadas, uma a confirmar a outra, razão pela qual negar admissibilidade jurídica aos documentos eletrônicos é ir de encontro aos primados do Direito".[24]

4. Eficácia probatória do documento eletrônico

Em razão do crescente uso de documentos digitais, os doutrinadores pátrios têm preconizado que o valor probatório do "[...] documento eletrônico está diretamente relacionado, como qualquer outro meio de prova, à segurança e à autenticidade, porque, quanto mais seguro e au-

---

[22] Reza o artigo 225 do CC que: "As reproduções fotográficas, cinematográficas, os registros fonográficos e, em geral, quaisquer outras reproduções mecânicas ou eletrônicas de fatos ou de coisas fazem prova plena destes, se a parte, contra quem forem exibidos, não lhes impugnar a exatidão".

[23] Dispõem os artigos 5º e 9, item 1, "a", da Lei Modelo da Uncitral, respectivamente, que: "Reconhecimento jurídico das mensagens de dados. Não se negarão efeitos jurídicos, validade ou eficácia à informação apenas porque esteja na forma de mensagem eletrônica"; e "Admissibilidade e força probante das mensagens de dados. 1) Em procedimentos judiciais, administrativos ou arbitrais não se aplicará nenhuma norma jurídica que seja óbice à admissibilidade de mensagens eletrônicas como meio de prova a) Pelo simples fato de serem mensagens eletrônicas".

[24] VANCIM, Adriano Roberto. *O documento eletrônico e sua implicação no direito.* Disponível em: <http://www.ejef.tjmg.jus.br/home/files/publicacoes/artigos/documento_eletronico.pdf>. Acesso em: 12 mar. 2012.

têntico for o documento, maior será o grau de credibilidade de que irá desfrutar".[25] Por esta razão, é imprescindível a abordagem da temática referente à autenticidade, integridade e perenidade da prova documental eletrônica.

4.1. Autenticidade

Diz-se que o documento eletrônico será autêntico sempre que houver "[...] possibilidade de se identificar, com elevado grau de certeza, a autoria da manifestação de vontade [...]"[26] que nele houver sido consignada. Vê-se, portanto, que a noção de autenticidade do documento eletrônico, guardada a peculiaridade de sua intangibilidade, não diverge em muito daquela traçada para os documentos físicos, que na lição de Moacyr Amaral Santos deve ser compreendida como

> [...] a certeza de que o documento provém do autor nele indicado. Do fato do documento indicar quem seja o seu autor, como no caso de ser subscrito e assinado, não se conclui, só por isso, que seja autêntico. Porque bem pode ser falsa a indicação da autoria. Na subscrição ou assinatura tem-se a autoria *aparente*, que pode não ser verdadeira. A certeza da autoria se verifica pela coincidência entre *aparente* e *real*.[27] [grifos do autor]

Do exposto, fica claro que a compreensão do instituto da autenticidade do documento depende da análise, ainda que sucinta, acerca de quem há de ser considerado autor de um documento.

Neste aspecto, classicamente, a doutrina assevera que será autor do documento aquela pessoa que o houver elaborado, bem como aquele que for responsável pelas declarações nele contidas.[28] Assim, ter-se-á um

> [...] autor material, que é a pessoa que elabora, confecciona, seja porque quer, no caso do particular, seja em função do trabalho que exerce, no caso do agente público, o documento. [...] Já o autor intelectual é aquele cujas idéias estão apostas no documento.[29]

Como bem assevera Cândido Rangel Dinamarco, casos há em que "[...] a mesma pessoa presta as declarações e realiza materialmente o documento",[30] enquanto em outros "[...] uma pessoa faz a declaração e ou-

---

[25] RIBEIRO, Darci Guimarães. *Provas atípicas*. Porto Alegre: Livraria do Advogado, 1998, p. 133.

[26] ARAÚJO, Viviane Souza de. *A Validade Jurídica dos Documentos Eletrônicos como Meio de Prova no Processo Civil*. Porto Alegre: PUC/RS, 2007. Monografia (Graduação em Direito), Faculdade de Direito, Pontifícia Universidade Católica do Rio Grande do Sul, 2007. p 64.

[27] SANTOS, Moacyr Amaral. *Primeiras linhas de direito processual civil*. 27. ed. atual. São Paulo: Saraiva, 2011. v.2, p. 432-3.

[28] TEIXEIRA FILHO, Manoel Antonio. *A prova no processo do trabalho*. 9. ed. São Paulo: LTr, 2010, p. 225.

[29] LUIZ, Maria Izabella Gullo Antônio. *A prova obtida por meio eletrônico*. Curitiba: PUC/PR, 2003. Dissertação (Mestrado em Direito), Pontifícia Universidade Católica do Paraná, 2003, p. 76.

[30] DINAMARCO, Cândido Rangel. *Instituições de Direito Processual Civil*. 4. ed. rev. e atual. São Paulo: Malheiros, 2004. v.3, p. 567.

tra elabora materialmente o documento; nessas hipóteses, o sujeito que participa do negócio jurídico é o autor intelectual do documento e aquele que elabora o instrumento, seu autor material".[31]

Essa distinção é importante porque, a despeito do que ocorre com os documentos públicos, cuja autenticidade é presumida, a teor do que dispõe o artigo 369 do Código de Processo Civil,[32] os documentos particulares somente farão prova contra o seu autor intelectual, sendo esta, pois, a autoria que interessa para o fim de aferição de sua autenticidade, como preceitua o artigo 368 do Código de Processo Civil[33] e o artigo 219 do Diploma Cível.[34]

Pois bem, a forma mais comum de se identificar quem seja o autor intelectual de um documento é através de sua subscrição, classicamente apontada como "[...] o lançamento, ao pé do documento, da assinatura de seu autor".[35]

Vê-se que a definição de assinatura proposta pela doutrina pátria ainda está arraigada à realidade dos documentos físicos, motivo pelo qual se tem sustentado a necessidade de elastecimento do citado conceito, para que passe a abranger, também, outras formas de identificação do autor, assim possibilitando que os documentos eletrônicos produzam maiores efeitos no âmbito jurídico. Acerca do tema em comento, assevera Augusto Tavares Marcacini que:

> Tanto do ponto de vista material, como processual, a finalidade de uma "assinatura" em um documento reside em permitir identificar a sua autoria. No plano material, se a aposição de uma assinatura é uma forma de expressar a vontade, em última análise, este significado simbólico decorre do fato de que a assinatura, como um sinal único e exclusivo de uma dada pessoa, permite identificar quem está proferindo aquela manifestação. No plano processual, como já salientado, presta-se a assinatura a identificar o autor do documento, contra quem fará prova. Por isso, independentemente de indagar o significado do vocábulo "assinatura", temos que, para fins estritamente jurídicos, não há por que distinguir a assinatura manuscrita de qualquer outro distintivo que permita, com significativo grau de certeza, a identificação do sujeito que a realizou. [...] Por estas razões, não afronta as tradições jurídicas, nem macula a língua portuguesa, atribuir à assinatura significado mais

[31] DINAMARCO, Cândido Rangel. *Instituições de Direito Processual Civil, p.* 567.

[32] Segundo o artigo 369 do CPC, "Reputa-se autêntico o documento, quando o tabelião reconhecer a firma do signatário, declarando que foi aposta em sua presença".

[33] Reza o artigo 368 do CPC, que: "As declarações constantes do documento particular, escrito e assinado, ou somente assinado, presumem-se verdadeiras em relação ao signatário. Parágrafo único – Quando, todavia, contiver declaração de ciência, relativa a determinado fato, o documento particular prova a declaração, mas não o fato declarado, competindo ao interessado em sua veracidade o ônus de provar o fato".

[34] Consoante artigo 219 do CC: "As declarações constantes de documentos assinados presumem-se verdadeiras em relação aos signatários. *Parágrafo único.* Não tendo relação direta, porém, com as disposições principais ou com a legitimidade das partes, as declarações enunciativas não eximem os interessados em sua veracidade do ônus de prová-las".

[35] SANTOS, Moacyr Amaral. *Primeiras linhas de direito processual civil*, p. 432.

amplo do que apenas o ato de escrever de próprio punho. Pode ser considerado como assinatura, tanto na acepção vulgar como jurídica, qualquer meio que possua as mesmas características da assinatura manuscrita, isto é, que seja um sinal identificável, único e exclusivo de uma dada pessoa.[36] [grifos do autor]

Dito isso, tem a doutrina asseverado que dentre as diversas formas de assinatura digital de documentos eletrônicos, aquela que se mostra "[...] mais segura e confiável sob o aspecto técnico é a criptografia assimétrica, utilizada pelos certificados digitais emitidos em âmbito da ICP-Brasil (Infra Estrutura de Chaves Públicas Brasileira) [...]".[37]

A criptografia pode ser conceituada como "[...] uma ferramenta de codificação utilizada para envio de mensagens seguras em redes eletrônicas",[38] que funciona, resumidamente, da seguinte forma:

> A criptografia consiste numa técnica de codificação de textos de tal forma que a mensagem seja ininteligível para quem não conheça o padrão utilizado. Na sistemática atualmente adotada, aplica-se sobre o documento editado ou confeccionado um algoritmo de autenticação conhecido como *hash*. A aplicação do algoritmo *hash* gera um resumo do conteúdo do documento conhecido como *message digest*, com tamanho em torno de 128 bit. Aplica-se, então, ao *message digest*, a chave privada do documento do usuário, obtendo-se um *message digest* criptografado ou codificado. O passo seguinte consiste em anexar ao documento em questão a chave pública do autor, presente no arquivo chamado certificado digital. [...] Destacamos, nesse passo, um aspecto crucial. As assinaturas digitais, de um mesmo usuário, utilizando a mesma chave privada, serão diferentes de documento para documento. Isto ocorre porque o código *hash* gerado varia em função do conteúdo de cada documento. [...] Ao chegar ao seu destino, o documento ou mensagem será acompanhado, como vimos, do *message digest* criptografado e do certificado digital do autor (com a chave pública nele inserida). Se o aplicativo usado pelo destinatário suporta documentos assinados digitalmente ele adotará as seguintes providências: a) aplicará o mesmo algoritmo *hash* no conteúdo recebido obtendo *message digest* do documento; b) aplicará a chave pública (presente no certificado digital) no *message digest* recebido, obtendo o *message digest* descodificado e c) fará a comparação entre o message digest gerado e aquele recebido e decodificado. A coincidência indica que a mensagem não foi alterada, portanto (sic) mantém-se na íntegra. A discrepância indica alteração/violação do documento depois de assinado digitalmente.[39] [grifos do autor]

Conquanto a assinatura do documento eletrônico tenha observado os procedimentos alhures transcritos, segundo dispõe o artigo 10, § 1º, da

[36] MARCACINI, Augusto Tavares Rosa. *Direito e Informática*: Uma abordagem jurídica sobre a criptografia.Disponível em: <http://pt.scribd.com/doc/62961107/Direito-e-Informatica-MARCACINI>. Acesso em: 15 ago. 2011, p. 80-1.

[37] BLUM, Renato Opice; JIMENE, Camilla do Vale. *O valor probatório do documento eletrônico*. Disponível em: <http://www.ambito-juridico.com.br/site/index.php?n_link=revista_artigos_leitura&artigo_id=6313>. Acesso em: 12 mar. 2012. Não paginado.

[38] PECK, Patrícia. *Direito digital*. São Paulo: Saraiva, 2002, p. 86.

[39] CASTRO, Aldemario Araújo. *O documento eletrônico e a assinatura digital*: uma visão geral. Não paginado.

Medida Provisória n. 2.200-2/2001,[40] será presumida a veracidade e autenticidade das informações sobre o autor e o conteúdo dos documentos eletrônicos que forem certificados da forma ali prevista.

Ocorre, todavia, que por sua complexidade e significativo custo, "[...] a certificação digital de documentos eletrônicos não se popularizou, sendo, em verdade, de pouquíssima utilização",[41] razão pela qual não se afigura razoável negar valor probatório àqueles documentos que hajam sido assinados de forma diversa daquela idealizada por nosso ordenamento jurídico.

A toda obviedade, o nível de segurança dos documentos eletrônicos gerados sem o recurso à criptografia assimétrica disponibilizada pela Infra Estrutura de Chaves Públicas Brasileira é inferior.[42] Contudo, isso não os impede de gerar efeitos jurídicos na seara processual, porquanto, consoante sobejamente referido, a identificação da autoria de um documento eletrônico pode ser levada a efeito das formas mais variadas,[43] podendo "[...] corresponder a um apelido ou a um sinal que possibilite identificá-la em um universo de indivíduos",[44] como é o caso dos nomes de usuários, fotos do perfil, números e senhas de cartão de crédito, e endereços de correio eletrônico.

Nessa senda, com fundamento nas previsões dos já mencionados artigos 383, do Código de Processo Civil, e 225, do Código Civil, pode-se afirmar com segurança que aqueles documentos eletrônicos que portarem sinal de identificação diverso da assinatura digital gerada por meio de criptografia assimétrica, poderão fazer prova de sua autoria e, por via de consequência, ser considerados autênticos desde sua autoria seja expressamente admitida ou ao menos não impugnada pelo interessado, nos termos do artigo 372, do Diploma Processual Cível,[45] e do artigo 10, § 2º, da Medida Provisória n. 2.200-2/2001.

---

[40] Segundo o § 1º, do artigo 10, da Medida Provisória n. 2.220-02/2001, "as declarações constantes dos documentos em forma eletrônica produzidos com a utilização de processo de certificação disponibilizado pela ICP-Brasil presumem-se verdadeiros em relação aos signatários, na forma do art. 131 da Lei nº 3.071, de 1º de janeiro de 1916 Código Civil".

[41] CESÁRIO, João Humberto. *Provas e recursos no processo do trabalho*, p. 108.

[42] ALBERNAZ, Lister de Freitas. *Foto digital como meio de prova*. Não paginado.

[43] LORENZETTI, Ricardo L. *Comércio eletrônico*. Traduzido por Fabiano Menke. São Paulo: Revista dos Tribunais, 2004, p. 99.

[44] POZZEBON, Felipe Dreyer de Ávila. *A prova documental e a internet*, p. 123.

[45] Reza o artigo 372 do CPC, que: "Compete à parte, contra quem foi produzido documento particular, alegar no prazo estabelecido no Art. 390, se lhe admite ou não a autenticidade da assinatura e a veracidade do contexto; presumindo-se, com o silêncio, que o tem por verdadeiro. Parágrafo único – Cessa, todavia, a eficácia da admissão expressa ou tácita, se o documento houver sido obtido por erro, dolo ou coação".

4.2. *Integridade*

A integridade do documento consiste "[...] na certeza de que o mesmo não foi alterado, corrompido, durante seu envio ou recebimento", de sorte que "[...] o documento eletrônico para que possa ser considerado como verdadeira *manifestação de vontade* deve utilizar meio que não seja passível de ser adulterado sem deixar vestígio e possibilitar ser seu emitente identificado"[46] [grifos do autor].

Essa, contudo, não é tarefa simples, na medida em que sua "[...] maior agravante reside justamente no fato de que, por meio de um programa de computador, pode-se alterar o conteúdo do documento eletrônico, sem que reste qualquer vestígio",[47] de modo que "textos, imagens ou sons, são facilmente modificados pelos próprios programas de computador que os produziam ou, senão, por outros programas que permitam editá-los *byte* por *byte*".[48] [grifos do autor]

Assim como ocorre com relação à autenticidade dos documentos eletrônicos, tem-se que aqueles que são submetidos à "[...] certificação digital, por assegurarem maior confiabilidade quanto à sua autoria e conteúdo, consequentemente terão maior credibilidade em relação àqueles desprovidos de mecanismos de segurança em sua elaboração",[49] como, aliás, infere-se da leitura do artigo 364 do Código de Processo Civil,[50] e do artigo 10, § 1º, da Medida Provisória n. 2.200-2/2001.

Já no que pertine àqueles documentos eletrônicos que não se submetem a processos de certificação e criptografia assimétrica chancelados pela Infra Estrutura de Chaves Públicas Brasileira, no esteio do que já foi exposto por ocasião da abordagem de sua autenticidade, salvo minoritário entendimento em sentido oposto,[51] o arcabouço normativo formado pelos já mencionados artigos 383 do Código de Processo Civil, 225 do

---

[46] POZZEBON, Felipe Dreyer de Ávila. *A prova documental e a internet*, p. 122.

[47] KAMINSKI, Omar; VOLPI, Marlon Marcelo. A evolução da certificação digital. *In:* ROVER, Aires José (org.). *Direito e Informática Barueri*, 2004, p. 248.

[48] MARCACINI, Augusto Tavares Rosa. *Direito e Informática*: uma abordagem jurídica sobre a criptografia, p. 82.

[49] SALOMÃO, Cláudia Moura. *A prova do documento eletrônico no processo de conhecimento.* São Paulo: Universidade Presbiteriana Mackenzie, 2006. Monografia (Graduação em Direito), Faculdade de Direito, 2006, p. 65.

[50] Segundo o artigo 364, do CPC, "o documento público faz prova não só da sua formação, mas também dos fatos que o escrivão, o tabelião, ou o funcionário declarar que ocorreram em sua presença".

[51] Acerca do tema em comento, assevera Liliana Minardi Paesani que "no estágio atual, os doutrinadores mais cautelosos alegam que os documentos informáticos têm valor probatório de simples indício ou presunção e, excepcionalmente, podem constituir início de prova escrita. Justificam esta postura considerando que os registros informáticos não têm dado garantias definitivas contra algumas falsificações". In: PAESANI, Liliana Minardi. *Direito de informática:* comercialização e desenvolvimento internacional do *Software*, p. 29.

Código Civil e 10, § 2º, da Medida Provisória n. 2.200-2/2001, permite concluir que estes documentos contarão com presunção relativa de integridade, a qual somente poderá ser minada pela impugnação levada a efeito na forma e termos previstos no artigo 372 do Diploma Processual Cível.

No que diz respeito à eficácia probatória dos documentos eletrônicos, pois, é necessário que a imaterialidade que lhe é característica não seja tomada como um óbice à sua eficácia probatória e que não seja vista como um sinônimo de inautenticidade ou de fraudulência.

4.3. Perenidade

Ao discorrer acerca das principais características da prova documental, Moacyr Amaral Santos assevera que: "O documento visa a fazer conhecer o fato representado de modo duradouro, por forma que o mesmo esteja representado no futuro".[52]

Assim, verifica-se que, além de permitir a verificação de sua autenticidade e integridade, é indispensável que o documento eletrônico possa ser armazenado de forma segura e por longos períodos de tempo, sem que isso implique na perda de suas características originárias.

Ao discorrer acerca do tema sob comento, Miguel Ángel Arellano registra que hodiernamente existem ferramentas capazes de garantir um mínimo de proteção aos documentos eletrônicos, sendo capazes de garantir seu armazenamento por tempo indeterminado, de modo a assegurar-lhes a necessária perenidade. Senão, veja-se:

> Na preservação de documentos digitais, assim com na dos documentos em papel, é necessária a adoção de ferramentas que protejam e garantam a sua manutenção. Essas ferramentas deverão servir para reparar e restaurar registros protegidos, prevendo os danos e reduzindo os riscos dos efeitos naturais (preservação prospectiva), ou para restaurar os documentos já danificados (preservação retrospectiva). [...] A preservação digital compreende os mecanismos que permitem o armazenamento em repositórios de dados digitais que garantiriam a perenidade dos seus conteúdos. As condições básicas à preservação digital seriam, então, a adoção desses métodos e tecnologias que integrariam a preservação física, lógica e intelectual dos objetos digitais. A preservação física está centrada nos conteúdos armazenados em mídia magnética (fitas cassete de áudio e de rolo, fitas VHS e DAT, etc.) e discos óticos (CD-ROMs, WORM, discos óticos regraváveis). A preservação lógica procura na tecnologia formatos atualizados para inserção dos dados (correio eletrônico, material de áudio e audiovisual, material em rede, etc.), novos software e hardware que mantenham vigentes seus bits, para conservar sua capacidade de leitura. No caso da preservação intelectual, o foco são os mecanismos que garantem a integridade e autenticidade da informação nos documentos eletrônicos. Como bem assevera Viviane Souza de Araújo, "[...] este é um ponto que deve ser considerado irrelevante, pois os documentos

[52] SANTOS, Moacyr Amaral. *Primeiras linhas de direito processual civil*, p. 429.

armazenados eletronicamente podem ser armazenados também por longos períodos de tempo sem que seu conteúdo sofra alteração alguma.[53]

Por esta razão, assevera Viviane Souza de Araújo que a perenidade do documento digital "[...] é um ponto que deve ser considerado irrelevante, pois os documentos armazenados eletronicamente podem ser armazenados também por longos períodos de tempo sem que seu conteúdo sofra alteração alguma".[54]

Conclusão

Em vista do que foi exposto nas linhas acima, é possível concluir que o documento eletrônico será considerado original, mesmo que tenha sido submetido a processo de reprodução, desde que não se verifique a ocorrência de alteração do meio em que foi criado, como ocorre, exemplificativamente, com sua impressão. No caso específico de documentos cartulares que sejam digitalizados e, nesta condição, passem a ser representados por uma sequência de códigos binários, devem eles ser considerados como cópias.

Relativamente à admissibilidade do documento eletrônico, tem-se que ela não poderá ser negada pelo tão só fato de o documento não estar consubstanciado em um suporte material. Assim como qualquer documento, é necessário que a pessoa responsável pelo exame de documentos digitais verifique se foram observados os requisitos da licitude e da legitimidade moral para que o mesmo possa atuar como meio de prova das manifestações do pensamento ou de vontade que nele foram registradas ou mesmo dos fatos que nele foram certificados ou declarados por órgãos públicos.

Especificamente no que concerne à eficácia probatória dos documentos eletrônicos, verificou-se ser desejável que eles recebam a chancela de uma assinatura digital, gerada por meio de um sistema de criptografia assimétrica, porquanto nessas condições será considerado plenamente autêntico e íntegro. Não obstante, também foi possível constatar que documentos eletrônicos gerados por meio diverso também poderão gerar efeitos jurídicos desde que seja adotada uma forma segura de identificação de sua autoria e de controle de seu conteúdo, como é o caso dos cadastros realizados em páginas da internet de determinados órgãos públicos.

---

[53] ARELLANO, Miguel Ángel. *Preservação de documentos digitais: ciência da informação.* Disponível em: <http://www.scielo.br/pdf/ci/v33n2/a02v33n2.pdf>. Acesso em 11 out. 2012.

[54] ARAÚJO, Viviane Souza de. *A Validade Jurídica dos Documentos Eletrônicos como Meio de Prova no Processo Civil.* p. 70.

Afora isso, foi também verificado que os meios de gravação de arquivos eletrônicos que hoje se fazem disponíveis aos usuários de ferramentas informacionais possuem plenas condições de garantir sua preservação por períodos indeterminados de tempo, não sendo possível exigir dos documentos eletrônicos uma garantia de durabilidade em nível maior do que aquela que é comum aos documentos físicos, que por sua vez também se sujeitam a diversos agentes externos que podem comprometer sua integridade e mesmo existência.

A tendência de eliminação do uso de documentos cartulares e de sua substituição por documentos eletrônicos é tema deveras complexo, não sendo pretensão do presente estudo exaurir todos os seus aspectos, mas apenas conferir aos profissionais que com ele se depararem as mínimas condições para que possam fazer uma análise de sua originalidade, admissibilidade e eficácia.

Referências bibliográficas

ALBERNAZ, Lister de Freitas. *Foto digital como meio de prova.* Não paginado.

ARAÚJO, Viviane Souza de. *A Validade Jurídica dos Documentos Eletrônicos como Meio de Prova no Processo Civil.* Porto Alegre: PUC/RS, 2007. Monografia (Graduação em Direito), Faculdade de Direito, Pontifícia Universidade Católica do Rio Grande do Sul, 2007.

ARELLANO, Miguel Ángel. *Preservação de documentos digitais: ciência da informação.* Disponível em: <http://www.scielo.br/pdf/ci/v33n2/a02v33n2.pdf>. Acesso em 11 out. 2012.

BLOG DO PLANALTO. Disponível em: <http://blog.planalto.gov.br/numero-de-usuarios-de-internet-no-brasil-cresce-139-em-um-ano-e-chega-a-432-mi/>.

BLUM, Renato Opice; JIMENE, Camilla do Vale. *O valor probatório do documento eletrônico.* Disponível em: <http://www.ambito-juridico.com.br/site/index.php?n_link=revista_artigos_leitura&artigo_id=6313>. Acesso em: 12 mar. 2012. Não paginado.

BRASIL, Ângela Bittencourt. *O documento físico e o documento eletrônico.* Jus Navigandi, Teresina, ano 5, n. 42, 1 jun. 2000. Disponível em: <http://jus.uol.com.br/revista/texto/1781>. Acesso em: 15 ago. 2011.

CASTRO, Aldemario Araújo. *O documento eletrônico e a assinatura digital*: uma visão geral. Disponível em: <http://www.aldemario.adv.br/doceleassdig.htm>. Acesso em: 12 mar. 2012. Não paginado.

CESÁRIO, João Humberto. *Provas e recursos no processo do trabalho.* São Paulo: LTr, 2010.

DINAMARCO, Cândido Rangel. *Instituições de Direito Processual Civil.* 4.ed. rev. e atual. São Paulo: Malheiros, 2004, v.3.

GANDINI, João Agnaldo Donizeti; SALOMÃO, Diana Paola da Silva *et al.* A validade jurídica dos documentos digitais. *Jus Navigandi,* Teresina, ano 7, n. 58, 1 ago. 2002. Disponível em: <http://jus.com.br/revista/texto/3165>. Acesso em: 26 mar. 2012. Não paginado.

HAINZENREDER JÚNIOR, Eugênio. *Direito à privacidade e o poder diretivo do empregador:* o uso do *e-mail* no trabalho. São Paulo: Atlas, 2009.

KAMINSKI, Omar; VOLPI, Marlon Marcelo. A evolução da certificação digital. *In:* ROVER, Aires José (org.). *Direito e Informática Barueri*, 2004.

LORENZETTI, Ricardo L. *Comércio eletrônico.* Traduzido por Fabiano Menke. São Paulo: Editora Revista dos Tribunais, 2004.

LUIZ, Maria Izabella Gullo Antônio. *A prova obtida por meio eletrônico.* Curitiba: PUC/PR, 2003. Dissertação (Mestrado em Direito), Faculdade de Direito, Pontifícia Universidade Católica do Paraná, 2003.

MARCACINI, Augusto Tavares Rosa. *Direito e Informática*: Uma abordagem jurídica sobre a criptografia. Disponível em: http://pt.scribd.com/doc/62961107/Direito-e-Informatica-MARCACINI. Acesso em: 11 ago. 2011.

——. *O documento eletrônico como meio de prova.* Disponível em: <http://augustomarcacini.net/index.php/DireitoInformatica/DocumentoEletronico>. Acesso em: 11 ago. 2011.

PAESANI, Liliana Minardi. *Direito de informática:* comercialização e desenvolvimento internacional do Software. 3.ed. São Paulo: Atlas, 2001.

PARENTONI, Leonardo Netto. A regulamentação legal do documento eletrônico no Brasil. *Jus Navigandi*, Teresina, ano 10, n. 772, 14 ago. 2005. Disponível em: <http://jus.com.br/revista/texto/7154>. Acesso em: 26 mar. 2012. Não paginado.

PECK, Patrícia. *Direito digital.* São Paulo: Saraiva, 2002.

POZZEBON, Felipe Dreyer de Ávila. *A prova documental e a internet.* Porto Alegre: PUC/RS, 2002. Dissertação (Mestrado em Direito), Faculdade de Direito, Pontifícia Universidade Católica do Rio Grande do Sul, 2002.

RIBEIRO, Darci Guimarães. *Provas atípicas.* Porto Alegre: Livraria do Advogado, 1998.

SALOMÃO, Cláudia Moura. *A prova do documento eletrônico no processo de conhecimento.* São Paulo: Mackenzie, 2006. Monografia (Graduação em Direito), Faculdade de Direito, Universidade Presbiteriana Mackenzie, 2006.

SANTOS, Moacyr Amaral. *Primeiras linhas de direito processual civil.* 27.ed. atual. São Paulo: Saraiva, 2011. v.2.

TEIXEIRA FILHO, Manoel Antônio. *A prova no processo do trabalho.* 9.ed. rev. e ampl. São Paulo: LTr, 2010.

VANCIM, Adriano Roberto. *O documento eletrônico e sua implicação no direito.* Disponível em: <http://www.ejef.tjmg.jus.br/home/files/publicacoes/artigos/documento_eletronico.pdf>. Acesso em: 12 mar. 2012.

— 16 —

O sigilo fiscal e a tecnologia da informação

DANIEL TIMMERS MACHADO[1]

Sumário: 1. Introdução; 2. O direito à intimidade e à vida privada; 3. O sigilo da fiscalização; 3.1. A relativização do sigilo de dados; 3.2. A normatização do acesso às informações e os conflitos decorrentes; 3.3. O sigilo fiscal e as novas tecnologias; 4. Conclusão; Referências bibliográficas.

1. Introdução

A discussão acerca do sigilo fiscal na era de mudanças e no advento de novas tecnologias trazidas pela revolução tecnológica traz à tona um tema relevante e atual, tendo em vista o cenário de crescentes facilidades de acesso proporcionadas pela *internet* e outros sistemas de armazenamento de dados.

As interferências que podem ocorrer na prerrogativa constitucional à intimidade do cidadão e os limites da aplicação do princípio da intimidade em face do direito ao acesso às informações relevantes de caráter público também são temas essenciais a serem tratados a fim de ser perquirido um conceito mais aprofundado de dignidade e de vida privada, delimitando com isso as liberdades a serem mais ou menos protegidas em virtude do interesse coletivo.

Ainda que o direito à privacidade dos dados do cidadão seja de natureza constitucional, o que tem ocorrido na prática, consequência da pressão desenfreada das modernidades e novas formas de acesso, é uma maior limitação das liberdades do indivíduo relativizadas e colocadas em segundo plano em determinadas situações.

---

[1] Advogado em Porto Alegre, atuante na área trabalhista, graduado pela Pontifícia Universidade Católica do Rio grande do Sul (PUCRS) e Pós-graduando em Direito do trabalho pela Universidade Federal do Rio Grande do Sul (UFRGS). Membro do Grupo de Pesquisa: "Novas Tecnologias e Relações de Trabalho" (PUCRS, Coord. Prof. Denise Pires Fincato). email: daniel_timmers@hotmail.com.

Assim, faz-se necessária, em face das crescentes exceções ao sigilo de dados fiscais, que haja uma cautela maior por parte das instituições, em especial nos casos em que há troca maior de informações entre órgãos públicos. É salutar, ainda, que o acesso e o armazenamento destas sejam respaldados por uma normatização que acompanhe o ritmo da evolução das novas tecnologias, a fim de que realmente se transmita uma sensação geral de maior segurança.

A análise dos recursos legais e tecnológicos que estão sendo utilizados para a concretização do direito ao acesso das informações, respeitando, ao mesmo tempo, os direitos individuais de privacidade é um objetivo a ser buscado.

Assim, salutar é a discussão que aborda o tema da conciliação entre a oportunidade de se dar maior funcionalidade à máquina estatal na utilização dos bancos de dados – visando a coagir e punir as irregularidades e ilegalidades violadoras da ordem jurídica e do patrimônio do cidadão – e o risco em excesso que pode ser gerado pelo acesso fácil e nem sempre desejado pelos entes públicos de informações de cunho privado.

A persecução de um consenso e de mais funcionalidade na utilização dos bancos de dados requer constante aperfeiçoamento dos sistemas de informação, sempre aliado a ações voltadas para uma maior razoabilidade no exercício dessas prerrogativas.

2. O direito à intimidade e à vida privada

A intimidade e a parte privada da vida do indivíduo, como regra, são resguardadas de interferências estatais. O autor Alexandre de Moraes define com propriedade esse instituto ao manifestar que os direitos referidos salvaguardam o espaço íntimo tanto de pessoas físicas, quanto jurídicas, inclusive nas transmissões pelos meios de comunicação em massa:

> Os direitos à intimidade e a própria imagem formam a proteção constitucional à vida privada, salvaguardando um espaço íntimo intransponível por intromissões ilícitas externas.
>
> A proteção constitucional consagrada no inciso X do art. 5° refere-se tanto a pessoas físicas quanto a pessoas jurídicas, abrangendo, inclusive, à necessária proteção à própria imagem frente aos meios de comunicação em massa (televisão, rádio,jornais, revistas, etc.).[2]

---

[2] MORAES, Alexandre de (org.). *Constituição da República Federativa do Brasil*: de 5 de outubro de 1988. 30.ed. São Paulo: Atlas. 2009, p. 79.

Assim sendo, o direito à vida privada (art. 5º, inc. X, 1ª parte, da Constituição Federal de 1988,[3] c/c art. 21 do Código Civil[4]) é o que permite que as pessoas se protejam de ingerências em sua esfera íntima.

Sustentado como o *"direito de ser deixado em paz"*, a intimidade do indivíduo também pode ser abordada sob a ótica das violações à distância, sem que haja a presença física do infrator, caso em que deve ser protegida da mesma forma:

> O direito à intimidade há muito vem sendo conceituado como aquele que visa a resguardar as pessoas dos sentidos alheios, principalmente da vista e dos ouvidos de outrem; pressupõe ingerência na esfera íntima da pessoa através de espionagem e divulgação de fatos íntimos obtidos ilicitamente. Seu fundamento é o direito à liberdade de fazer e de não fazer. É o "direito a ser deixado em paz", como sustentado pelo magistrado americano Cooley, em 1873. (...) Não basta, porém, que estejamos sós, para que tenhamos nossa intimidade assegurada. É que ela poderá ser violada à distância, com o uso indevido de teleobjetiva, de escutas telefônicas e dados informativos, sem que haja presença física do infrator.[5]

Em contraponto, surge a noção de liberdade de informação, que foi reconhecida inicialmente pela Resolução 59 da ONU, no ano de 1946[6] e abordada posteriormente pelo artigo 19 da Declaração Universal dos Direitos do Homem.

Tais conceitos foram marcos importantes no avanço dos princípios da igualdade e da dignidade dentro do nosso ordenamento jurídico e na defesa do direito à liberdade de opinião e à difusão de informações por qualquer meio de expressão:

> Todo o indivíduo tem direito à liberdade de opinião e de expressão, o que implica o direito de não ser inquietado pelas suas opiniões e o de procurar, receber e difundir, sem consideração de fronteiras, informações e idéias por qualquer meio de expressão.[7]

Exposta a definição de liberdade de informação e intimidade, é importante também referir que, a evolução das ações controladoras do Es-

---

[3] Art. 5º. Todos são iguais perante a lei, sem distinção de qualquer natureza, garantindo-se aos brasileiros e aos estrangeiros residentes no País a inviolabilidade do direito à vida, à liberdade, à igualdade, à segurança e à propriedade, nos termos seguintes (...) X – são invioláveis a intimidade, a vida privada, a honra e a imagem das pessoas, assegurado o direito a indenização pelo dano material ou moral decorrente de sua violação;

[4] Art. 21. A vida privada da pessoa natural é inviolável, e o juiz, a requerimento do interessado, adotará as providências necessárias para impedir ou fazer cessar ato contrário a esta norma.

[5] BARROS, Alice Monteiro de. *Proteção à Intimidade do Empregado*. São Paulo: LTr, 1997, p. 28-30.

[6] A liberdade de informação constitui um direito humano fundamental e é a pedra de toque de todas as liberdades a que se dedica a ONU.

[7] DECLARAÇÃO UNIVERSAL DOS DIREITOS DO HOMEM. Adotada e proclamada pela resolução 217 A(III) da Assembleia Geral das Nações Unidas em 10 de dezembro de 1948. Disponível em: <http://www.ohchr.org/EN/UDHR/Documents/UDHR_Translations/por.pdf>. Acesso em: 20 maio 2013.

tado, somadas aos avanços tecnológicos, trouxeram uma questão a ser solucionada.

O que se deve sopesar atualmente é justamente o quão razoável tais critérios de vedação da esfera particular de cada pessoa devem ser aplicados.

3. O sigilo da fiscalização

3.1. A relativização do sigilo de dados

Ao longo do tempo, a proteção das informações prestadas pelo cidadão ao Estado acabou ganhando importância e patamar constitucional. Somando-se às importantes mudanças tecnológicas das últimas décadas também houve, com o aumento das transações bancárias, a necessidade de existir uma maior confiança do consumidor para com essas instituições – em especial na ingerência de suas informações pessoais.

Assim, tanto o sigilo de dados fiscais, quanto o de dados bancários são direitos resguardados pela Constituição, sendo que, atualmente, o direito à intimidade possui natureza imutável (cláusula pétrea), com previsão no artigo 5°, X e XII, da Constituição Federal de 1988.[8]

Cabe, ainda, ao ser traçado um comparativo das diferenças entre o sigilo bancário e fiscal, o questionamento se a solução de eventuais antinomias entre ambos deveria seguir o tratamento como se esses institutos fossem regras ou, por outro prisma interpretativo, como se fossem princípios gerais:

> Tomando estas considerações, convém perguntar como a temática do sigilo bancário e fiscal nos envolve. Ou seja: é ela "uma questão de regra" – e deve ter tratamento como se regra fosse, na conformidade das soluções apresentadas para as antinomias de regra – ou "uma questão de princípio" – e deve ser analisada, então, em face de outro prisma interpretativo, na conformidade da harmonização?[9]

Somadas a essas indagações ligadas à interpretação dos sigilos bancário e fiscal, cabe outra distinção de ambos os institutos, dessa vez no que diz respeito à natureza dos dados que terão ou não seu acesso restringido.

Apesar de tratarem da mesma temática do dever de não informação dos dados aos órgãos fiscais, distinguir os dados fiscais – inerentes ao dever de fiscalização do estado – dos bancários é o que ajuda sobremaneira

---

[8] *São invioláveis a intimidade, a vida privada, a honra e a imagem das pessoas, assegurado o direito a indenização pelo dano material ou moral decorrente de sua violação.*

[9] TEIXEIRA, Eduardo Didonet; HAEBERLIN, Martin. *A proteção da privacidade: a aplicação na quebra do sigilo bancário e fiscal.* Porto Alegre: Sergio Antonio Fabris, 2005, p. 131.

em uma melhor definição do sigilo fiscal como um direito do contribuinte de manter seus dados sempre em segredo perante os órgãos de fiscalização de tributos, salvo no interesse do próprio cidadão ou visando à própria atividade de comunicação:

> Diferenciar sigilo bancário de sigilo fiscal, a fim de definir o segundo, é, no fundo, diferenciar dados bancários de dados fiscais.
>
> Os dados fiscais são aqueles inerentes ao dever de fiscalização do Estado, conforme disposto no art. 174 da Constituição Federal, bem como aqueles prestados pelo próprio constribuinte em face da obrigação de informação acessória ao pagamento de tributos estipulada no art. 113, §2º da Lei nº. 5172/66. (...)
>
> Com todas as observações de estilo já apontadas nas definições anteriores, lançamos o conceito de sigilo fiscal como sendo o direito do contribuinte perante os órgãos de fiscalização de tributos da União, dos Estados, dos Municípios e do Distrito Federal de manter seus dados, conhecidos por esses em razão da atividade de fiscalização, sempre em segredo, salvo em função do interesse expresso pelo contribuinte ou em razão de motivos que se façam necessários para a própria atividade de comunicação.[10]

Tal distinção encontra respaldo, inclusive, em dispositivo do Código Tributário Nacional[11] (art. 198) onde se prevê que a Fazenda Pública possui vedação de divulgação da situação do contribuinte, salvo por requisição de autoridade judiciária ou administrativa para fins de investigação de informações acerca da situação econômica e financeira dos contribuintes ou de terceiros.

Em complemento às normas iniciais, os regramentos acabaram se modificando ao longo do tempo na questão dos poderes concedidos aos entes públicos para a violação de dados, com a regulamentação pela Lei Complementar nº 105, de 10 de janeiro de 2001, que trouxe inovações atinentes à sua quebra, permitindo até mesmo através de mero procedimento administrativo que houvesse exceções à garantia constitucional da proteção de dados, com entendimento acompanhado pelo já citado Código Tributário Nacional, em seu art. 198, §1º, inciso II.[12]

---

[10] TEIXEIRA, Eduardo Didonet; HAEBERLIN, Martin. *Op cit.*, p. 100-102.

[11] Art. 198. Sem prejuízo do disposto na legislação criminal, é vedada a divulgação, por parte da Fazenda Pública ou de seus servidores, de informação obtida em razão do ofício sobre a situação econômica ou financeira do sujeito passivo ou de terceiros e sobre a natureza e o estado de seus negócios ou atividades.

[12] Art. 198. Sem prejuízo do disposto na legislação criminal, é vedada a divulgação, por parte da Fazenda Pública ou de seus servidores, de informação obtida em razão do ofício sobre a situação econômica ou financeira do sujeito passivo ou de terceiros e sobre a natureza e o estado de seus negócios ou atividades. (...) II – solicitações de autoridade administrativa no interesse da Administração Pública, desde que seja comprovada a instauração regular de processo administrativo, no órgão ou na entidade respectiva, com o objetivo de investigar o sujeito passivo a que se refere a informação, por prática de infração administrativa.

Ressalta-se que, com o surgimento de tal dispositivo, foram extraídas as primeiras exceções ao sigilo fiscal de dados, relativizando este instituto em detrimento do interesse Estatal.

As informações, preliminarmente acolhidas pelo fisco sob o manto do sigilo – sendo vedada a sua divulgação aos entes não pertencentes à fazenda pública – têm sua proteção comprometida pelo dever de publicidade das atividades estatais, sendo essa uma dicotomia de presença cada vez mais marcante em face das alterações na legislação e no modo de controle estatal na atualidade:

> Preliminarmente destaca-se que as informações obtidas pelo fisco, em razão desse poder de fiscalização, estão acolhidas sob o manto do sigilo. Ou seja, o Estado não pode divulgar tais dados – entenda-se aqui a divulgação no sentido de vedação de transmitir a quaisquer outros, que não integram a Fazenda pública, as informações obtidas em razão do ofício – como se extrai do artigo 198 da Lei 5.172/66. (...)
>
> Apresenta-se então uma dicotomia. Ao concretizar o poder fiscalizatório, o fisco exerce atividade estatal, a qual, como sabido, deve se revestir de publicidade, contudo, no exercício desse poder, obtém informações privadas às quais se impõe sigilo. Então, ao dever de publicidade se contrapõe o dever de sigilo.[13]

A discussão desses elementos de contraposição entre o público e o privado é salutar e traz à tona a relevante questão da relativização do direito à intimidade que, apesar de ser cláusula pétrea no texto constitucional, acaba sendo colocado em segundo plano em determinadas situações.

Em que pese o cidadão possuir direito à paz, ao equilíbrio e ao resguardo de seus dados (necessidade esta que é aprovada pela consciência coletiva), o que vem ocorrendo na prática é a pressão cada vez maior pelo ritmo desenfreado da vida moderna, impedindo e ceifando a liberdade interior do indivíduo.

> Os constituintes de 1988, apesar de terem consagrado o direito à intimidade, elevando-o inclusive à cláusula pétrea, preenchendo assim uma lacuna em nosso ordenamento jurídico, em nível infraconstitucional a situação deixa a desejar. E a consciência coletiva aprova a necessidade de serem assegurados pela ordem jurídica a paz e o equilíbrio, que, pressionados pelo ritmo desenfreado da vida moderna, se veem muitas vezes impedidos, pela indevida intromissão alheia, de alcançar aquela liberdade interior.[14]

Juntamente com essa pressão, surge o sentimento de insegurança quanto à autenticidade do armazenamento de dados na *internet* e em bancos de informações de entes governamentais.

---

[13] FOLMANN, Melissa. *Sigilo bancário e fiscal:* à luz da Lei Complementar 105/2001 e do Decreto 3.724/2001. Curitiba: Juruá. 2001, p. 69 e 72.

[14] FREGADOLLI, Luciana. *O direito à intimidade e a prova ilícita.* Belo Horizonte: Del Rey. 1998, p. 224.

Dessa forma, cresce um risco de descrédito não apenas em relação a pessoas jurídicas do direito privado, como também quanto a órgãos estatais como a Receita Federal, que, até então possuíam uma alta dose de confiança do cidadão que lhes fornecia seus dados.

Informações ligadas à natureza do débito de uma pessoa ou se determinada dívida é ou não parcelada são exemplos de situações em que a fiscalização deve ocorrer de forma mais acentuada, em especial nos tempos atuais, onde manter em segredo um dado fiscal é tarefa cada vez mais árdua, vista, por vezes, até mesmo como sinal de inadimplência pelos órgãos de controle do estado:

> No mesmo perigo incorre a falta de segurança quanto aos dados do contribuinte perante a Receita Federal em face de internet, pois, ao menor deslize de uma informação que vaze, o descrédito também pode perseguir a pessoa jurídica. Se uma pessoa deve ou não, se o débito está parcelado ou não, o que ela tem ou deixa de ter diz respeito a ela e ao fisco – este enquanto ente normativo e fiscalizador da econômica – competindo a ele a manutenção do sigilo das informações que obtém nessa função.
>
> Contudo, se, ao tempo em que as informações eram obtidas via judiciário, mantê-las em segredo já era um problema, imagine se agora quando sigilo virou sinônimo de sonegador. A divulgação dos dados poderá se dar sob o manto de que nada há a temer; afinal o fisco só está a protegê-lo de si mesmo.[15]

Com a discussão gerada pela regulamentação de tais artigos, surgiram as exceções que impuseram limites entre o direito individual de cunho público e privado de ser mantido o sigilo sobre informações pessoais e o poder-dever estatal de publicação dos atos e fatos administrativos para que a sociedade, seu destinatário final, tome conhecimento destes.

Percebe-se, atualmente, que cada vez mais são extraídas exceções ao sigilo de dados fiscais – com a colaboração entre clientes e fazenda pública e em outros casos em que é admitida a quebra – acarretando, por essas e outras razões, em uma necessidade de que haja uma cautela maior por parte das instituições públicas, em especial nos casos em que há intercâmbio de informações entre órgãos públicos.

Se a confiança do contribuinte é depositada, junto com seus dados, em um órgão estatal como a Secretaria da Receita Federal de Curitiba, por exemplo, e tais informações são intercambiadas com outro banco de dados também de natureza pública, o cuidado na manutenção do sigilo deve ser redobrado.

> Dessas disposições extraem-se as primeiras exceções ao sigilo de dados fiscais: casos de colaboração entre os entes da administração fazendária e casos em que a autoridade judiciária entenda ser necessária a quebra.

---

[15] FOLMANN, Melissa. *Sigilo bancário e fiscal: à luz da Lei Complementar 105/2001 e do Decreto 3.724/2001*. Curitiba: Juruá. 2001, p. 95.

Referente à colaboração entre as fazendas, deve-se atentar que a troca de informações entre essas não deixa de colocar àquela que receve a informação o dever de sigilo. Em outras palavras, por exemplo, quando a Secretaria da Receita Federal de São Paulo fornece dados de contribuinte à Secretaria da Fazenda Nacional de Curitiba, esta sujeita-se ao sigilo das informações que recebeu sob pena de ferir o artigo em comento, incursionando pelo tipo penal do artigo 325 do Código Penal, pelo artigo 144 do Código Civil (violação do dever de sigilo profissional) e pelo artigo 132, inciso XI, da Lei 8.112, de 11 de novembro de 1990.[16]

Casos como este, onde inclusive existem consequências ligadas à esfera penal com o descumprimento no dever básico estatal de manter as informações da esfera privada do cidadão longe de interferências que fujam da normalidade, são alguns exemplos da cautela que deve ser mantida na manipulação de dados particulares.

Da mesma forma, deve haver bastante cautela na obtenção e troca dessas informações se são abertas exceções no tocante a casos de requisição regular da autoridade judiciária no interesse da justiça e a casos de Estado de Defesa e Estado de Sítio.

Num segundo momento, vem a exceção tocante aos casos de requisição regular da autoridade judiciária no interesse da justiça. Cerne de muitas controvérsias, essa exceção, em verdade, apresenta os seguintes requisitos taxativos – como devem ser considerados todos os requisitos referentes à quebra de direito constitucionalmente assegurado – indispensabilidade dos dados em poder da Receita Federal; autorização judicial ou de Comissão Parlamentar de Inquérito; Individualização do investigado e do objeto da investigação; obrigatoriedade da manutenção do sigilo; utilização dos dados para os fins sobre os quais foram requeridos à autoridade judicial.

Uma terceira exceção ao sigilo fiscal está nos artigos 136, inciso I, alíneas a ou c, que trata das hipóteses de restrição ao sigilo em caso de Estado de Sítio, e 139, inciso III, ao tratar dos casos de restrição ao sigilo nos casos de Estado de Defesa, ambos da Constituição de 1988.[17]

Ainda que a quebra de sigilo por requisição judicial possua os já citados requisitos taxativos da indispensabilidade, da autorização judicial, da utilização somente para os fins a que foram requeridos, entre outros, percebe-se cada vez que o direito à intimidade é posto de lado em prol de interesses coletivos.

Assim, busca-se um equilíbrio de forças que atenue a falta de segurança no armazenamento de dados, cujo aumento se dá de forma gradativa com a evolução das novas tecnologias da informação. É salutar que haja razoabilidade tanto na proteção do sigilo de dados, quanto nas hipóteses levantadas pela doutrina em que sua quebra é permitida.

---

[16] FOLMANN, Melissa. *Op. cit.*, p. 75.

[17] Ibidem.

3.2. A normatização do acesso às informações e os conflitos decorrentes

No contexto até então exposto, para o cumprimento do dever de fornecimento de dados de interesse público e da publicidade do Estado, tornou-se essencial a normatização do direito de acesso às informações.

Tal necessidade se concretizou com a positivação trazida pela Lei nº 12.527/2011, de acesso às informações, que trouxe à tona regulamentações a respeito do acesso seguindo os princípios da administração pública, juntamente com o uso de meios de comunicação viabilizados pela tecnologia da informação.[18]

Assim, é oportuno que tanto a fiscalização geral – feita nos termos dos artigos 194 a 200 do CTN – quanto a especial, citada no artigo 197 do CTN, seja feita nos termos da lei e com respeito ao disposto nos incisos X e XII do artigo 5º da Constituição:

> Feitas estas observações, é oportuno perguntar, em que limites a autoridade fiscal pode exercer sua atuação fiscalizadora, no que diz respeito ao disposto nos incisos X e XII do art. 5° da CF..
>
> (...)
>
> Por cautela, embora isso nem fosse preciso, o dispositivo exige respeito aos direitos individuais. Ademais que a identificação se faça nos termos da lei. Isto vale tanto para o caso em especial, como para a fiscalização em geral.
>
> No que se refere à fiscalização em geral, vale, em termos legais, o disposto nos arts. 194, 195, 196, 197, 198, 199 e 200 do CTN. Mencione-se ainda o art. 12 da Lei Complementar n. 70/ 91. Em especial, o art. 197 fala de informações com relação a bens, negócios ou atividades de terceiros. E aí inclui bancos, entre as entidades obrigadas a prestar, mediante intimação escrita, as informações.[19]

Ainda que legislação recente tenha regulamentado o acesso de dados por meio de tecnologias de informação e que a quebra dos direitos de privacidade do cidadão tenha que ser notavelmente feita nos conformes da lei e da constituição, cabe referir que o acesso à informação e sua falta de regulamentação ainda trazem conflitos.

Alguns entendimentos doutrinários e jurisprudenciais trazem o questionamento acerca da natureza absoluta ou relativa do dispositivo constitucional que cuida da privacidade do indivíduo, apontando, por

---

[18] Art. 3º Os procedimentos previstos nesta Lei destinam-se a assegurar o direito fundamental de acesso à informação e devem ser executados em conformidade com os princípios básicos da administração pública e com as seguintes diretrizes: (...) III – utilização de meios de comunicação viabilizados pela tecnologia da informação.

[19] FERRAZ JUNIOR, Tércio Sampaio. Sigilo de dados: o direito a privacidade e os limites à função fiscalizadora do Estado. In: *Cadernos de direito constitucional e ciência política*. n. 19. São Paulo: 2002. Disponível em: http://www.terciosampaioferrazjr.com.br/?q=/publicacoes-cientificas/28>. Acesso em: 21 de dez. de 2012.

vezes, como absurda a interpretação do direito à intimidade como sendo de natureza absoluta, pois se fosse dessa forma vedaria completamente a ação fiscalizadora do Estado.

Da mesma forma, é conveniente o entendimento defendido por alguns juristas acerca da necessidade de não se entender o direito à privacidade dos dados, tanto no meio jurídico, quanto no meio financeiro internacional, como de natureza absoluta:

> Pergunta-se se estas autorizações legais estariam revogadas pelo art. 5° — XII da CF combinado com o inciso X. Não nos parece plausível admiti-lo pelo absurdo a que ela conduz. Isto significaria acabar com a competência fiscalizadora do Estado. Ora, como vimos, o inciso XII (proteção à comunicação de dados) impede o acesso à própria ação comunicativa, mas não aos dados comunicados. E estes, protegidos pela privacidade, não constituem um limite absoluto. (...) Do mesmo modo, no mundo financeiro internacional, já se notam importantes mudanças no conceito de sigilo bancário quando estão envolvidas atividades criminosas.[20]

Assim, dada a sua relevância, o tema acabou sendo abordado por nossos tribunais superiores, demandando o seu pronunciamento em especial no que diz respeito à relativização ou não da regra geral da preservação da privacidade em conflitos onde os direitos públicos prevalecem sobre os interesses privados,[21] na excepcional possibilidade de quebra de sigilo pelas Comissões Parlamentares de Inquérito[22] e nos casos de ausência de provas e esgotamento total de alternativas que afastem a violação da intimidade.[23]

---

[20] FERRAZ JUNIOR, Tércio Sampaio. Sigilo de dados, cit.

[21] BRASIL. Superior Tribunal de Justiça. Mandado de Segurança n° 26.997 - SP, (0112909-8), 3ª Turma. ATO JUDICIAL. DECISÃO QUE DETERMINA A QUEBRA DE SIGILO FISCAL. DECISÃO FUNDAMENTADA. CIRCUNSTÂNCIAS DE FATO QUE JUSTIFICAM A MEDIDA. A proteção ao sigilo fiscal não é direito absoluto, podendo ser quebrado quando houver a prevalência do direito público sobre o privado, na apuração de fatos delituosos, desde que a decisão esteja adequadamente fundamentada na necessidade da medida. Recurso ordinário em mandado de segurança a que se nega provimento. Unânime. Agravante: Fernando Luiz Villar Cabral Silva e Outros. Agravado: Bandeirante energia S/A. Relatora Ministra Nancy Andrighi. Brasília, 26 set. 2008.

[22] BRASIL, Supremo Tribunal Federal. Mandado de Segurança n° 25.668. Tribunal Pleno. COMISSÃO PARLAMENTAR DE INQUÉRITO - QUEBRA DE SIGILO BANCÁRIO, FISCAL E TELEFÔNICO - AUSÊNCIA DE INDICAÇÃO DE FATOS CONCRETOS - FUNDAMENTAÇÃO GENÉRICA - INADMISSIBILIDADE - CONTROLE JURISDICIONAL - POSSIBILIDADE - CONSEQÜENTE INVALIDAÇÃO DO ATO DE "DISCLOSURE" - INOCORRÊNCIA, EM TAL HIPÓTESE, DE TRANSGRESSÃO AO POSTULADO DA SEPARAÇÃO DE PODERES - MANDADO DE SEGURANÇA DEFERIDO. Impetrante: Alexander Forbes Brasil Corretora de Seguros LTDA. Impetrado: Presidente da Comissão Parlamentar Mista de inquérito - CPMI dos Correios. Relator: Ministro Celso de Mello. Brasília, DF, 23 mar. 2006.

[23] RIO GRANDE DO SUL. Tribunal de Justiça. Agravo de Instrumento n° 70050628114. Segunda Câmara Cível. AGRAVO DE INSTRUMENTO. DIREITO TRIBUTÁRIO. IPTU. EXECUÇÃO FISCAL. MUNICÍPIO DE PELOTAS. REQUISIÇÃO DE EXPEDIÇÃO DE OFÍCIO À RECEITA FEDERAL. QUEBRA DO SIGILO FISCAL. AUSÊNCIA DE PROVA DE ESGOTAMENTO DOS MEIOS DE PESQUISA DE BENS. A quebra de sigilo fiscal é possível em situações excepcionais, em razão da garantia constitucional de privacidade. Precedentes. Diante da ausência de provas de que foi tentado localizar bens, não há como se deferir o pedido de envio de ofício à Fazenda Pública para que for-

No tocante à aplicação da quebra de sigilo fiscal na esfera de julgamento das ações trabalhistas, igualmente cabe frisar que a já referida relativização da garantia de sigilo já é posição majoritária, visando à busca de bens para ressarcir créditos de natureza alimentar devidos ao trabalhador.[24]

Ademais, percebe-se que, apesar das recentes alterações na legislação e entendimentos doutrinários, visando a uma maior pacificação do tema, é notável que a normatização do acesso à informação ainda remete à discussão da legitimidade ou não da quebra de sigilo sem a passagem pela via judicial, existe uma busca incessante, com a ajuda dos recursos da tecnologia da informação, por meios mais céleres de efetivação dos direitos do cidadão.

3.3. O sigilo fiscal e as novas tecnologias

O embate entre o sigilo fiscal e a tecnologia da informação se encontra presente, em verdade, quando são levantadas questões atinentes ao conflito entre o acesso indesejado de dados cada vez maior, provocado pelo refinamento das novas tecnologias visando ao armazenamento de informações e a instrumentalização de um controle estatal efetivo objetivando a confiança do cidadão.

A dicotomia entre os caminhos que permitem acesso fácil e indesejado de dados descobertos violando o direito à privacidade e os perigos da operosidade dos transgressores da ordem jurídica não ser descoberta pelos mecanismos de controle externo estatal é uma discussão bastante profícua, que traz reflexões sobre o importante papel do sigilo de dados na sociedade da informação:

> Experimenta-se, na atualidade, a dupla face da abundância de caminhos que permitem, de um lado, o acesso fácil e nem sempre desejável dos dados sobre as pessoas, suas vidas, suas preferências, seus atos, seus patrimônios, o que deixa a descoberto ou põe sob risco o direito à privacidade; de outro lado, tem-se a operosidade dos que transgridem a ordem jurídica em detrimento da sociedade e não desejam dar à luz os seus atos e de-

---

neça a última declaração de imposto de renda da parte executada. NEGADO PROVIMENTO AO AGRAVO DE INSTRUMENTO. UNÂNIME. Agravante: Município de Pelotas. Agravado: Tancredo Spencer dos Santos. Relator: João Barcelos de Souza Junior. Porto Alegre, 25 set 2012.

[24] PARAÍBA. Tribunal Regional do Trabalho da 13ª Região. MANDADO DE SEGURANÇA nº 131180, Tribunal Pleno. MANDADO DE SEGURANÇA. DESCONSIDERAÇÃO DA PERSONALIDADE DA PESSOA JURÍDICA. EXPEDIÇÃO DE OFÍCIO À RECEITA FEDERAL. LOCALIZAÇÃO DE BENS DO SÓCIO. A solicitação de informações à Receita Federal feita pela autoridade apontada como coatora, visando à localização de bens dos sócios para pagamento do débito trabalhista, não caracteriza ato ilegal e abusivo. Ao contrário do que alega o impetrante, a garantia constitucional de sigilo fiscal é relativa, cabendo exceção, quando se busca, em execução definitiva, encontrar bens dos responsáveis para o pagamento de crédito de natureza alimentar. Impetrante: José Fernando Ribeiro Coutinho. Impetrado: Juiz do Trabalho (1ª Vara de Santa Rita). Relator: Vicente Vanderlei Nogueira de Brito. João Pessoa, 24 fev. 2012.

satinos sem cujo conhecimento o Estado não pode agir no sentido de conter e punir as irregularidades e ilegalidades havidas em contrariedade ao quanto exigido das pessoas pela ordem jurídica.[25]

Assim, o que se busca com esse diálogo entre risco de impunidade e o risco da invasão de dados pessoas é um certo equilíbrio que não permita o descaso ou desconhecimento das repercussões trazidas pelos avanços tecnológicos.

Com o refinamento dos sistemas de informações, cuida-se, também, em aperfeiçoar os sistemas jurídicos, permitindo uma convivência mais digna e pacífica, sem os sobressantos que a desconfiança do outro pode trazer.

Nem por isso se pretende permitir o descaso ou o desconhecimento dos riscos que o avanço da tecnologia, com o refinamento e aprofundamento dos bancos de dados que se multiplicam e se aplicam em redes, podem gerar sobre a vida privada das pessoas que precisam ser protegidas com rigor. Cuida-se, portanto, de aperfeiçoar os sistemas jurídicos para que a equação da convivência (pessoa/sociedade) se passe de maneira equilibrada, garantida e protegida, de modo a que cada um possa viver com dignidade, sem os sobressaltos que a desconfiança do outro pode trazer.[26]

A relativização do sigilo não é um desafio fácil, tendo em vista as suas inúmeras contradições, entretanto esta condição deve ser buscada, para que o interesse público e a honestidade estejam sempre presentes, proporcionando uma sociedade com relações mais seguras e confiáveis.

Acerca da intervenção estatal nos direitos individuais, é importante ressaltar que, no Brasil, a matéria já vem sendo discutida há certo tempo e teve um marco importante com a criação em 1998, pela lei 9613 – lei de Lavagem de dinheiro – do Conselho de Controle de Atividades Financeiras no Ministério da Fazenda,[27] órgão administrativo de inteligência que facilitou a identificação e envio aos órgãos de investigação, com a ajuda de uma melhor manipulação e aperfeiçoamento dos sistemas de informação, de operações com fundados indícios de lavagem de dinheiro e outros crimes financeiros.

Em virtude dessa demanda por menor impunidade e segurança jurídica, houve uma facilitação dos procedimentos de quebra de sigilo bancário em 2003, com o advento da Lei n. 10.701/2003, que normatizou o dever de se criar um banco de dados nacional de correntistas, mantido pelo Banco Central do Brasil.

---

[25] ROCHA, Cármen Lúcia Antunes. *Direito à privacidade e os sigilos fiscal e bancário*. Interesse Público, São Paulo. v.5. n.20, p.13-43. 2003.

[26] Ibidem.

[27] Art. 14. É criado, no âmbito do Ministério da Fazenda, o Conselho de Controle de Atividades Financeiras – COAF, com a finalidade de disciplinar, aplicar penas administrativas, receber, examinar e identificar as ocorrências suspeitas de atividades ilícitas previstas nesta Lei, sem prejuízo da competência de outros órgãos e entidades.

Bacen Jud foi o nome dado ao sistema informatizado criado pelo Banco Central do Brasil objetivando a rapidez no cumprimento de requisições judiciais ligadas a ativos financeiros, possibilitando a ligação direta do poder judiciário com as instituições bancárias par a que a conta do titular responsabilizado judicialmente fosse bloqueada.

Dessa forma, atualmente é possível que seja realizada de forma direta não apenas a obtenção de informações sobre saldos e extratos bancários do titular da conta, mas também o bloqueio integral da dívida do demandado. Assim, o Estado, posteriormente, já na posse dos dados e da quantia devida pelo responsável, poderá determinar a constrição da quantia correta, sempre respeitando o patamar mínimo de sobrevivência do indivíduo.

> O sistema do Bacen Jud permite ao juiz realizar o bloqueio integral de todos os ativos financeiros ou simplesmente bloquear determinada quantia. Em situações que envolvam grandes somas, dependendo da capacidade econômica do sujeito passivo, o interessante é em primeiro lugar determinar o bloqueio integral e requisitar informações para, posteriormente, de posse dos dados, limitar o bloqueio a patamar que não impeça a sobrevivência daquele que sofrer a constrição. Lembre-se que as ordens, tanto de bloqueio quanto de desbloqueio, são processadas em questão de horas. Assim foi feito em Pomerode, na ação cautelar que conseguiu o bloqueio integral das contas de três ex-prefeitos, de um deputado federal e de uma empresa fantasma. Com a atualização do sistema realizada no final de 2005, tornou-se possível ao magistrado, além do bloqueio parcial e total, obter diretamente informações sobre saldos bancários, extratos das contas correntes ou de investimentos e diretamente transferir valores bloqueados para contas judiciais.[28]

Ressalta-se, nesta linha de raciocínio, a importância que é dada pelo direito comparado ao tema em questão, com a adoção da relativização do sigilo por Estados mais democráticos, abrigando sistemas de acesso a dados resguardados sob suas próprias regras de sigilo, evitando, dessa forma, práticas mais ousadas de criminalidade para a invasão e a obtenção de informações.

Apesar dos Estados que compõem a União Europeia terem sido pioneiros no estudo dos direitos fundamentais, ressalta-se que a atitude dessas nações é no sentido de uma maior abertura em relação ao fornecimento de informações pelo cidadão.

Ainda que o sistema seja aberto, como o indivíduo dessas nações muitas vezes é ciente de seu papel de controlador das funções estatais nos seus limites legais e legítimos, essas novas formas de renúncia de prerrogativas ligadas à intimidade, priorizando o interesse público, não

---

[28] DOS SANTOS, Eduardo Sens. Ampliação da efetividade da ação civil pública pelo uso do Bacen Jud – Sistema de bloqueio on-line de ativos financeiros. *Revista do Centro de Apoio Operacional Cível / MPE – PA*. Centro de Apoio Operacional Cível. Ano 10. n.14. Belém: M. M. M. Santos Editora. jun. 2008, p. 25

são consideradas como invasão, nem tampouco afronta aos direitos fundamentais:

> No entanto, como antes acentuado, mesmo no plano do direito comparado, não são parcas as experiências havidas nos Estados mais democráticos no sentido de se abrigar nos sistemas a possibilidade de acesso aos dados econômicos das pessoas, com as reservas próprias do sigilo juridicamente estabelecido, para fazer face às ousadias da criminalidade. Não se considerou, então, afronta aos direitos fundamentais as novas normas jurídicas sobre a fiscalização das operações financeiras, tal como se deu, por exemplo, nos países europeus soberanos e, agora, na legislação da União Européia.
>
> (...) Poder-se-ia alegar serem eles os destruidores conscientes do quanto construído abrindo fendas para o autoritarismo e a ruptura dos direitos que são base da formação da modernidade jurídico-política?
>
> Não se tem esta experiência ou alegação, estando os povos cientes do papel de cada cidadão de impedir ou fazer refluir os arbítrios estatais, os excessos de seus agentes e, ainda, fazendo com que cada pessoa assuma o seu papel de controlador das funções do Estado a seus limites legais e legítimos.[29]

Assim como em outros países, no Brasil também se busca o equilíbrio em face dos conflitos entre o público e o privado e entre o direito à informação e o direito de sigilo de dados.

Nesse sentido e com esse intuito que, em junho de 2001, através da Medida Provisória n° 2.220,[30] foi instituída a Infra-estrutura de Chaves Públicas Brasileira (ICP-Brasil), delimitando de forma mais objetiva um padrão a ser seguido pelas organizações na prestação de serviços pela Internet com o uso de certificados digitais, dispondo, inclusive, sobre a validade dos documentos assinados digitalmente.

Direcionada para esse mesmo objetivo de mais segurança e equidade na acessibilidade, foi criada a legislação que regulamenta o acesso à informação – Lei n° 12.527/2011 – passando a considerar as informações necessárias à tutela judicial ou administrativa de direitos fundamentais como sendo de natureza pública, não podendo ser negado, nem restringido o seu acesso por nenhum instrumento de coerção estatal.[31]

Dessa forma, haja vista o esforço dos legisladores e da doutrina que procuram atribuir uma maior funcionalidade do poder público na utilização dos bancos de dados, parece existir uma real necessidade de con-

---

[29] ROCHA, Cármen Lúcia Antunes. *Op cit.*

[30] Art. 1° Fica instituída a Infra-Estrutura de Chaves Públicas Brasileira – ICP-Brasil, para garantir a autenticidade, a integridade e a validade jurídica de documentos em forma eletrônica, das aplicações de suporte e das aplicações habilitadas que utilizem certificados digitais, bem como a realização de transações eletrônicas seguras.

[31] Art. 21. Não poderá ser negado acesso à informação necessária à tutela judicial ou administrativa de direitos fundamentais.
Parágrafo único. As informações ou documentos que versem sobre condutas que impliquem violação dos direitos humanos praticada por agentes públicos ou a mando de autoridades públicas não poderão ser objeto de restrição de acesso.

senso e de uma normatização mais específica que trate dos limites da violação do direito à intimidade de cada indivíduo em questões ligadas à quebra de sigilo.

4. Conclusão

Com o avanço tecnológico e a maior amplitude de exposição e armazenamento de dados, o conceito de direitos privados indisponíveis acaba sendo cada vez mais relativizado, em substituição a uma maior efetivação do interesse público e do direito à informação do cidadão. Em decorrência disso, a definição de sigilo também acaba ganhando contornos mais diferenciados e passíveis de discussão.

A Fazenda Pública tem o poder de fiscalizar o contribuinte, mas este poder não é ilimitado e encontra barreiras regulatórias na legislação tributária e no entendimento dos tribunais pátrios, justamente para o fim de conciliar o dever do Estado de preservar a justiça e a igualdade da sociedade, ao mesmo tempo em que sigilo fiscal, direito individual básico do cidadão, é resguardado.

A contínua evolução na área da informática e as novas formas de transmissão e armazenamento de dados impõem desafios ao Estado de suprir essa lacuna, oferecendo serviços e soluções de segurança na área de tecnologia da informação.

Essa necessidade de constante aperfeiçoamento é decorrente principalmente da maior insegurança gerada por sistemas que até então eram considerados praticamente invioláveis e que atualmente podem ser facilmente burlados. A obsolescência dos sistemas de proteção às informações passa cada vez mais a ser encarada como um fator de risco e a valorização de sistemas de armazenamento de certificados digitais vem crescendo gradativamente.

Assim, a busca constante pela conciliação entre os interesses públicos e os privados é uma visão perquirida para a concretização de formas mais justas e inclusivas de acesso à informação, devendo ser pautada em respeito ao princípio da razoabilidade, possibilitando ações efetivas por parte do Estado, sem que com isso sejam violados os direitos fundamentais inerentes a todos os cidadãos brasileiros.

Referências bibliográficas

BARROS, Alice Monteiro de. *Proteção à Intimidade do Empregado*. São Paulo: LTr. 1997.

BRASIL. Lei n. 5.172, de 25 de outubro de 1966. *Planalto*. Disponível em: <http://www.planalto.gov.br/ccivil_03/leis/l5172.htm>. Acesso em: 01 out. 2013.

——. Lei n. 9.613, de 03 de março de 1998. *Planalto*. Disponível em: < http://www.planalto.gov.br/ccivil_03/Leis/L9613.htm>. Acesso em: 01 out. 2013.

——. Medida Provisória n. 2.200, de 24 de agosto de 2001. *Planalto*. Disponível em: <https://www.planalto.gov.br/ccivil_03/MPV/Antigas_2001/2200-2.htm>. Acesso em: 01 out. 2013.

——. *Código Tributário Nacional* – LEI Nº 5.172, DE 25 DE OUTUBRO DE 1966. Dispõe sobre o sistema tributário nacional e institui normas gerais de direito tributário aplicáveis à União, Estados e Municípios. Diário Oficial da República Federativa do Brasil. Brasília, 25 de outubro de 1966.

——. Constituição (1988). *Constituição da República Federativa do Brasil*: promulgada em 5 de outubro de 1988. Organização do texto: Juarez de Oliveira. 4ª ed. São Paulo: Saraiva, 1990. 168 p. (Série Legislação Brasileira).

——. Senado Federal. *Código civil brasileiro e legislação correlata*. Brasília (DF) : Senado Federal, 2011.

——., Supremo Tribunal Federal. Mandado de Segurança nº 25.668. Tribunal Pleno. Impetrante: Alexander Forbes Brasil Corretora de Seguros LTDA. Impetrado: Presidente da Comissão Parlamentar Mista de inquérito – CPMI dos Correios. Relator: Ministro Celso de Mello. Brasília, DF, 23 mar. 2006.

——. Superior Tribunal de Justiça. Mandado de segurança nº 26.997 – SP (0112909-8), 3ª Turma. Agravante: Fernando Luiz Villar Cabral Silva e Outros. Agravado: Bandeirante energia S/A. Relatora Ministra Nancy Andrighi. Brasília, *26 set. 2008*.

DECLARAÇÃO UNIVERSAL DOS DIREITOS DO HOMEM. Adotada e proclamada pela resolução 217 A (III) da Assembleia Geral das Nações Unidas em 10 de dezembro de 1948. Disponível em: http://www.ohchr.org/EN/UDHR/Documents/UDHR_Translations/por.pdf. Acesso em: 20 maio 2013.

FERRAZ JÚNIOR, Tércio Sampaio. *Sigilo de dados*: o direito a privacidade e os limites à função fiscalizadora do Estado. In: Cadernos de direito constitucional e ciência política. n. 19. São Paulo: 2002. Disponível em: http://www.terciosampaioferrazjr.com.br/?q=/publicacoes-cientificas/28>. Acesso em: 21 de dez. de 2012

FOLMANN, Melissa. Sigilo bancário e fiscal: à luz da Lei Complementar 105/2001 e do Decreto 3.724/2001. Curitiba: Juruá. 2001.

FREGADOLLI, Luciana. *O direito à intimidade e a prova ilícita*. Belo Horizonte: Del Rey. 1998.

YEARBOOK OF THE UNITED NATIONS. New York, NY, v.47, parte 1, 1946. disponível em: < http://unyearbook.un.org/unyearbook.html?name=194647index.html>. Acesso em: 20 maio 2013.

MORAES, Alexandre de (org.). *Constituição da República Federativa do Brasil*: de 5 de outubro de 1988. 30ª.ed. São Paulo: Atlas. 2009.

PARAÍBA. Tribunal Regional do Trabalho da 13ª Região. Mandado de Segurança nº 131180, Tribunal Pleno. Impetrante: José Fernando Ribeiro Coutinho. Impetrado: Juiz do Trabalho (1ª Vara de Santa Rita). Relator: Vicente Vanderlei Nogueira de Brito. João Pessoa, *24 fev. 2012*.

RIO GRANDE DO SUL. Tribunal de Justiça. Agravo de Instrumento nº 70050628114. Segunda Câmara Cível. Agravante: Município de Pelotas. Agravado: Tancredo Spencer dos Santos. NEGADO. Relator: João Barcelos de Souza Junior. Porto Alegre, *25 set 2012*.

ROCHA, Cármen Lúcia Antunes. Direito à privacidade e os sigilos fiscal e bancário. *Interesse Público*. São Paulo. v.5. n.20. p.13-43. 2003.

SANTOS, Eduardo Sens dos. Ampliação da efetividade da ação civil pública pelo uso do Bacen Jud – Sistema de bloqueio on-line de ativos financeiros. *Revista do Centro de Apoio Operacional Cível / MPE – PA*. Centro de Apoio Operacional Cível. Ano 10. n.14. Belém: M. M. M. Santos Editora. jun. 2008.

TEIXEIRA, Eduardo Didonet; HAEBERLIN, Martin. *A proteção da privacidade: a aplicação na quebra do sigilo bancário e fiscal*. Porto Alegre: Sergio Antonio Fabris Editor. 2005.

— 17 —

Como o direito digital e os riscos operacionais e eletrônicos impactam na administração pública

PATRÍCIA COSTA MARTINS[1]

Sumário: Introdução; 1. O impacto do direito digital na administração pública; 2. Os riscos operacionais e eletrônicos e o impacto na administração pública ; Considerações finais; Referências bibliográficas.

Introdução

O presente artigo preocupa-se com o desenvolvimento tecnológico e sua utilização por parte da Administração Pública. No primeiro momento, analisa-se o impacto do direito digital na Administração Pública, demonstrando-se as melhorias proporcionadas pelo uso dessa nova tecnologia. A introdução de computadores, telecomunicações e programas sofisticados cria novas relações sociais e novos aspectos dentro das organizações públicas, contribuindo tanto para modernização dos processos internos, quanto para prestação de serviços mais céleres e confiáveis ao cidadão.

Posteriormente, observam-se os riscos operacionais e eletrônicos que podem abalar a Administração Pública, evidenciando-se que a presença mais intensa de computadores, a capacidade de coletar e analisar dados pelo Estado, e de disseminá-los através das rápidas vias das telecomunicações, têm proporcionado benefícios, mas, na mesma proporção, malefícios. Nesse momento, cuida-se das precauções que a Administração Pública, como um órgão público, detentora de informações de estado, deve tomar, a fim de não prejudicar as suas atividades e, principalmente, não expor ou causar danos aos cidadãos.

---

[1] Assessora de Gabinete TCE/RS. Graduada pela Pontifícia Universidade Católica do Rio Grande do Sul – PUCRS (2012). Integrante qualificada como pesquisadora do Grupo de Estudos e Pesquisas (CNPq) intitulado "Novas Tecnologias e Relações de Trabalho" sob coordenação da Profa. Dra. Denise Pires Fincato.

1. O impacto do direito digital na administração pública

Novidades telemáticas[2] de todos os tipos estão sendo produzidas e difundidas, cada vez mais rapidamente, por todas as atividades econômicas, em diversos países do planeta. Inovadoras formas de organização começam a ser desenvolvidas: empresas são organizadas em rede, ou seja, as tecnologias da informação estão aí. Esse fascinante desenvolvimento tecnológico resultou, então, no advento de uma nova era para a humanidade, a denominada "Era da Informação". Essa nova fase, fez com que, pela primeira vez na história, nos tornássemos capazes de organizar e dominar a informação como nunca, por meio da utilização de computadores, da internet e de outras tecnologias relacionadas.[3] Assim, conforme conclui Patricia Pinheiro,[4] nesta nova Era, a informação torna-se o instrumento de poder, não só a recebida, mas também a informação refletida, por conseguinte a liberdade individual e a soberania do Estado são, também, medidas pela capacidade de acesso à informação.

Pois bem, nas últimas décadas, o cenário social da vida humana tem se remodelado pela revolução tecnológica concentrada nas Tecnologias de Informação e Comunicação.[5] Na Era Digital, a mudança é constante e os avanços tecnológicos afetam diretamente as relações sociais, comportamentais, e, portanto, jurídicas. Nesse sentido, o direito digital mostra-se pragmático e costumeiro, sendo baseado em estratégia jurídica e dinamismo por parte dos legisladores. Pode-se dizer, portanto, que o Direito Digital é a evolução do próprio direito, sendo abrangido por todos os princípios fundamentais, mas também por novos elementos e institutos. Patrícia Peck Pinheiro confirma tal entendimento, no seguinte sentido:

> Não devemos achar, portanto, que o Direito Digital é totalmente novo. Ao contrário, tem ele sua guarida na maioria dos princípios do Direito atual, além de aproveitar a maior parte da legislação em vigor. A mudança está na postura de quem a interpreta e faz sua aplicação. (...) O Direito tem de partir do pressuposto de que já vivemos uma sociedade globalizada. Seu grande desafio é ter perfeita adequação em diferentes culturas, sendo necessário, por isso, criar a flexibilidade de raciocínio, nunca as amarras de uma legislação codificada que pode ficar obsoleta rapidamente.[6]

---

[2] Telemática é o conjunto de tecnologias de transmissão de dados resultante da junção entre os recursos das telecomunicações (telefonia, satélite, cabo, fibras ópticas etc.) e da informática (computadores, periféricos, *softwares* e sistemas de redes), que possibilitou o processamento, a compressão, o armazenamento e a comunicação de grandes quantidades de dados (nos formatos texto, imagem e som), em curto prazo de tempo, entre usuários localizados em qualquer ponto do planeta.

[3] CORRÊA, Gustavo Testa. *Aspectos jurídicos da internet*. 5. ed. São Paulo: Saraiva, 2010.

[4] PINHEIRO, Patrícia Peck. *Direito digital*. 3. ed. São Paulo: Saraiva, 2009, p. 27-28.

[5] CASTELLS, Manuel. *A Sociedade em Rede*. São Paulo: Paz e Terra, 1999.

[6] PINHEIRO, Patrícia Peck. *Direito Digital*. 3. ed. São Paulo: Saraiva, 2009, p. 35.

Assim, não restando dúvidas de que mudanças sociais estão sendo percebidas, devido ao avanço das novas tecnologias, é necessário vislumbrar, também, o impacto destas na relação Administração Pública – Administrados. Isto é, diferentes maneiras de relacionamento, de consumação, de criação de mercados estão sendo apresentadas, sendo essencial saber a maneira pela qual a Administração Pública se relacionará com essa nova sociedade. Logo, se o desenvolvimento tecnológico cria novas relações sociais, a Administração Pública não pode "dar as costas" àquilo que lhe pode ajudar a vencer os novos desafios criados pela própria tecnologia.

Levando-se em conta o aspecto organizacional, essas inovações tecnológicas vêm se tornando uma das principais áreas estratégicas, sendo a *internet* uma importante ferramenta que permite maior eficiência e eficácia nos processos administrativos e organizacionais das instituições. Percebe-se, para tanto, a utilização da tecnologia em vários aspectos de nossas organizações públicas, com a introdução de computadores, telecomunicações e programas sofisticados, contribuindo sensivelmente para o aumento de sua celeridade e confiabilidade.[7] Nesse sentido, segundo Vaz,[8] as novas Tecnologias de Informação e Comunicação são vistas como um elemento fundamental para o funcionamento da Administração Pública, permitindo o aumento da efetividade e eficiência das ações governamentais. Diante deste cenário, é visível a influência que o ambiente e, consequentemente, a sociedade impõe sobre as organizações públicas, para que adotem tecnologias e sistemas de informação que viabilizem o provimento de serviços públicos, a transparência e a participação da sociedade nas ações governamentais.

Respondendo a esses fenômenos sociais, políticos e tecnológicos, em 1995, ocorre a reforma da gestão pública, com o desafio de tornar a administração mais eficiente e transparente à sociedade,[9] visando, portanto, dentre outros fatores, a resultados, eficiência e governança. Por tudo isso que, atualmente, vários setores públicos estão se modernizando para melhor atender ao cidadão e aos contribuintes. Seguindo, portanto, este novo modelo de gestão pública, fundamentado em transparência e utilidade, a Administração Pública passa a adotar novos objetivos, como, por exemplo: fornecer orientação e serviços mais eficientes; ser um modelo de administração pública baseada em transparência e utilidade; disponibilizar, à sociedade, instrumentos de acompanhamento e informação so-

[7] CORRÊA, Gustavo Testa. *Aspectos jurídicos da internet*. 5. ed. São Paulo: Saraiva, 2010.

[8] VAZ, J. C. Administração pública e governança eletrônica: possibilidades e desafios para a tecnologia da informação. *In*: CUNHA, M. A. V. C.; FREY, K.; DUARTE, F. (Orgs.). *Governança local e tecnologias da informação e comunicação*. Curitiba: Champagnat, 2009.

[9] BRESSER PEREIRA, L. C. B. *Reforma da nova gestão pública*: agora na agenda da América Latina, no entanto... *Revista do Serviço Público*, Ano 53, n. 1, 2002.

bre as contas públicas; promover a inclusão social, através da divulgação de informações; estimular a prática da cidadania.[10]

É possível perceber, portanto, o impacto da adoção das novas tecnologias pelas organizações públicas, através do sistema organizacional. Uma vez que, de acordo com Jóia,[11] a inserção de tecnologia de ponta nas ações governamentais permite melhorias nas organizações, proporcionando maior eficiência, eficácia, efetividade, transparência, controle e qualidade na gestão pública. Acrescenta-se, ainda, que o uso das novas tecnologias no setor público pode ajudar tanto para modernização dos processos internos, quanto para prestação de serviços ao cidadão.

Nesse mesmo sentido, Vaz[12] afirma que essa modernização dos recursos tecnológicos torna-se um instrumento de apoio ao governo, permitindo a melhoria na qualidade da prestação de serviços, proporcionando acesso à informação e melhoria no relacionamento entre cidadãos e estado. É essa a necessidade apresentada pela sociedade, os administrados querem que a implementação desses recursos tecnológicos sirvam como instrumentos essenciais para fortalecer os mecanismos de eficiência, eficácia, transparência, controle e prestação de contas nas organizações públicas.[13]

Assim, já é possível perceber que as principais expectativas dos órgãos públicos, que implementaram novas ferramentas tecnológicas, são por maior produtividade, maior abrangência dos exames e menor tempo de análise. E uma vez que essas ferramentas computacionais conseguem armazenar aprimoramentos aos órgãos públicos, como, por exemplo, maior celeridade, objetividade e produtividade dos trabalhos realizados, assim como maior abrangência na análise de dados, é evidente que todas aquelas expectativas estão sendo confirmadas, após a implementação das soluções computacionais.

Para Vaz,[14] portanto, o impacto da transformação digital na administração pública apresenta elementos positivos, como: o foco no cidadão como usuário final dos serviços públicos; a interação entre esse usuário e

---

[10] Disponível em: <http://www.fazenda.sp.gov.br/institucional/atrib.shtm> Acesso em: 8 de out. 2012.

[11] JÓIA, L. A. Governo eletrônico e capital intelectual nas organizações públicas. *RAP*, Rio de Janeiro, v.43, n.6, p. 1379-1405, 2009.

[12] VAZ, J. C. Administração pública e governança eletrônica: possibilidades e desafios para a tecnologia da informação. *In*: CUNHA, M. A. V. C.; FREY, K.; DUARTE, F. (Orgs.). *Governança local e tecnologias da informação e comunicação*. Curitiba: Champagnat, 2009.

[13] BARBOSA, A. F.; FARIA, F. I.; PINTO, S. L. Governança eletrônica no setor público. *In*: KNIGHT, P. T.; FERNANDES, C. C. C.; CUNHA, M. A. (orgs.). *e-Desenvolvimento no Brasil e no mundo: subsídios e Programa e-Brasil*. São Caetano do Sul: Yendis Editora, 2007.

[14] VAZ, J. C. Administração pública e governança eletrônica: possibilidades e desafios para a tecnologia da informação. *In*: CUNHA, M. A. V. C.; FREY, K.; DUARTE, F. (orgs.). *Governança local e tecnologias da informação e comunicação*. Curitiba: Champagnat, 2009.

o governo, onde ocorrem formas de interação à prestação de serviços ou disponibilização de informação. Outro fato importante elencado por Vaz é que as transações digitais serão diretas, a fim de eliminar intermediários, permitindo, com isso, que os cidadãos extraiam as informações diretamente dos sistemas governamentais. O autoatendimento para solução dos problemas dos cidadãos é mais uma consequência positiva advinda dessa transformação digital, uma vez que esse contato mais imediato entre Administração e administrados alterou a dinâmica dessa relação, tornando-a mais ágil e imediata.

Essa nova modalidade de contato, portanto, com os contribuintes tem revolucionado, também, a forma pela qual as obrigações tributárias, por exemplo, têm sido cumpridas. Ao aliar-se a relevância da função da Fazenda para o Estado com a agilidade e segurança fornecida pelos novos meios de comunicação colocados à disposição pela *internet*, a relação entre a Administração e o cidadão tornou-se mais ágil, confiável e democrática. Por isso, no âmbito da Administração Fazendária, por exemplo, o uso da *internet* como forma de controle da arrecadação tributária, também tem se intensificado nos últimos anos.

A SEFAZ é, atualmente, responsável pela receita e pela despesa do Estado, exercendo a função de "tesoureira" das finanças estaduais, realizando primordialmente as funções de: controlar a arrecadar tributos estaduais e controlar a despesa do Estado. Um amplo conjunto de atividades e serviços está abrangido nessas funções, entre elas: informações e serviços prestados ao contribuinte relacionados aos tributos estaduais; ações de fiscalização e administração tributária; administração de repasses a municípios; disponibilização de informações e meios de acompanhamento das finanças estaduais; gestão e disponibilização dos fluxos de recursos orçamentários e financeiros; serviços de apoio à gestão financeira dos demais órgãos; administração da folha de pagamentos; controle e auditoria de despesas.[15] Dessa forma, é evidente que a Administração Fazendária busque em sistemas informatizados uma maneira mais eficaz para aumentar essa arrecadação e reduzir seus custos. Além disso, a possibilidade de cumprir as obrigações tributárias pela rede mundial de computadores faz com que o relacionamento com o contribuinte seja melhor e mais rápido.

Pretendeu-se revelar, portanto, algumas implicações criadas pelo advento da era digital na administração pública. A presença cada vez mais forte dos computadores, a capacidade de coletar e analisar dados pelas empresas e pelo Estado, e de disseminá-los através das rápidas vias

---

[15] Disponível em: <http://www.fazenda.sp.gov.br/institucional/atrib.shtm> Acesso em: 8 de out. 2012.

das telecomunicações, têm proporcionado benefícios, mas, na mesma proporção, malefícios.[16] É o que será tratado no próximo tópico.

2. Os riscos operacionais e eletrônicos e o impacto na administração pública

Normalmente, a implantação de novos instrumentos informatizados é considerada como um avanço modernizador. Entretanto, o impacto desses programas pode ser positivo ou negativo, dependendo da forma pela qual eles são escolhidos, implantados e executados.

Tem-se, portanto, que o mau uso das ferramentas tecnológicas poderá gerar inseguranças digitais. O Direito Digital contribui, expressamente, conforme visto no tópico anterior, para a Administração Pública, no entanto, há que se mencionarem, também, os riscos operacionais e eletrônicos frente a essa modernização tecnológica na Administração Pública. Assim, pontuam-se alguns riscos, como: uso indevido de senha, vazamento de informação confidencial, furto de dados, responsabilidade civil por mau uso da ferramenta de trabalho tecnológica por funcionário, pirataria, *download* de *softwares* não homologados, contaminação por vírus, segurança e fraude eletrônica.

Qualquer um pode passar pela experiência de ter o seu computador invadido: tanto o usuário comum, como a Administração Pública. Porém, essa, como um órgão público, que detém informações de estado, deve tomar todas as precauções para não prejudicar as suas atividades e, principalmente, não expor ou causar danos aos cidadãos. Um ambiente inseguro acaba facilitando o acesso de invasores, tornando muito penosa a tarefa de identificá-los.

Entre todas as condutas ilícitas passíveis de serem praticadas com o uso da *internet*, sem sombra de dúvidas, a invasão de *site* ou de redes de informações são das mais temidas. Não só pela sensação de insegurança que traz para o sistema, como também pelo imenso potencial danoso que apresenta. Em decorrência dessas invasões denota-se uma grande vulnerabilidade da rede mundial de computadores. Isto é, a *internet* possui uma arquitetura aberta, constituindo-se de uma gigantesca rede mundial de computadores, com a mais ampla e indiscriminada possibilidade de acesso, e que somada à falta de investimentos em tecnologia de segurança, como a criptografia, configura-se essa tamanha insegurança.[17]

---

[16] CORRÊA, Gustavo Testa. *Aspectos jurídicos da internet*. 5. ed. São Paulo: Saraiva, 2010.

[17] Criptografia é a técnica utilizada para garantir o sigilo das comunicações em ambientes inseguros ou em situações conflituosas. Atualmente, sua aplicação se expandiu para além do mero sigilo, tornando-se um elemento essencial na formação de uma infra-estrutura para o comércio eletrônico e a troca de informações.

Esses invasores de *sites* são denominados de *hackers* ou *crackers*. Os meios que se valem os invasores para causar esses danos são os mais diversos, e não há possibilidades de se prever, em razão do desenvolvimento tecnológico e da genialidade desses invasores, as novas formas que poderão surgir. Atualmente, os mais conhecidos são os vírus de computadores.

Assim, entre todos os riscos operacionais e eletrônicos que a modernidade tecnológica traz a tona, sem dúvidas, há que se preocupar mais com o vazamento de informações e dados sigilosos. Nesse sentido, é importante destacar aspectos relevantes à segurança na *internet*, são eles: integridade, confidencialidade e disponibilidade.

Entende-se por integridade, a proteção dada à informação contra alteração não autorizada. A perda da integridade se dá quando, inexistindo a devida segurança, ocorre a modificação de um tópico importante, que pode ser alterado pelos mais surpreendentes motivos, até mesmo intencionalmente. A confidencialidade refere-se ao sigilo das informações, isto é, proteger uma informação contra acesso não autorizado. Quando alguma informação é vista ou copiada por alguém que não possui autorização para fazê-lo, este aspecto da segurança não está sendo observado. Quanto à disponibilidade, a definição de forma negativa torna mais fácil a sua compreensão: a ausência de disponibilidade ocorre quando a informação é deletada ou torna-se inacessível ao usuário autorizado a consultá-la, assim é preciso garantir que um recurso esteja disponível sempre que necessário.[18]

A insegurança digital é um obstáculo ao avanço do uso das novas tecnologias, que demanda, portanto, medidas preventivas no sentido de coibir invasões e "visitas" impactantes de *hackers*. Daí a importância de se encarar o problema da segurança na *internet*, é preciso de uma atuação conjunta – usuários, provedores, agentes governamentais, organizações internacionais, dentre outros – no sentido de avaliar os problemas, regulamentar o uso, realizar campanhas educativas, melhor aparelhar a máquina estatal, enfim, reduzir os riscos a um mínimo aceitável, dada a impossibilidade de exterminá-los completamente, em razão do dinamismo do mundo cibernético.[19]

Assim, a dificuldade de solucionar a questão da segurança digital aumenta, excessivamente, quando se observa de um lado a fragilidade da legislação vigente combinada com a carência de conhecimentos específicos sobre a rede mundial e sobre os métodos que são utilizados pelos

[18] CONCERINO, Arthur José. Internet e Segurança são compatíveis? In: Lucca, Newton De e Simão Filho, Adalberto (coords.) e outros. *Direito e internet – aspectos jurídicos relevantes*. 2. ed. São Paulo: Quartier Latin, 2005.

[19] Idem.

invasores, e de outro lado tem-se a infindável expansão da *internet* e o permanente avanço da criatividade dos *hackers*. O que se pretende concluir é que para combater a ação desses invasores, não se pode pensar apenas em antivírus, *firewalls*, criptografia, etc., é necessário deliberar sobre a falta de regulamentação sobre este tema. Segundo Arthur Concerino, muito embora estejamos aplicando, por exemplo, legislação comum (Código Penal) a alguns crimes praticados através da rede, o fato é que em determinadas situações, o grau de ofensa ao bem da vida lesado é de tamanha importância, que a sociedade clama por penalidades mais severas, veiculadas através de normas específicas.[20]

Afirma Gustavo Correa, que para se constatar o abuso contra as redes de computadores é fundamental conhecer alguns pressupostos: "o primeiro envolve o estabelecimento de medidas de segurança em sistemas, objetivando a possibilidade do monitoramento de eventos ilícitos, o segundo é assegurar que tal detecção seja admitida em corte como evidência".[21] Assim, tem-se que o grande problema relacionado aos "crimes" digitais é a quase ausência de evidências que provem contra o autor, isto é, a inexistência da arma no local do crime. Patrícia Peck Pinheiro disserta acerca dos motivos mais comuns para a frustração da investigação quando o crime é praticado no ambiente virtual:

> Dois motivos norteiam o problema no combate aos crimes dessa natureza: a) a falta de conhecimento do usuário, que, dessa forma, não passa às autoridades informações relevantes e precisas; e b) a falta de recursos em geral das autoridades policiais. [...] O Direito Digital traz a obrigação de atualização tecnológica não só para advogados e juízes, como para delegados, procuradores, investigadores, peritos e todos demais participantes do processo.[22]

A fim de obter-se maior proteção da informação, a implementação de um conjunto de controles e técnicas adequadas surge como solução. Para tanto, o permanente monitoramento e controle de comportamentos dos indivíduos e o repasse de ferramentas de orientação tornam-se necessários para uma prevenção dos riscos eletrônicos. A questão fundamental é a educação do usuário (seja ele servidor ou cidadão), precisa-se divulgar os limites e as responsabilidades de ações provocadas pelo mau uso das ferramentas tecnológicas. Por isso que a capacitação do pessoal que irá trabalhar com os novos meios telemáticos é primordial para o enfrentamento da questão da segurança digital. Nas palavras de Reiter e Roveri,[23] os obstáculos normalmente encontrados são os seguintes:

---

[20] CONCERINO, Arthur José. Internet e Segurança são compatíveis? In: Lucca, Newton De e Simão Filho, Adalberto (coords.) e outros. *Direito e internet –aspectos jurídicos relevantes*. São Paulo: 2. ed. Quartier Latin, 2005.

[21] CORRÊA, Gustavo Testa. *Aspectos jurídicos da internet*. 5. ed. São Paulo: Saraiva, 2010.

[22] PINHEIRO, Patrícia Peck. *Direito Digital*. 3. ed. São Paulo: Saraiva, 2009, p. 227

[23] REITER, Giovana Mara; ROVERI, Claudia. *Nota Fiscal Eletrônica de Serviços (NFS-e): Fundamento legal, panorama atual e perspectivas*. Disponível em: <http://www.fiscosoft.com.br/a/51ya/nota-fis-

Vários são os obstáculos enfrentados: falta de treinamento, infra-estrutura inexistente ou deficiente, desconhecimento de novas tecnologias, desinteresse da administração, deficiência de recursos, entre outros problemas estruturais. A implantação de uma nova ferramenta tecnológica passa necessariamente pelo envolvimento de toda a equipe, bem como de sua capacitação, sempre tendo em mente que, com a mudança, vem o temor natural que ela causa.

Outro aspecto a ser considerado é o público externo, o qual também é usuário do novo sistema, esse, portanto, deve ser informado a respeito dessas novas ferramentas. Quanto mais acessível e transparente for, maior será a adesão dos contribuintes, e mais fácil o acesso às informações públicas.

Considerações finais

Portanto, conclui-se que a Administração Pública vem passando por um período de grandes mudanças, sendo que a maioria das transformações tem sido sustentada por um investimento pesado em tecnologia de informação e comunicação. Por meio dessas inovações tecnológicas, os servidores públicos tendem a atuar com mais praticidade e funcionalidade na realização de suas atividades, o que é diretamente percebido pela população.

Os impactos positivos da utilização dessas inovações demonstram uma tendência de aprimoramento das ferramentas tecnológicas a serem utilizadas pelos servidores e de otimização de processos de gestão em busca de maior efetividade e garantia nas ações do Estado. Essas transformações visam a alcançar um melhor gerenciamento das informações na Administração Pública em busca do aprimoramento do atendimento aos cidadãos. Contudo, o impacto da "era digital", também trouxe inseguranças à Administração Pública, principalmente quanto a invasões na rede e a consequente divulgação de informações de estado sigilosas. No entanto, assegurando-se um ambiente digital protegido, e respeitando o uso adequado da ferramenta escolhida, a tendência é a de um impacto positivo na Administração Pública.

Referências bibliográficas

BARBOSA, A. F.; FARIA, F. I.; PINTO, S. L. Governança eletrônica no setor público. *In*: KNIGHT, P. T.; FERNANDES, C. C. C.; CUNHA, M. A. (Orgs). *e-Desenvolvimento no Brasil e no mundo: subsídios e Programa e-Brasil*. São Caetano do Sul: Yendis Editora, 2007.

---

cal-eletronica-de-servicos-nfs-e-fundamento-legal-panorama-atual-e-perspectivas-claudia-roveri-giovana-mara-reiter>. Acesso em: 08 out. 2012.

BRESSER PEREIRA, L. C. B. Reforma da nova gestão pública: agora na agenda da América Latina, no entanto... *Revista do Serviço Público,* Ano 53, n.1, 2002.

CASTELLS, Manuel. *A Sociedade em Rede*. São Paulo: Paz e Terra, 1999

CONCERINO, Arthur José. Internet e Segurança são compatíveis? In: Lucca, Newton De e Simão Filho, Adalberto (coors.) e outros. *Direito e internet – aspectos jurídicos relevantes*. São Paulo: Quartier Latin, 2005. 2. ed.

CORRÊA, Gustavo Testa. *Aspectos jurídicos da internet*. 5 ed. Rev. e atual. São Paulo: Saraiva, 2010.

JÓIA, L. A. Governo eletrônico e capital intelectual nas organizações públicas. *RAP*, Rio de Janeiro, v.43, n.6, p.1379-1405, 2009.

LAIA, M. M. de. *Políticas de governo eletrônico em estados da federação brasileira*: uma contribuição para análise segundo a perspectiva institucional / Tese (doutorado) – Universidade Federal de Minas Gerais, Escola de Ciência da Informação – 2009.

PINHEIRO, Patrícia Peck. *Direito Digital*. 3. ed. São Paulo: Saraiva, 2009. p. 227.

REITER, Giovana Mara; ROVERI, Claudia. *Nota Fiscal Eletrônica de Serviços (NFS-e): Fundamento legal, panorama atual e perspectivas.* Disponível em: <http://www.fiscosoft.com.br/a/51ya/nota-fiscal-eletronica-de-servicos-nfs-e-fundamento-legal-panorama-atual-e-perspectivas-claudia-roveri-giovana-mara-reiter>. Acesso em: 08 out. 2012.

VAZ, J. C. Administração pública e governança eletrônica: possibilidades e desafios para a tecnologia da informação. *In*: CUNHA, M. A. V. C.; FREY, K.; DUARTE, F. (Organizadores). *Governança local e tecnologias da informação e comunicação.* 1. ed. Curitiba: Champagnat, 2009.

— 18 —

Breves considerações acerca do direito digital na jurisprudência brasileira e alguns casos práticos

KAROLINE MARTHOS DA SILVA[1]

Sumário: Introdução; 1. O direito frente às novas tecnologias da informação e comunicação; 2. A jurisprudência nacional e alguns casos práticos sobre direito digital; Conclusão; Referências bibliográficas.

Introdução

Sabe-se que as novas tecnologias de informação e comunicação têm mudado significativamente a maneira das pessoas se relacionarem e trabalharem, influenciando amplamente a vida dos indivíduos nas mais diferentes atividades.

Juntamente com as novas tecnologias surgem desafios, problemas e situações especiais a serem enfrentadas. Para a Ciência do Direito, isso não é diferente, na medida em que o Direito carece de evolução e dinâmica de modo a acompanhar as transformações que a sociedade passa rapidamente.

Assim, é neste contexto que se pretende abordar brevemente sobre o Direito frente às novas tecnologias de informação e comunicação, bem como apresentar um pouco sobre a jurisprudência nacional e alguns casos práticos acerca do Direito Digital, convidando o leitor a refletir sobre a influência dessas tecnologias, bem como os limites e as consequências em relação ao uso das mesmas na atual sociedade.

[1] Advogada Trabalhista. Especialista em Direito do Trabalho e Processo do Trabalho pela Pontifícia Universidade Católica do Rio Grande do Sul – PUCRS. Pesquisadora integrante do Grupo de Estudos e Pesquisa (CNPq) intitulado "Novas Tecnologias e Relações de Trabalho", adjacente ao Programa de Pós-graduação em Direito da PUCRS, coordenado pela Profa. Dra. Denise Pires Fincato. email: karolinemarthos@yahoo.com.br.

1. O direito frente às novas tecnologias da informação e comunicação

O avanço da tecnologia e o advento da chamada Sociedade da Informação[2] têm proporcionado mudanças significativas no mundo atual. Estudiosos apontam que atualmente a humanidade se encontra no meio da terceira revolução: a "Revolução da Informação" ou "Revolução Tecnológica". Neste sentido, manifesta-se Marcelo Oliveira Rocha:[3]

> Acompanhando a evolução histórica da humanidade, encontram-se duas fundamentais mudanças, a primeira foi a primitiva revolução agrícola. A segunda foi a revolução industrial iniciada logo após a invenção da máquina a vapor em 1776 [...].
>
> Atualmente, uma outra grande mudança está em curso, provavelmente será apregoada como a terceira, chama-se 'revolução da informação', como resultado do rápido avanço das tecnologias da informática e das telecomunicações, ou seja, a 'telemática'.

Na sociedade da informação, a comunicação e a informação tendem a transpassar as atividades e os processos de decisão nas mais diferentes atividades. Entretanto, um dos principais indicadores do desenvolvimento desta sociedade é a incorporação das tecnologias da informação no cotidiano das pessoas e no funcionamento e transformação da sociedade como um todo.[4]

As Novas Tecnologias da Informação e Comunicação (NTICs)[5] têm transformado radicalmente a vida das pessoas e a distância não encontra mais obstáculos como antigamente. Pessoas podem acessar pela *Internet*,[6] por exemplo, bancos de dados disponíveis em qualquer parte do mundo, em um curto espaço de tempo.

Sobre a *Internet*, Castells informa que ela vem adquirindo uma importância próxima, por exemplo, a da eletricidade durante a Revolução Industrial:

---

[2] Termo com que se designa a sociedade que emprega ao máximo as novas tecnologias da informação e comunicação, permitindo a seus membros utilizá-las nos mais variados aspectos.

[3] ROCHA, Marcelo Oliveira. *Direito do trabalho e internet*. São Paulo: Universitária de Direito, 2004, p.139.

[4] MIRANDA, Antônio. *Ciência da informação*: teoria e prática. Brasília: Thesaurus, 2003, p. 65.

[5] As Novas Tecnologias de Informação e Comunicação (NTICs) é um conjunto de tecnologias e métodos provenientes da Revolução Informacional, desencadeada entre os anos de 1970 a 1990. As novas tecnologias possibilitam agilizar, digitalizar e veicular em rede o conteúdo comunicacional. São exemplos destas tecnologias: câmera de vídeo, webcam, cd, dvd, pendrive, cartões de memória, telefone móvel, TV por assinatura, e-mail, internet, podcasting e o mobile. (Fonte: InfoEscola. *Novas tecnologias de informação e comunicação*. Disponível em: <http://www.infoescola.com/informatica/novas-tecnologias-em-informacao-e-comunicacao/>. Acesso em 28 set. 2013.

[6] A palavra Internet vem de internetworking que significa ligação entre redes. Embora seja geralmente pensada como sendo uma rede, a Internet é o conjunto de todas as redes e gateways que usam protocolos TCP/IP. Nota-se que a Internet é o conjunto dos meios fisicos (linha digitais, computadores, roteadores, etc.) e programas (protocolo TCP/IP) usados para o transporte da informação. Já a Web (www) é apenas um dos diversos serviços disponíveis através da Internet. (LÉVY, Pierre. *Cibercultura*. São Paulo: Editora 34, 1999, p. 255).

> A Internet é fundamental na atividade econômica de todas as empresas e todos os países. Fundamental na política, nos movimentos sociais, na comunicação de todos os tipos de atividades. Os sistemas de telecomunicações e a Internet, que são o mesmo, são equivalentes à eletricidade da Era Industrial, o que se pode observar diante dos fatos e da análise de como funciona a economia, as sociedades, etc. (...). A Internet não é simplesmente uma tecnologia a mais, é um sistema de comunicação sobre o qual está baseado um conjunto de atividades da sociedade atual.[7]

Importante ressaltar que o uso das novas tecnologias da informação e comunicação pode propiciar ainda que o papel da informação seja mais valioso contribuindo com um ambiente de transformação positiva nos mais variados campos, como o político, o social, o econômico, e conforme explica Maria das Graças Targino:

> Ela se impõe como a mais poderosa força de transformação do homem, aliando-se aos modernos meios de comunicação para conduzir o desenvolvimento científico e tecnológico das nações, por meio da tão propalada transferência de informação ou difusão de novas ideias e tecnologias.[8]

No entanto, o alcance cada vez maior das informações juntamente com o uso das novas tecnologias trouxe também desafios para a sociedade, com problemas e situações diferenciadas a serem enfrentadas. Para a Ciência do Direito, esses desafios também subsistem, pois o Direito não acompanha no mesmo ritmo as transformações que ocorrem na sociedade vertiginosamente. Nesse sentido, estudiosos afirmam que:

> Esta nova era digital exige um processo legislativo ágil, capaz de acompanhar a evolução tecnológica e suas consequências sociais. [...] A solução jurídica para as questões das novas tecnologias que evoluem rapidamente, não pode depender do processo legislativo arcaico, moroso por natureza, concebido num outro tipo de sociedade pós-moderna. Há a necessidade de adequação de nossa legislação para este novo momento.[9]

Assim, considerando que o Direito é um sistema de normas de conduta que visa regular as relações sociais e, é com base no comportamento da sociedade que o Estado cria leis, o avanço das tecnologias contribui para que o indivíduo mude seu comportamento obrigando o Direito a acompanhar esse avanço.

Deste modo, no cenário jurídico nacional, evidencia-se a atuação do Poder Legislativo no qual tramitam vários projetos de lei visando a reger

---

[7] BOOP, Keli Lynn. *Castells: o caos e o progresso.* Jornal Extra Classe – SINPRO RS. Disponível em: <http://www.sinpro-rs.org.br/extraclasse/mar05/entrevista.asp>. Acesso em 6 out. 2012.

[8] TARGINO, Maria das Graças. *Comunicação científica: o artigo de periódico nas atividades de ensino e pesquisa do docente universitário brasileiro na pós-graduação.* Tese (Doutorado em Ciência da Informação) – Curso de Pós-Graduação em Ciência da Informação, Universidade de Brasília, Brasília, 1998, p. 37.

[9] MATTOS, Analice Castor de. *Aspectos relevantes dos contratos de consumo eletrônico.* Curitiba: Juruá, 2009, p. 47.

a matéria, muito embora a legislação brasileira atual já seja aplicável a diversas situações relacionadas ao Direito Digital.[10]

A par disto, não se pode olvidar da informatização do processo judicial instituída pela Lei 11.419/2006. Pelo processo eletrônico, os processos judiciais poderão ser acessados remotamente, de qualquer local eletronicamente, por *Intranet*[11] e *Internet* o que possibilitará maior transparência, agilidade e eficiência nos trabalhos.

Algumas Comissões Parlamentares também contribuíram com a discussão do uso da tecnologia da informação quando em 2010, por exemplo, foi aprovado, o relatório final da CPI da Pedofilia na *Internet*,[12] trazendo recomendações, propostas legislativas e outras medidas de combate ao abuso de menores no Brasil.

Também frente a essas constantes mudanças de comportamento dos cidadãos influenciados pelas novas tecnologias da informação, sobressai a necessidade de promover um gerenciamento da *Internet*. No Brasil a entidade responsável por este tipo de controle é o Comitê Gestor da *Internet* (CGI.br) que é composto por membros do governo, do setor empresarial, do terceiro setor e da comunidade acadêmica, tendo como principal objetivo coordenar e integrar todas as iniciativas de serviços da Internet no país, promovendo a qualidade técnica, a inovação e a disseminação dos serviços ofertados.

No Poder Executivo, destaca-se o Projeto de Lei 2.126/2011, de iniciativa do Ministério da Justiça e da Escola de Direito da Fundação Getúlio Vargas, mais conhecido como Marco Civil da Internet, que visa a estabelecer princípios, garantias, direitos e deveres para o uso da Internet no Brasil. O PL 2126/2011 tramita em conjunto com outros 37 projetos e a participação de internautas com sugestões de alteração na elaboração do texto tem sido um dos elementos marcantes do referido projeto.[13]

---

[10] Cita-se aqui, por exemplo, a possibilidade de apresentação da prova eletrônica em juízo, em razão da regra adotada pelo Código de Processo Civil, no seu artigo 332, que admite "todos os meios legais, bem como os moralmente legítimos" para provar a verdade dos fatos.

[11] Segundo Márcia Sawaya, pode-se entender por *Intranet* "uma rede local projetada para atender às necessidades internas de uma única organização que pode ou não estar conectada à Internet, mas que não é acessível a partir do ambiente externo. [...] É como se fosse uma Internet privada." (SAWAYA, Márcia Regina. *Dicionário de informática e internet*. São Paulo: Editora Nobel, 1999, p. 245).

[12] Cf. SENADO FEDERAL. *Relatório final da Comissão Parlamentar de Inquérito*. Disponível em: <http://www.senado.gov.br/noticias/agencia/pdfs/RELATORIOFinalCPIPEDOFILIA.pdf>. Acesso em 6 out. 2012.

[13] Cf. CÂMARA DOS DEPUTADOS. *Projeto que cria o Marco Civil da Internet teve contribuições do cidadão por meio do portal e-Democracia*. Disponível em: <http://www2.camara.gov.br/noticias/institucional/noticias/projeto-que-cria-o-marco-civil-da-internet-teve-contribuicoes-do-cidadao-por-meio-do-portal-e-democracia-1>. Acesso em 06 out. 2012.

O Poder Judiciário também vem se sobressaindo no julgamento e pacificação de temas relacionados às novas tecnologias, suprimindo muitas vezes lacunas deixadas pela ausência de lei específica.

Por derradeiro, insta salientar que hoje, na Sociedade da Informação, as relações sociais são afetadas pelos meios tecnológicos com maior velocidade do que outrora, podendo ocorrer situações que obstam ainda a legislação, solucionar o conflito.

Desta maneira, os juristas têm utilizado o costume,[14] a doutrina,[15] os princípios gerais do direito[16] e a analogia,[17] por exemplo, na resolução de conflitos ante a ausência de lacuna legislativa, pois o Poder Judiciário não pode eximir-se da prestação jurisdicional[18] por falta de lei sobre o tema.

Além disso, tem surgido junto à *Internet*, várias tentativas de autogestão da rede a fim de coibir ilícitos ou até mesmo dirimir possíveis desentendimentos conforme explica Marcel Leonardi:

> A Internet não é regulada apenas por intermédio de lei. Em muitos casos, um sistema de auto-regulamentação funciona de modo célere e eficaz para dirimir conflitos na rede, com resultados extremamente eficazes, notadamente com relação à prevenção de atos ilícitos.[19]

Desta forma, é admissível também no Direito o uso da autorregulamentação em ambiente de rede. A publicação de "normas digitais" no

[14] Segundo Paulo Nader, costume jurídico "é o conjunto de normas de conduta social, criadas espontaneamente pelo povo, através do uso reiterado, uniforme e que gera a certeza de obrigatoriedade, reconhecidas e impostas pelo Estado". (NADER, Paulo. *Introdução ao estudo do direito.* 30. ed. Rio de Janeiro: Forense, 2008, p.156).

[15] Doutrina é o trabalho dos estudiosos do Direito dentro do campo técnico, científico e filosófico transformados em monografias, livros, pareceres, etc. Maria Helena Diniz assim explica sobre o assunto: "A doutrina decorre da atividade científico-jurídica, isto é, dos estudos científicos realizados pelos juristas, na análise e sistematização das normas jurídicas, na elaboração das definições dos conceitos jurídicos, na interpretação das leis, facilitando e orientando a tarefa de aplicar o direito, e na apreciação da justiça ou conveniência dos dispositivos legais, adequando-os aos fins que o direito deve perseguir, emitindo juízos de valor sobre o conteúdo da ordem jurídica, apontando as necessidades e oportunidades das reformas jurídicas." (DINIZ, Maria Helena. *Compêndio de introdução à ciência do direito.* 9.ed. São Paulo: Saraiva, 1997, p.310.)

[16] Segundo Miguel Reale, citado por Secco, princípios gerais do Direito "são enunciações normativas de valor genético, que condicionam e orientam a compreensão do ordenamento jurídico, quer para a sua aplicação e integração, quer para a elaboração de novas normas". (SECCO, Orlando de Almeida. *Introdução ao estudo do direito.* 10. ed. Rio de Janeiro: Lumin Juris, 2007, p. 300)

[17] A analogia, conforme Paulo Nader, "é um recurso técnico que consiste em se aplicar, a uma hipótese não-prevista pelo legislador, a solução por ele apresentada para uma outra hipótese fundamentalmente semelhante à não-prevista". (NADER, Paulo. *Introdução ao estudo do direito.* 30. ed. Rio de Janeiro: Forense, 2008, p. 194).

[18] Prestação jurisdicional pode ser compreendida quando o Poder Judiciário, por exemplo, em razão de determina pretensão do cidadão manifestada em um processo, aplica o direito àquele caso.

[19] LEONARDI, Marcel. *Responsabilidade civil dos provedores de serviço da internet.* São Paulo: Juarez de Oliveira, 2005, p.191.

formato de *disclaimers*[20] possibilita explicitar ao internauta que visita uma página da web, por exemplo, a qual norma ele estará submetido e qual situação de direito a norma vai proteger. Esses esclarecimentos dão mais publicidade às regras possibilitando maior conhecimento do público e aumentando consequentemente a sua eficácia contra ilícitos praticados em rede.

Assim, vê-se que o uso das novas tecnologias pela sociedade tem lançado perspectivas desafiadoras para a ciência jurídica, já que a mudança de comportamento obriga àquela a acompanhar esse avanço o que nem sempre ocorre com rapidez, fazendo-se o uso necessário da analogia, dos princípios gerais do direito, de doutrinas, dos costumes e até da autorregulamentação, para dirimir conflitos, propor soluções, dentre outras questões.

2. A jurisprudência nacional e alguns casos práticos sobre direito digital

Assinala o brocardo latino que onde está a sociedade, ali também estará o direito (*ubi societas, ibi jus*).[21] Conforme já observado anteriormente, a mudança da sociedade advinda do uso das novas tecnologias da informação e comunicação tem impulsionado o Direito acompanhá-la, ante a ausência de legislação específica, fazendo do uso de outras fontes do Direito[22] e da autorregulamentação para resolução de conflitos.

Assim, pretende-se apresentar neste item alguns casos sobre Direito Digital na jurisprudência[23] brasileira bem como casos práticos sobre o assunto.

---

[20] *Disclaimer*, palavra de origem inglesa derivada do verbo *to disclaim* que significa renegar. Segundo Maria Mello, o termo *disclaimer* dentro da seara jurídica significa: renúncia ao direito; à ação; ao bem. (MELLO, Maria Chaves de. *Mini dicionário jurídico português-inglês*, Rio de Janeiro: Forense; São Paulo: Método, 2008, p. 276). *Disclaimer*, também é um termo técnico da informática que pode ser compreendido como um aviso legal ou termo de responsabilidade encontrado em mensagens eletrônicas, e_mails ou páginas da web. Este termo serve para informar os direitos do leitor de um determinado arquivo ou documento e as responsabilidades assumidas ou não assumidas pelo autor do aquivo ou documento.

[21] Segundo Washington dos Santos, brocardo é uma "sentença moral breve e conceituosa" ou ainda "princípio de direito enunciado de forma sucinta". (SANTOS, Washington dos. *Dicionário jurídico brasileiro*. Belo Horizonte: Del Rey, 2001, p. 46) Assim, brocardo pode ser compreendido como um ensinamento ou princípio jurídico, particularmente escrito em latim, que expressa um conceito ou uma regra maior e funciona como um auxiliar na aplicação de normas jurídicas.

[22] A expressão fontes do Direito, nas palavras de Venosa, tem dois sentidos: "origem histórica ou diferentes maneiras de realização do Direito", ou ainda, "aspecto de fonte criadora do Direito". (VENOSA, Sílvio de Salvo. *Direito civil: parte geral*. 3. ed. São Paulo: Atlas, 2003, p.35).

[23] Orlando Secco define Jurisprudência como uma coletânea das decisões proferidas pelos Tribunais, resultantes da manifestação do pensamento coletivo, a que se chega através do voto individual de

O Direito Digital é um campo novo do Direito que se propõe a estudar e abordar aspectos jurídicos do uso das novas tecnologias de informação e comunicação nas relações sociais e jurídicas dada a sua importância. Para Patrícia Peck, o Direito Digital pode ser assim compreendido:

> Direito digital consiste na evolução do próprio Direito, abrangendo todos os princípios fundamentais e institutos que estão vigentes até hoje, assim como introduzindo novos institutos e elementos para o pensamento jurídico, em todas as suas áreas (Direito Civil, Direito Autoral, Direito Comercial, Direito Constitucional, Direito Econômico, Direito Financeiro, Direito Tributário, Direito Penal, Direito internacional, etc.).[24]

Da definição acima, pode-se entender que as questões referentes ao Direito Digital refletem em várias áreas do Direito, sendo uma delas a do Direito do Trabalho. Desta forma, faz-se mister discorrer um pouco sobre questão do monitoramento de *e-mail* e equipamentos eletrônicos usados por empregados.

A maioria das empresas possuem equipamentos e servidores de *Internet* próprios que oferecem serviços de acesso e correio eletrônico a seus empregados. Considerando que os equipamentos eletrônicos, o acesso à *Internet* e ao *e-mail* são oferecidos ao empregado como instrumentos de trabalho, a jurisprudência não vinha considerando como invasão à privacidade do empregado, o monitoramento de correspondência eletrônica corporativa daquele por parte do trabalhador.

Contudo, o Tribunal Superior do Trabalho,[25] em recente posicionamento, decidiu que a fiscalização sobre equipamentos de computador, de propriedade do empregador, incluindo o correio eletrônico da empresa, poderão somente ser fiscalizados desde que haja proibição expressa de utilização do equipamento pelo funcionário para uso pessoal nos regulamentos da empresa.[26]

---

cada integrante da Turma Julgadora, convergente e no mesmo sentido dos votos dos demais membros. (SECCO, Orlando de Almeida. *Introdução ao estudo do direito.* 10. ed. Rio de Janeiro: Lumin Juris, 2007, p. 306).

[24] PINHEIRO, Patricia Peck. *Direito digital.* 4. ed. São Paulo Saraiva, 2011, p. 71.

[25] O Tribunal Superior do Trabalho (TST), com sede em Brasília-DF, é a instância máxima da Justiça Federal especializada do Trabalho, cuja função principal consiste em uniformizar a jurisprudência brasileira trabalhista.

[26] [...] INDENIZAÇÃO – DANO MORAL – CARACTERIZAÇÃO – VIOLAÇÃO À INTIMIDADE – ARROMBAMENTO DE ARMÁRIO PRIVATIVO E VIOLAÇÃO DE CORRESPONDÊNCIA PESSOAL (CORREIO ELETRÔNICO E DADOS PESSOAIS) (por violação ao artigo 5°, V e X, da Constituição Federal). O Tribunal Regional, embasado nas provas dos autos, na forma preconizada pela Súmula n° 126 desta Corte, constatou presentes os elementos caracterizados da responsabilidade civil, quais sejam, o dano, o nexo de causalidade e a conduta ilícita do agente ofensor. Observe-se que o Colegiado constatou que, *in casu*, a prova testemunhal produzida confirma o fato alegado na inicial como ensejador da reparação pretendida, no sentido de que houve arrombamento do armário privativo do reclamante bem como violação de sua correspondência pessoal, inclusive correio eletrônico e dados pessoais. Dessa forma, houve, de fato, efetivo prejuízo de ordem moral ao reclamante. Recurso de revista não conhecido. BRASIL. *Tribunal Superior do Trabalho.* Disponível em:

No referido caso, informou o empregado que utilizava um computador pessoal de propriedade da primeira empresa que lhe havia sido entregue a título de comodato. No curso do contrato da relação de emprego, teve seu armário particular arrombado por ordem da empregadora e sem seu consentimento para a retirada do computador que, muito embora fosse de propriedade da empresa, estava sob sua posse direta e ainda com informações pessoais nele armazenadas. Ao constatar a violação contra si praticada, o empregado ficou transtornado e constrangido e buscou a reparação devida junto à Justiça do Trabalho, que acolheu o pedido do trabalhador.

Visando a reformar o julgado, a empresa recorreu ao Tribunal Regional do Trabalho da 5ª Região alegando, dentre outras razões, que não houve comprovação de ofensa à honra e à moral do empregado supostamente advinda do fato de uma mera abertura de armário pessoal, bem como difamação, calúnia e nem injúria ao autor da ação. A empresa argumentou ainda que não foram divulgadas informações desabonadoras do obreiro ou sobre os pertences a terceiros, não havendo que se falar em nexo de causalidade entre o ato e a suposta lesão.

Entretanto, diante dos fatos apurados, a Turma[27] julgadora concluiu ser devida uma indenização a título de danos morais ao trabalhador equivalente a R$ 1.200.000,00, pois ficou comprovado o nexo causal entre o ato e a lesão ao empregado, explicitando que houve excesso e abuso de direito do empregador. O entendimento do Regional foi de que a empresa pode fazer a fiscalização de computadores e e-mails corporativos, desde que haja proibição expressa, em regulamento, da utilização para uso pessoal, porém, não é absoluto o poder diretivo do empregador, decorrente do direito de propriedade, havendo limitações quando a fiscalização colide com o direito à intimidade e outros direitos fundamentais do empregado, como por exemplo, o da inviolabilidade do sigilo de correspondência, comunicações telegráficas, de dados e telefonemas.

A empresa recorreu então ao Tribunal Superior do Trabalho, alegando, em seu recurso, que o ato praticado não podia ser considerado "arrombamento", já que foi utilizado um chaveiro profissional para a abertura do móvel, pedindo subsidiariamente que o valor da indenização fixado fosse reduzido.

<http://www.tst.jus.br>. Acesso em 6 out. 2012. Acórdão nº RR – 183240-61.2003.5.05.0021, Rel. Min. Renato de Lacerda Paiva, DJ 14. set. 2012.

[27] O Tribunal Superior do Trabalho possui oito Turmas julgadoras, compostas cada uma por três ministros, com a atribuição de analisar recursos de revista, agravos, agravos de instrumento, agravos regimentais e recursos ordinários em ação cautelar. Das decisões das Turmas, a parte ainda pode, em alguns casos, recorrer à Subseção I Especializada em Dissídios Individuais (SBDI-1). (Fonte: BRASIL. *Tribunal Superior do Trabalho*. Disponível em: <http://www.tst.jus.br >. Acesso em 13 out. 2012).

O Ministro Relator do recurso, não conheceu do apelo no pedido le "dano moral", afirmando que o recurso interposto é incabível para o eexame de fatos ou provas.[28] No tocante ao pedido de redução do valor ndenizatório arbitrado, a pretensão foi acolhida, sendo o montante reluzido para R$ 60.000,00, destacando o ministro que, "a quantificação do 'alor que visa compensar a dor da pessoa requer por parte do julgador om-senso. Sua fixação deve-se pautar na lógica do razoável, a fim de se vitar valores extremos (ínfimos ou vultosos)".

Assim, à luz do art. 5º, inciso XII da Constituição Federal,[29] se não louver proibição expressa nos regulamentos da empresa quanto à utiização de equipamento do empregador para fins pessoais, incluindo o -*mail* corporativo, não poderá o empregador fiscalizar tais equipamenos, pois tal ocorrência poderia ferir direitos personalíssimos irrenunciáeis e inalienáveis do trabalhador.

Questões referentes ao Direito Digital também têm seus reflexos na sfera cível, principalmente depois da aderência maciça da população ao Iso das redes sociais e afins.

No que concerne à responsabilização de provedores de conteúdo e erviços na *Internet* por atos praticados por seus usuários, tais como uso le informações ilegais, uso indevido da imagem e invasão de privacilade, decisão recente proferida no Agravo de Instrumento nº 1.347.502, le relatoria do Excelentíssimo Ministro João Otávio de Noronha, levou lovamente à discussão sobre o assunto. Na ocasião, o Ministro-Relator legou o pedido de reforma de julgado da empresa provedora contra deisão oriunda do Tribunal de Justiça do Rio de Janeiro que a considerou esponsável pela publicação de um perfil falso num sítio de relacionanento. O Ministro negou provimento ao recurso com base da Súmula n. 7[30] do Superior Tribunal de Justiça,[31] bem como por entender que o dano xtrapatrimonial decorria dos próprios fatos que deram origem à ação novida, sendo desnecessária prova do prejuízo, além de considerar que

[8] Súmula 126 do TST: Incabível o recurso de revista ou de embargos (arts. 896 e 894, "b", da CLT) ara reexame de fatos e provas.

[9] Art. 5º Todos são iguais perante lei, sem distinção de qualquer natureza, garantindo-se aos brasieiros e aos estrangeiros residentes no País a inviolabilidade do direito à vida, à liberdade, à igualdade, à segurança e à propriedade, nos termos seguintes: XII – é inviolável o sigilo da correspondência das comunicações telegráficas, de dados e das comunicações telefônicas, salvo, no último caso, por rdem judicial, nas hipóteses e na forma que a lei estabelecer para fins de investigação criminal ou nstrução processual penal;

[0] Súmula nº 7 do STJ: Reexame de Prova – Recurso Especial. A pretensão de simples reexame de rova não enseja recurso especial.

[1] O Superior Tribunal de Justiça (STJ) com sede em Brasília é a última instância da Justiça brasileira esponsável por uniformizar a as causas infraconstitucionais, não relacionadas diretamente à Constituição, seguindo os princípios constitucionais e a garantia e defesa do Estado de Direito.

a decisão do tribunal fluminense estaria de acordo com a orientação do próprio Superior Tribunal de Justiça.[32]

O Código de Defesa do Consumidor dispõe em seu art.14, *caput*,[33] que deve o fornecedor de serviços responder, independentemente da existência de culpa, pela reparação dos danos causados aos consumidores por defeitos relativos à prestação dos serviços. Assim, o prestador de serviços será responsabilizado pelos serviços defeituosos, quando o consumidor provar: a) defeito no serviço; b) o evento danoso e; c) a relação de causalidade entre o evento e o dano. No caso, o tribunal fluminense entendeu que a empresa provedora, ainda que não possuísse relação direta com o consumidor, beneficia indiretamente do acesso e visualização de conteúdos pelos usuários, assumindo o ônus pela má utilização dos serviços que disponibiliza. Desta forma, a publicação de perfil falso, num sítio de relacionamento, ocasionou dano ao usuário, o que levou os julgadores a decidirem que a empresa deveria ser responsabilizada pela publicação de perfil falso num sítio de relacionamento e, por isso, deveria indenizar a pessoa atingida.

Um tema que tem gerado muita discussão é a possibilidade de configurar dano moral, o recebimento de mensagens eletrônicas indesejadas, mais conhecidas como *spam*.[34] No Recurso Especial nº 844.736, relatado

---

[32] APELAÇÃO CÍVEL – AÇÃO DE RESPONSABILIDADE CIVIL – SITE DE RELACIONAMENTO – PERFIL FALSO CRIADO NO ORKUT – SENTENÇA DE PROCEDÊNCIA, COM CONDENAÇÃO EM R$ 30.000,00, A TÍTULO DE DANOS MORAIS – APELAÇÃO INTERPOSTA SOB O ARGUMENTO DE EQUÍVOCO NA ATRIBUIÇÃO DE RESPONSABILIDADE – SUSTENTA NÃO SER OBRIGADA A MANTER INFORMAÇÕES DOS USUÁRIOS – ADUZ INAPLICABILIDADE DO CÓDIGO DE DEFESA DO CONSUMIDOR – ALEGA TRATAR-SE DE RESPONSABILIDADE SUBJETIVA E AUSENTE A CULPA DA APELANTE, POR TER O FATO SE ORIGINADO DE TERCEIRO – POR FIM, ALEGA SE EXCESSIVO O VALOR DA CONDENAÇÃO. Não se sustenta que a responsabilidade seria da Google Inc. ao invés da Google BR, pois ambas as empresas pertencem ao mesmo grupo econômico. Quanto à aplicabilidade do Código de Defesa do Consumidor, entende-se pela sua possibilidade. Embora a relação estabelecida entre as partes não possua remuneração direta, é notório que a remuneração se opera de forma indireta, na medida em que terceiros utilizam seus serviços para promover anúncio, tendo em vista o elevadíssimo número de acessos em seu site. A partir do momento em que a apelante não cria meios de identificação precisa do usuário, mas permite a criação de páginas pessoais em seu site, beneficiando-se, ainda que indiretamente como dito acima, entende-se que ela assume o ônus pela má utilização dos serviços que disponibiliza, independentemente da existência de culpa. Sentença que se mantém. (BRASIL. *Superior Tribunal de Justiça*. Disponível em: <http://www.stj.jus.br>. Acesso em 7 out. 2012. AI nº 1.347.502, Rel. Min. João Otávio de Noronha, DJ 18. mar. 2011).

[33] Art. 14. O fornecedor de serviços responde, independentemente da existência de culpa, pela reparação dos danos causados aos consumidores por defeitos relativos à prestação dos serviços, bem como por informações insuficientes ou inadequadas sobre sua fruição e riscos. § 1° O serviço é defeituoso quando não fornece a segurança que o consumidor dele pode esperar, levando-se em consideração as circunstâncias relevantes, entre as quais: I – o modo de seu fornecimento; II – o resultado e os riscos que razoavelmente dele se esperam; III – a época em que foi fornecido.

[34] Segundo Márcia Sawaya *spam* é "uma versão na Internet para "*junk mail*" (mala direta indesejada). É o despacho deliberado de uma mesma mensagem para um grande número de listas de correspondência (*mailing lists*) ou grupos de discussão (*newsgroups*) que não a tenha solicitado, normalmente

pelo Ministro Luis Felipe Salomão, foi discutido se mensagens eletrônicas com conteúdo pornográfico, recebidas sem autorização do destinatário, poderiam gerar direito à indenização mesmo após a solicitação pelo internauta para não mais receber as referidas mensagens. O Ministro-Relator considerou que, no seu entendimento, haveria configuração do dano moral, pois existiria obrigação de remover do cadastro o e-mail do destinatário, e o autor das mensagens indesejáveis deveria indenizar o internauta. No entanto, o restante da Turma manteve entendimento diverso, porque na visão dos julgadores, existiriam meios de o usuário impedir o recebimento de tais mensagens, adicionando filtros ao e_mail. Para a Turma, a situação caracterizaria mero desprazer, incapaz de por si só configurar o dano moral.[35]

Assim, no entendimento da Turma, não há que se falar em indenização por danos morais, se existirem meios do destinatário bloquear o *spam* indesejado fazendo-se o uso inclusive das ferramentas disponibilizadas pelos serviços de *e-mail*, da *Internet* e programas específicos.

Outra situação que merece reflexão é a que diz respeito à quebra de sigilo bancário. Segundo disposição legal, o sigilo bancário corresponde à obrigação imposta às instituições financeiras de conservar sigilo em suas operações ativas e passivas e serviços prestados, configurando crime a quebra de sigilo fora das hipóteses autorizadas em lei conforme *caput* do art. 1º e art. 10 da Lei Complementar nº 105/2001.[36]

---

para anunciar algum serviço ou produto." (SAWAYA, Márcia Regina. *Dicionário de informática e internet*. São Paulo: Editora Nobel, 1999, p. 439).

[35] *INTERNET – ENVIO DE MENSAGENS ELETRÔNICAS – SPAM – POSSIBILIDADE DE RECUSA POR SIMPLES DELETAÇÃO – DANO MORAL NÃO CONFIGURADO – RECURSO ESPECIAL NÃO CONHECIDO.* 1 – Segundo a doutrina pátria "só deve ser reputado como dano moral a dor, vexame, sofrimento ou humilhação que, fugindo à normalidade, interfira intensamente no comportamento psicológico do indivíduo, causando-lhe aflições, angústia e desequilíbrio em seu bem-estar. Mero dissabor, aborrecimento, mágoa, irritação ou sensibilidade exacerbada estão fora da órbita do dano moral, porquanto tais situações não são intensas e duradouras, a ponto de romper o equilíbrio psicológico do indivíduo". 2 – Não obstante o inegável incômodo, o envio de mensagens eletrônicas em massa – SPAM – por si só não consubstancia fundamento para justificar a ação de dano moral, notadamente em face da evolução tecnológica que permite o bloqueio, a deletação ou simplesmente a recusada de tais mensagens. 3 – Inexistindo ataques a honra ou a dignidade de quem o recebe as mensagens eletrônicas, não há que se falar em nexo de causalidade a justificar uma condenação por danos morais. 4 – Recurso Especial não conhecido. (BRASIL. *Superior Tribunal de Justiça*. Disponível em: <http:// www.stj.jus.br>. Acesso em 7 out. 2012. Resp nº 1844.739, Rel. Min. Luis Felipe Salomão, DJ 02. set. 2010).

[36] Art. 1º As instituições financeiras conservarão sigilo em suas operações ativas e passivas e serviços prestados. Art. 10 A quebra de sigilo, fora das hipóteses autorizadas nesta Lei Complementar, constitui crime e sujeita os responsáveis à pena de reclusão, de um a quatro anos, e multa, aplicando-se, no que couber, o Código Penal, sem prejuízo de outras sanções cabíveis. Parágrafo único. Incorre nas mesmas penas quem omitir, retardar injustificadamente ou prestar falsamente as informações requeridas nos termos desta Lei Complementar.

Sobre a quebra de sigilo bancário diante da Constituição Federal Carneiro[37] explica que atualmente este assunto é elevado a um patama muito mais alto, pois a Carta Magna protege, em seu artigo 5º, incisos X e XII, a privacidade, a intimidade e a inviolabilidade do sigilo dos cida dãos e por serem considerados direitos fundamentais, não podem existi qualquer tipo de violação a tais preceitos sem o devido processo legal e a análise do Poder Judiciário.

Contudo, de acordo com a doutrina e a jurisprudência, a inviola bilidade do sigilo bancário não é absoluta, e as restrições a este sigilo dizem respeito ao interesse público ou social. Importante frisar que a ordem de quebra de sigilo deve ser originada pelo Poder Judiciário ou de uma Comissão Parlamentar de Inquérito, que, pelo artigo 58, § 3º, da Constituição Federal,[38] detém poderes instrutórios próprios de autorida de judicial.

O Habeas Corpus nº 90.298/RS, oriundo do Supremo Tribunal Fe deral,[39] ilustra perfeitamente um caso sobre quebra de sigilo bancário.[4 No caso sob comento, a paciente[41] havia impetrado Habeas Corpus junto àquela Corte a fim de se ver absolvida da condenação a que foi imposta como incursa nas penas do art. 251, *caput*,[42] do Código Penal Militar justi ficando alegação de estado de necessidade e insuficiência de prova ante a

---

[37] CARNEIRO, Evandro Lima. *Aspectos gerais sobre o sigilo bancário*. Disponível em: <http://www.via jus.com.br/viajus.php?pagina=artigos&id=2787&idAreaSel=6&seeArt=yes> Acesso em 8 out.2012

[38] Art. 58. O Congresso Nacional e suas Casas terão comissões permanentes e temporárias, constituí das na forma e com as atribuições previstas no respectivo regimento ou no ato de que resultar sua criação. § 3º As comissões parlamentares de inquérito, que terão poderes de investigação próprios das autoridades judiciais, além de outros previstos nos regimentos das respectivas Casas, serão cria das pela Câmara dos Deputados e pelo Senado Federal, em conjunto ou separadamente, mediante requerimento de um terço de seus membros, para a apuração de fato determinado e por prazo certo sendo suas conclusões, se for o caso, encaminhadas ao Ministério Público, para que promova a res ponsabilidade civil ou criminal dos infratores.

[39] O Supremo Tribunal Federal (STF) é a mais alta instância do Poder Judiciário Brasileiro, compe tindo, essencialmente, a guarda da Constituição Federal, apreciando casos que envolvam lesão ou ameaça a esta última.

[40] AÇÃO PENAL. PROVA. ILICITUDE. CARACTERIZAÇÃO. QUEBRA DE SIGILO BANCÁRIO SEM AUTORIZAÇÃO JUDICIAL. CONFISSÃO OBTIDA COM BASE NA PROVA ILEGAL. CON TAMINAÇÃO. HC CONCEDIDO PARA ABSOLVER A RÉ. OFENSA AO ART. 5º, INC. LVI, DA CF. Considera-se ilícita a prova criminal consistente em obtenção, sem mandado, de dados bancá rios da ré, e, como tal, contamina as demais provas produzidas com base nessa diligência ilegal (BRASIL. *Supremo Tribunal Federal*. Disponível em: <http://www.stf.jus.br>. Acesso em 8 out.2012 HC nº 90298-7 RS, Rel. Min. César Peluso, DJ 16. set. 2009).

[41] Segundo Deocleciano, a expressão é usada para designar "aquele sobre o qual recai ação movida por outrem" ou ainda, "o que sofre constrangimento ilegal, a favor de quem se impetra habeas-cor pus". (GUIMARÃES, Torrieri Guimarães. *Dicionário técnico jurídico*. 8. ed. São Paulo: Rideel, 2006, p. 431).

[42] Art. 251, *caput* – Obter, para si ou para outrem, vantagem ilícita, em prejuízo alheio, induzindo ou mantendo alguém em erro, mediante artifício, ardil ou qualquer outro meio fraudulento: Pena – reclusão, de dois a sete anos.

ilicitude de quebra de sigilo bancário sem autorização judicial o que por si só já invalidaria a condenação imposta.

O Superior Tribunal Militar[43] reconheceu a ilicitude da única prova que sustentava o crime atribuído à paciente, porém afirmou que a confissão posterior da ré já era suficiente para manter a condenação imposta.

Entretanto, o Ministro-Relator entendeu pela imprestabilidade da prova, eis que obtida de forma ilícita já que a paciente havia tido o sigilo bancário violado sem a autorização judicial devida, violando assim garantia constitucionalmente prevista. O eminente Relator explicou ainda que a Constituição Federal, repudia de maneira expressa, a prova ilícita em processo judicial (art. 5º, LVI)[44] e assim completou: "Não é por outro motivo, que esta Corte, de maneira reiterada afirma a inexistência de justa causa para ação penal, onde a demonstração da autoria ou da materialidade decorra apenas de prova ilícita". Desta forma, a Turma entendeu que ante a ilicitude da prova produzida dever-se-ia ser decretado a absolvição da paciente pelas razões já expostas acima.

Certamente o entendimento do ilustre relator e da Turma veio mais uma vez alertar a comunidade jurídica de que a determinação de quebra do sigilo bancário só poderá ser efetuada sob as garantias do processo legal e por ordem judicial, a fim de evitar a arbitrariedade, bem como o poder discricionário e assegurar respeito aos direitos e garantias fundamentais.

O uso inadequado das novas tecnologias da informação e comunicação, sobretudo da *Internet*, tem originado crescentes ações na Justiça. Tais ações poderiam ser facilmente evitadas se usuários e provedores explorassem com bom senso essas tecnologias ou ainda se conhecessem as regras e recursos que os programas oferecem aos mesmos, procurando respeitá-los.

Caso pragmático e notório de mau uso da *Internet* se deu em outubro de 2010 quando uma estudante de Direito postou mensagens consideradas preconceituosas e incitadoras de violência contra nordestinos, em sua página do *Twitter*.[45] Na época, ela admitiu ter publicado as mensagens como uma reação ao resultado da eleição presidencial, quando a

---

[43] O Superior Tribunal Militar (STM) é o órgão da Justiça Militar do Brasil que tem por competência processar e julgar os crimes militares definidos em lei.

[44] Art. 5º Todos são iguais perante a lei, sem distinção de qualquer natureza, garantindo-se aos brasileiros e aos estrangeiros residentes no País a inviolabilidade do direito à vida, à liberdade, à igualdade, à segurança e à propriedade, nos termos seguintes: LVI – são inadmissíveis, no processo, as provas obtidas por meios ilícitos;

[45] RONGAGLIA, Daniel. *Estudante é condenada por ofensa a nordestinos no twitter*. Folha de S.Paulo. Disponível em: <http://www1.folha.uol.com.br/poder/1091324-estudante-e-condenada-por-ofensa-a-nordestinos-no-twitter.shtml>. Acesso em 13 out. 2012.

candidata do PT, hoje presidente, Dilma Rousseff, teve maiores índices de votação nos estados nordestinos em relação ao seu oponente.

A jovem foi denunciada pelo Ministério Público com base no artigo 20, § 2º, da Lei n.º 7.716/89, que trata do crime de discriminação ou preconceito de procedência nacional. Durante o processo, ela alegou que não tinha a intenção de ofender os nordestinos e disse também que não é preconceituosa. Entretanto, a estudante foi condenada a um ano, cinco meses e quinze dias de reclusão pela Justiça de São Paulo, tendo esta mesma pena sido convertida em prestação de serviços à comunidade e pagamento de multa.

Outro caso de grande repercussão, envolvendo uso do *Twitter*,[46] foi a publicação de manifestações consideradas ofensivas de um executivo à torcida de um clube de futebol paulista em março de 2010.[47] Na ocasião, o executivo que prestava serviços a uma empresa que havia firmado contrato de aluguel no time paulista para exibição do logotipo da empresa nas mangas da camisa do clube, publicou uma série de *twítes*[48] ironizando a torcida do referido time e o resultado da partida envolvendo o clube do executivo e o aludido clube paulista.

O incidente casou desconforto tanto para a torcida ofendida, quanto para a empresa, o que resultou no desligamento das funções do executivo na companhia. Em comunicado, a empresa lamentou pelo ocorrido, informando o desligamento do executivo da mesma, e que a opinião exprimida pelo executivo não condizia com o posicionamento corporativo da companhia, reforçando que a parceria realizada com o time paulista era motivo de orgulho.[49]

Por fim, cita-se aqui, mais um caso envolvendo o mau uso das redes sociais, agora pelo *Orkut*.[50] Noticia-se que uma professora de um colégio particular de ensino em Porto Alegre tomou conhecimento que alunas

---

[46] O *Twitter* é um serviço chamado de "microblogging", em que um usuário escreve mensagens de até 140 caracteres (contando letras, números e espaços) que são lidas pelos seus "seguidores". O serviço é usado para publicar atividades do dia-a-dia, conversar sobre os mais variados temas, divulgar notícias, aproximar pessoas com interesses em comum e até mesmo para fazer campanhas. (Fonte: Via blog. *O que é Twitter*? Disponível em: <http://www.viablog.org.br/o-que-e-o-twitter/#sthash.PDAvdRqb.dpuf> Acesso em 28 set. 2013.

[47] PAVARIN, Guilherme. *Tuíte de diretor da Locaweb enfurece torcida*. INFO *online*. Disponível em: <http://info.abril.com.br/noticias/internet/tuite-de-diretor-da-locaweb-enfurece-torcida-29032010-1.shl>. Acesso em 14. out. 2012.

[48] *Twítes* são mensagens de texto, fotos, etc., que são enviadas pelo internauta através da rede social *Twitter*.

[49] IDG NOW! *Locaweb demite executivo que ofendeu o São Paulo Futebol Clube no twitter*. Disponível em: <http://idgnow.uol.com.br/internet/2010/03/30/locaweb-demite-executivo-que-ofendeu-o-sao-paulo-no-twitter/>. Acesso em 14 out. 2012.

[50] O Orkut é o *site* de relacionamentos cujo principal recurso é a criação e participação virtual de seus usuários em comunidades. (Fonte: InfoEscola. *O que é Orkut?* Disponível em: <http://www.infoescola.com/informatica/o-que-e-orkut/> Acesso em 28 set. 2013.

haviam criado uma comunidade, na referida rede social, sobre ela, após terem sido repreendidas durante uma aula ministrada pela professora.[51] Segundo relata a professora, as alunas haviam postados mensagens ofensivas sobre seu corpo, cabelo e roupas, na referida comunidade. A reação ao ver a comunidade virtual, segundo a professora, foi de choque, vergonha, tristeza e choro.

No caso em questão, a professora pode ter sido vítima de *cyberbullying*.[52] Importante ainda destacar que um estudo realizado pelo SINPRO/RS (Sindicato dos professores de ensino privado do Rio Grande do Sul) mostrou que, a cada quatro professores gaúchos, um já havia sofrido agressão veiculada na *Internet*. Os motivos de agressão aos professores, indicados pelo Sindicato, eram dos mais variáveis: desde um aluno que tinha tirado nota baixa, até um aluno que não tinha "ido com a cara" do professor.[53]

Percebe-se, a partir dos casos acimas relatados, que os emissores das mensagens virtuais, muitas vezes não têm a devida noção quanto à repercussão que estas mensagens podem gerar. Sabe-se que os *sites* de relacionamento, redes sociais, blogs, dentre outros, são acessíveis a incontáveis pessoas e as mensagens contidas neles podem circular pelo mundo virtual em um curto espaço de tempo ocasionando vários problemas de ordem moral, social, econômica, etc.

Tudo é evidenciado nos dias de hoje, por meio do uso das novas tecnologias de informação e comunicação (NTICs), assim é necessário estabelecer um limite de crítica para a expressão conforme explica Renato Blum: "Se o internauta avançar o limite da crítica normal e partir para o lado da ofensa, pode ser processado pelos crimes de calúnia, injúria e difamação, sem prejuízo de uma indenização. Tem sempre que evitar fazer juízo de valor".[54]

---

[51] WESTIN, Ricardo. *Professor vira alvo de chacota e ofensa de aluno na internet*. Folha de São Paulo. Disponível em: <http://www1.folha.uol.com.br/saber/768633-professor-vira-alvo-de-chacota-e-ofensa-de-aluno-na-internet.shtml>. Acesso em 14. out. 2012.

[52] A palavra *cyberbullying* não tem ainda uma tradução exata para a Língua Portuguesa. O prefixo "cyber" refere-se à utilização das novas tecnologias de informação (e_mail, celular, entre outros), enquanto o sufixo *bullying* é relativo à forma tradicional de importunar, ameaçar, intimidar os outros de forma intencional. Nas palavras de Alexandre Atheniense, *cyberbullying* é "uma forma virtual de praticar o *bullying*" que "na prática utilizam-se das modernas ferramentas da Internet e de outras tecnologias de informação e comunicação, móveis ou fixas, com o intuito de maltratar, humilhar e constranger. É uma forma de ataque perversa que extrapola em muito os muros da escola, ganhando dimensões incalculáveis." (Fonte: ATHENIENSE, Alexandre. *Cyberbullying*. Disponível em: <http://www.dnt.adv.br/salas-do-conhecimento/ciberbullying/>. Acesso em 14 out. 2012).

[53] WESTIN, Ricardo. *Professor vira alvo de chacota e ofensa de aluno na internet*. Folha de São Paulo. Disponível em: <http://www1.folha.uol.com.br/saber/768633-professor-vira-alvo-de-chacota-e-ofensa-de-aluno-na-internet.shtml>. Acesso em 14. out. 2012

[54] CIMINO, James. *Postagem no Twitter pode acabar na Justiça ou em dor de cabeça*. Folha de S.Paulo. Disponível em: <http://www1.folha.uol.com.br/cotidiano/868034-postagem-no-twitter-pode-acabar-na-justica-ou-em-dor-de-cabeca.shtml>. Acesso em 14 out.2012.

Destarte, estes foram alguns casos da jurisprudência nacional e casos práticos apresentados no presente artigo no que diz respeito ao Direito Digital que visou contribuir com uma melhor reflexão sobre a matéria.

Conclusão

Pode-se concluir que o uso das novas tecnologias tem transformado radicalmente as relações sociais, lançando perspectivas desafiadoras para a ciência jurídica, obrigando a mesma a acompanhar o avanço tecnológico. Entretanto, nem sempre o Direito alcança com rapidez esse avanço tecnológico fazendo-se assim o uso necessário de outras "ferramentas" jurídicas, ante a ausência de leis específicas, para dirimir conflitos, propor soluções, dentre outras questões.

Verificou-se que o Direito Digital é um campo novo do Direito que se propõe a estudar e abordar aspectos jurídicos do uso das novas tecnologias de informação e comunicação nas relações sociais e jurídicas refletindo em várias áreas do Direito.

Observou-se também que o mau uso das novas tecnologias da informação e comunicação, sobretudo da *Internet*, tem originado crescentes ações na Justiça e que poderiam ser facilmente evitadas se, usuários e provedores explorassem com bom senso as referidas tecnologias, ou ainda se conhecessem as regras e recursos que os programas oferecem aos mesmos, procurando respeitá-los.

Referências bibliográficas

ATHENIENSE, Alexandre. *Cyberbullying*. Disponível em: http://www.dnt.adv.br/salas-do-conhecimento/ciberbullying/.> Acesso em 14 out. 2012.

BOOP, Keli Lynn. *Castells: o caos e o progresso*. Jornal Extra Classe – SINPRO RS. Disponível em:< http://www.sinpro-rs.org.br/extraclasse/mar05/entrevista.asp>. Acesso em 6 out. 2012.

BRASIL. *Constituição (1988): promulgada em 5 de outubro de 1988*. Organização dos textos Juarez de Oliveira. 4. ed. São Paulo: Saraiva, 1990. (Legislação brasileira).

BRASIL. *Superior Tribunal de Justiça*. Disponível em: <http:// www.stj.jus.br>. Acesso em 7 out. 2012.

——. *Superior Tribunal Militar*. Disponível em: <http://www.stm.jus.br>. Acesso em 7 out. 2012.

——. *Supremo Tribunal Federal*. Disponível em: <http://www.stf.jus.br>.Acesso em 8 out. 2012.

——. *Tribunal Superior do Trabalho*. Disponível em: <http:// www.tst.jus.br>. Acesso em 6 out. 2012.

CÂMARA DOS DEPUTADOS. *Projeto que cria o Marco Civil da Internet teve contribuições do cidadão por meio do portal e-Democracia*. Disponível em: < http://www2.camara.gov.

br/noticias/institucional/noticias/projeto-que-cria-o-marco-civil-da-internet-teve-contribuicoes-do-cidadao-por-meio-do-portal-e-democracia-1>. Acesso em 6 out. 2012.

CARNEIRO, Evandro Lima. *Aspectos gerais sobre o sigilo bancário*. Disponível em: <http://www.viajus.com.br/viajus.php?pagina=artigos&id=2787&idAreaSel=6&seeArt=yes> Acesso em 8 out. 2012.

CIMINO, James. *Postagem no Twitter pode acabar na Justiça ou em dor de cabeça*. Folha de S.Paulo. Disponível em: <http://www1.folha.uol.com.br/cotidiano/868034-postagem-no-twitter-pode-acabar-na-justica-ou-em-dor-de-cabeca.shtml> Acesso em 14 out. 2012.

DINIZ, Maria Helena. *Compêndio de introdução à ciência do direito*. 9.ed. São Paulo: Saraiva, 1997.

GOMES, Pedro Rodrigues. *A responsabilidade dos provedores de serviços de Internet*. Franca: UNESP, 2008. (Trabalho de Conclusão de Curso de Direito).

GUIMARÃES, Torrieri. *Dicionário técnico jurídico*. 8. ed. São Paulo: Rideel, 2006.

IDG NOW! *Locaweb demite executivo que ofendeu o São Paulo Futebol Clube no twitter*. Disponível em: <http://idgnow.uol.com.br/internet/2010/03/30/locaweb-demite-executivo-que-ofendeu-o-sao-paulo-no-twitter/>. Acesso em 14 out. 2012.

INFOESCOLA. *Novas tecnologias de informação e comunicação*. Disponível em: <http://www.infoescola.com/informatica/novas-tecnologias-em-informacao-e-comunicacao/>. Acesso em 28 set. 2013.

——. *O que é Orkut?* Disponível em: < http://www.infoescola.com/informatica/o-que-e-orkut/> Acesso em 28 set. 2013.

LEONARDI, Marcel. Responsabilidade civil dos provedores de serviço da internet. São Paulo: Juarez de Oliveira, 2005.

LÉVY, Pierre. *Cibercultura*. São Paulo: Editora 34, 1999.

LONGHI, João Victor Rozatti. Liquidação dos danos decorrentes de violações à direitos da personalidade no âmbito da Internet. Franca: UNESP, 2008 (Trabalho de Conclusão de Curso de Direito).

MATTOS, Analice Castor de. Aspectos relevantes dos contratos de consumo eletrônico. Curitiba: Juruá, 2009.

MELLO, Maria Chaves de. *Mini dicionário jurídico português-inglês*, Rio de Janeiro: Forense; São Paulo: Método, 2008.

MIRANDA, Antônio. *Ciência da informação: teoria e prática*. Brasília: Thesaurus, 2003.

NADER, Paulo. *Introdução ao estudo do direito*. 30. ed. Rio de Janeiro: Forense, 2008.

PAVARIN, Guilherme. *Tuíte de diretor da Locaweb enfurece torcida*. INFO *online*. Disponível em:< http://info.abril.com.br/noticias/internet/tuite-de-diretor-da-locaweb-enfurece-torcida-29032010-1.shl>. Acesso em 14 out. 2012.

PINHEIRO, Patricia Peck. *Direito digital*. 4. ed. São Paulo Saraiva, 2011.

REGIS, Josiana Florencio Vieira; CAMPOS, Ana Celia Cavalcanti Fernandes. *O paradigma tecnológico e a revolução informacional: fundamentos da sociedade da informação*. Disponível em: <http://repositorio.ufrn.br:8080/jspui/handle/1/3136>. Acesso em 6 out. 2012.

ROCHA, Marcelo Oliveira. *Direito do trabalho e internet*. São Paulo: Livraria e Editora Universitária de Direito, 2004.

RONGAGLIA, Daniel. *Estudante é condenada por ofensa a nordestinos no twitter*. Folha de S.Paulo. Disponível em: < http://www1.folha.uol.com.br/poder/1091324-estudante-e-condenada-por-ofensa-a-nordestinos-no-twitter.shtml >. Acesso em 13 out. 2012.

SANTOS, Washington dos. *Dicionário jurídico brasileiro*. Belo Horizonte: Del Rey, 2001.

SAWAYA, Márcia Regina. *Dicionário de informática e internet.* São Paulo: Editora Nobel, 1999.

SECCO, Orlando de Almeida. *Introdução ao estudo do direito.* 10. ed. Rio de Janeiro: Lumin Juris, 2007.

SENADO FEDERAL. *Relatório final da Comissão Parlamentar de Inquérito.* Disponível em: <http://www.senado.gov.br/noticias/agencia/pdfs/RELATORIOFinalCPIPEDOFILIA.pdf>.Acesso em 6 out. 2012.

TARGINO, Maria das Graças. Comunicação científica: o artigo de periódico nas atividades de ensino e pesquisa do docente universitário brasileiro na pós-graduação. Tese (Doutorado em Ciência da Informação) – Curso de Pós-Graduação em Ciência da Informação, Universidade de Brasília, Brasília, 1998.

TEIXEIRA, Rosane S. *Direito digital: inserção tímida ou desconhecimento do inexorável?* Disponível em: <http://www.jurisway.org.br/v2/dhall.asp?id_dh=3291> Acesso em 6 out. 2012.

VENOSA, Sílvio de Salvo. *Direito civil: parte geral.* 3.ed.São Paulo: Atlas, 2003.

VIA BLOG. *O que é Twitter?* Disponível em: <http://www.viablog.org.br/o-que-e-o-twitter/#sthash.PDAvdRqb.dpuf> Acesso em 28 set. 2013.

VIDAL, Gabriel Rigoldi. *Privacidade e internet.* Franca: UNESP, 2010 (Trabalho de Conclusão de Curso de Direito).

WESTIN, Ricardo. *Professor vira alvo de chacota e ofensa de aluno na internet.* Folha de São Paulo. Disponível em: <http://www1.folha.uol.com.br/saber/768633-professor-vira-alvo-de-chacota-e-ofensa-de-aluno-na-internet.shtml>. Acesso em 14 out. 2012.

ZANATTA, Leonardo. *O direito digital e as implicações cíveis decorrentes das relações virtuais.* Disponível em: <www3.pucrs.br/pucrs/files/uni/poa/direito/.../leonardo_zanatta.pdf>. Acesso em 4 out. 2012.

— 19 —

Tecnologia e adoecimento: patologias músculo-esqueléticas oriundas dos movimentos repetitivos exercidos durante a jornada de trabalho

FABIANA SCHMIDT DA CAMARA CANTO[1]

Sumário: 1. Introdução; 2. Considerações gerais; 3. Patologias músculo-esqueléticas; 4. Patologias músculo-esqueléticas em servidores públicos; 5. Patologias psicológicas; 6. A contribuição da ergonomia no ambiente de trabalho; 7. Acontribuição da ginástica laboral no ambiente de trabalho; 8. Conclusão; 9. Referências bibliográficas.

1. Introdução

Na sociedade voltada para o trabalho, os indivíduos acabam por passar mais tempo em seu ambiente de trabalho do que em casa, com seus familiares, ou exercendo alguma atividade de lazer. Por esta razão, é que se mostra imperiosa a necessidade de convivermos em um ambiente laboral confortável e seguro.

Tento em vista os reais perigos existentes quando um trabalhador exerce uma atividade repetitiva ou que demande grande força muscular, o nosso lugar de trabalho deve nos prevenir contra estes perigos e diversas patologias que podem surgir destas práticas, oferecendo programas que orientem o trabalhador, para que este possa adequar suas condutas, tornando-se um trabalhador saudável e mais produtivo.

2. Considerações gerais

Em um primeiro momento, é importante definir o que é saúde. Segundo a Organização Mundial da Saúde (OMS):[2]

---

[1] Fisioterapeuta graduada pela PUCRS, Pós-graduada em acupuntura pelo CBES, estudante de ciências jurídicas e sociais pela PUCRS.

[2] ORGANIZACIÓN MUNDIAL DE LA SALUD. *Documentos básicos*. 26. ed. Ginebra: OMS, 1976.

Saúde é o bem estar físico, psíquico e social do indivíduo, não sendo apenas a ausência de doença. A saúde pode ser mantida através da proteção, promoção e prevenção. Preocupando-se, inicialmente, que o indivíduo não adoeça, e se isto ocorrer, atuando no sentido de minimizar o dano e reabilitar o sujeito.

Em um segundo momento, faz-se necessário entender a distinção existente entre doenças relacionadas ao trabalho e doenças ocupacionais. Apesar de muito parecidos, os termos não possuem o mesmo significado e devem ser apreciados de maneira distinta. O primeiro termo refere-se a qualquer doença desenvolvida pelo trabalhador que não possua uma relação de causa-efeito entre o trabalho e a doença, ou seja, a doença já poderia vir a se desenvolver com ou sem a participação do trabalho. Podendo o trabalho apenas ter acelerado o surgimento da patologia. Já as doenças ocupacionais, que serão o objeto do nosso estudo, não existem sem o fator trabalho. Estas só aparecem pelo resultado direto do trabalho ou dos riscos inerentes ao trabalho. Possuem um nexo causal trabalho-doença.

Sendo assim, para termos um trabalhador saudável é necessário um meio ambiente de trabalho saudável, o que constituí não apenas um direito trabalhista, mas também um direito fundamental, pois está ligado diretamente à saúde, à segurança e à qualidade de vida do trabalhador.

Através do Ministério do Trabalho e Emprego se estabeleceu normas regulamentadoras[3] (NRs) quanto à segurança, à higiene, à medicina do trabalho e à fiscalização, que devem ser atendidas por todos os empregadores. Se estas normas não forem respeitadas elas podem interferir na saúde física e mental do trabalhador, gerando os mais diversos distúrbios, que nos dias de hoje já podem ser considerados um grave problema de saúde pública no país e podem também gerar prejuízos para o empregador que seja submetido a penalidades.

3. Patologias músculo-esqueléticas

As doenças ocupacionais se manifestam, primeiramente, na forma da fadiga, que aparece como resultado do esgotamento físico e mental do trabalhador. Ela representa um estado pré-patológico, no qual já podemos perceber uma acumulação do cansaço residual e uma queda no rendimento geral do trabalhador que, se não assistida, pode levar a distúrbios mais graves.

[3] As Normas Regulamentadoras referem-se à segurança e medicina do trabalho, e são de observância obrigatória pelas empresas privadas e públicas e pelos órgãos públicos da administração direta e indireta, bem como pelos órgãos dos Poderes Legislativo e Judiciário, que possuam empregados regidos pelas leis trabalhistas (CLT).

A forma mais eficaz de se prevenir o aparecimento da fadiga muscular é o reequilíbrio fisiológico após o esforço, o recondicionamento e a recuperação. A recuperação deve ser parte importante no dia a dia do trabalhador, pois somente com ela o organismo obtém a pausa necessária para promover sua homeostase corporal.

Como resultado de uma fadiga prolongada podem surgir as LERs/DORTs. Estas constituem um dos distúrbios mais comumente encontrados nos locais de trabalho.

Durante anos as LERs/DORTs não possuíam uma terminologia própria, eram denominadas "sinovite dos escreventes" ou "entorse das lavadeiras". Só nos anos 80 é que surge a terminologia LER (lesões por esforços repetitivos) como conhecemos até hoje. Todavia, ao longo dos anos, com o aumento das densificações do trabalho, essa terminologia tornou-se não errônea, mas insuficiente, necessitando de um termo mais abrangente para o quadro. Assim, surge a DORT (Distúrbios Osteomusculares Relacionados ao Trabalho), que contempla não apenas lesões por esforços repetitivos, mas também quaisquer outras lesões oriundas das relações de trabalho, abrangendo problemas de má postura, tensões decorrentes do ritmo ou intensidade do trabalho e utilização forçada de grupos musculares.

O Instituto Nacional de Seguridade Social (INSS) define LER/DORT na sua Instrução Normativa INDC/INSS nº 98/2003, anexo I, como:

> Entende-se LER/DORT como uma síndrome relacionada ao trabalho, caracterizada pela ocorrência de vários sintomas concomitantes ou não, tais como: *dor, parestesia, sensação de peso, fadiga, de aparecimento insidioso, geralmente nos membros superiores, mas podendo acometer os membros inferiores.* Entidades neuro-ortopédicas definidas como tenossinovites, sinovites, compressões de nervos periféricos, síndromes miofaciais, que podem ser identificadas ou não. Frequentemente são causa de incapacidade laboral temporária ou permanente. São resultados da combinação da sobrecarga das estruturas anatômicas do sistema osteomuscular com a falta de tempo para sua recuperação. *A sobrecarga pode ocorrer seja pela utilização excessiva de determinados grupos musculares em movimentos repetitivos com ou sem exigência de esforço localizado, seja pela permanência de segmentos do corpo em determinadas posições por tempo prolongado, particularmente quando essas posições exigem esforço ou resistência das estruturas músculo-esqueléticas contra a gravidade.* [...]

Giza-se que as nomenclaturas em questão são utilizadas para designar inúmeras doenças, como tenossinovites e tendinites, que correspondem a inflamações que se manifestam nos tendões, músculos, nervos e ligamentos de forma isolada ou associada e que podem gerar uma invalidez permanente. A biomecânica incorreta, fatores psíquicos, esforço físico e movimentos estereotipados são o que levam ao surgimento da dor, fadiga, queda na performance do trabalho e incapacidade temporária. Com o decurso do tempo esta dor vai tornando-se progressiva, podendo aparecer edemas, distúrbios de sensibilidade e até mesmo hipertrofias musculares.[4]

A LER/DORT constituem um grave problema no âmbito empresarial e fabril, principalmente pelo fato de acometer os trabalhadores na sua fase mais produtiva, entre 20 e 39 anos. Como os principais fatores de risco para o aparecimento da LER/DORT podemos citar:[5]

POSTURA	QUEIXA
Assentada. Postura forçada do dorso.	Dor no dorso, região lombar, rigidez no pescoço.
Postura forçada dos ombros sustentando os membros superiores.	Dor e rigidez nos ombros.
Postura forçada da inclinação cabeça-pescoço.	Dor no pescoço e ombros, rigidez no pescoço.
Manipulação do teclado com a mão direita com desvio ulnar forçado.	Cansaço no braço e na mão direita, pressão e dor ocular, peso na cabeça.
Acúmulo de fadiga nos membros superiores.	Dor nos braços e mãos, cansaço nos braços

Dentre as várias classes profissionais, vale destacar as que mais sofrem deste mal, como: datilógrafos, enfermeiros, dentistas, pianistas, costureiras, caixas de banco ou mercado, processadores de dados, entre outros trabalhadores, que exercem profissões que exigem muito do sistema músculo-esquelético do indivíduo e que o submetem a grandes tensões e esforços diários. Sebastião Geraldo de Oliveira[6] bem referiu:

> LER enquadra-se no conceito legal de doença do trabalho e seus efeitos são equiparados ao acidente de trabalho, conforme dispõem o art. 20 da Lei n° 8213/91.[7]

Logo, o empregado que sofre de LER/DORT pode valer-se dos direitos previdenciários que lhe são assegurados pela Constituição Federal

---

[4] Corresponde ao aumento da massa muscular na região, causada pelo uso excessivo da mesma.

[5] LIMA, D. G. *Ginástica Laboral*. Metodologia de implantação de programas com abordagem Ergonômica. São Paulo: Fontoura, 2004. fl. 27

[6] OLIVEIRA, S. G. de. *Proteção jurídica à saúde do trabalhador*. 2. ed. São Paulo: LTR, 1998.

[7] Art. 20 da Lei n° 8213/91: Consideram-se acidente do trabalho, nos termos do artigo anterior, as seguintes entidades mórbidas: *I – doença profissional, assim entendida a produzida ou desencadeada pelo exercício do trabalho peculiar a determinada atividade e constante da respectiva relação elaborada pelo Ministério do Trabalho e da Previdência Social; II – doença do trabalho, assim entendida a adquirida ou desencadeada em função de condições especiais em que o trabalho é realizado e com ele se relacione diretamente, constante da relação mencionada no inciso I.* § 1° Não são consideradas como doença do trabalho: a) a doença degenerativa; b) a inerente a grupo etário; c) a que não produza incapacidade laborativa; d) a doença endêmica adquirida por segurado habitante de região em que ela se desenvolva, salvo comprovação de que é resultante de exposição ou contato direto determinado pela natureza do trabalho. § 2° Em caso excepcional, constatando-se que a doença não incluída na relação prevista nos incisos I e II deste artigo resultou das condições especiais em que o trabalho é executado e com ele se relaciona diretamente, a Previdência Social deve considerá-la acidente do trabalho.

de 1988 e pela lei acima citada, conforme dita a natureza objetiva desta responsabilidade. Além disso, se comprovada culpa do empregador, por ato ilícito, e o nexo causal entre o ato e o dano, poderá este ser condenado a pagar indenização por dano material e/ou moral. Esta indenização decorre da responsabilidade de natureza subjetiva que o empregador tem para com o seu empregado, na qual basta apenas a demonstração do nexo de causalidade entre a patologia que acometeu o trabalhador e as atividades laborais por ele desenvolvidas.

4. Patologias músculo-esqueléticas em servidores públicos

Dentre toda a força de trabalho, os servidores públicos merecem uma atenção especial, quando se trata de LER/DORT, pois, muitos, exercem tarefas repetitivas ligadas à datilografia e arquivamento, utilizam materiais e mobílias antiquadas e ergonomicamente incorretas, inseridos em uma estrutura organizacional ultrapassada. No caso dos servidores públicos a responsabilidade civil do Estado é objetiva, ou seja, presume-se culpada a Administração Pública, mesmo que o servidor não comprove a culpa ou dolo da Administração. O ônus da prova se inverte e quem tem que provar que não agiu culposamente é a Administração Pública. Se ela conseguir provas de que a patologia que acomete ao seu servidor não fora ocasionada por nenhum tipo de descuido, negligência, ou omissão, de sua parte, a responsabilidade objetiva é afastada e o servidor fica sem o direito à indenização, usufruindo apenas dos benefícios previdenciários cabíveis. Cabendo ressaltar, também, que neste último caso, após comprovada a inocência da Administração Pública, a Fazenda Pública deverá ajuizar ação regressiva contra o servidor, que, agindo de má-fé com dolo ou culpa para assim obter lucro fácil as custas do ente público, torna-se corresponsável pelo aparecimento da sua própria doença. Neste caso, o ônus da prova é da Fazenda Pública, pois se trata de uma responsabilidade subjetiva.

5. Patologias psicológicas

Outrossim, não é apenas a saúde física do proletário que fica comprometida em um ambiente laboral inadequado. A saúde mental do indivíduo também pode ser afetada, resultando em diversas patologias psíquicas, de difícil tratamento e que podem levar a uma incapacidade do trabalhar de exercer suas funções.

As doenças psíquicas normalmente são oriundas de diversos fatores facilmente encontrados na sociedade em que vivemos, tais como exigências do mercado de trabalho, para que se possa competir e se manter nele; más condições do ambiente de trabalho; irregularidades no que tange a tempo de serviço; desrespeito com os intervalos que devem ser realizados durante a jornada de trabalho; alto grau de exigência no ambiente corporativo, sendo grande quantidade de trabalho e prazos curtos para realizá-los; difícil relacionamento no ambiente laboral, dentre outros. É importante frisar que não é apenas um destes fatores que irá afetar a mente e o sossego de um indivíduo estável, e sim o somatório destes, que acaba exigindo e sacrificando cada dia mais os trabalhadores.

Outro aspecto que comumente desequilibra as pessoas é a constante exigência de maximização da sua capacidade laboral, na qual se exige rapidez, agilidade, atualização, adequada graduação e o constante cumprimento de metas, para que se possa acompanhar a velocidade com que o mercado de trabalho se estabelece atualmente.

Presume-se, assim, a exigência de um trabalhador complexo, que saiba muito além do que seria preciso para a execução de determinada tarefa ou função.

Todos estes achados, somados ao aumento da violência, ao crescente poder das mídias e às expansões tecnológicas em geral, às relações de poder, o sistema hierárquico e à divisão do trabalho, podem levar o indivíduo a uma sobrecarga física e mental, desencadeando consequências como: ansiedade, medo, depressão, vivências de desproteção ou sentir-se ameaçado, repressão ou recalque, negação da realidade, a síndrome do esgotamento profissional, distúrbios do sono, estresse, agitação psicomotora, sentimento de impotência e desvalorização, entre outros.

A depressão é o transtorno psíquico mais comum na sociedade atual, principalmente em trabalhadores acima dos 40 anos de idade. É caracterizada por uma tristeza que se mantém ao longo dos dias, meses ou até anos. Em geral, manifesta-se através do humor triste, o desânimo, as vivências de perda, sentimentos de fracasso, dificuldade de visualizar perspectivas positivas, tendência de autoculpabilidade, pensamentos sombrios e mais lentos, queda do desempenho, dificuldades para se concentrar ou prestar atenção, perturbações do sono (insônia ou sonolência diurna), dificuldades de tomar iniciativa, alterações de apetite e ideias negativas. O indivíduo tem a tendência a sentir-se frágil e incapacitado no ambiente de trabalho.[8]

A depressão muitas vezes se desenvolve por causa da velocidade com que as nossas relações sociais e de trabalho vem se estabelecendo, diminuindo o contato humano e aumentando o contato por máquinas. Este novo perfil além de passar uma sensação de solidão para as pessoas

---

[8] HELOANI, J. R.; CAPITÃO, C. G. Saúde Mental e Psicologia do Trabalho. *São Paulo em Perspectiva*, 2003, Vol. 17, p.102-108.

exige uma constante renovação, aperfeiçoamento e rapidez para acompanhar o desenvolvimento dos meios tecnológicos e eletrônicos.

A pressão, por si só, fere com o psiquismo humano, podendo levar os trabalhadores menos resistentes a um sofrimento mental. É assim que surge outro importante transtorno, que também se faz presente na nossa esfera social, é a Síndrome do esgotamento profissional ou *Burn-out*, que corresponde a "estar acabado". O seu quadro clínico inclui, primeiramente, uma exaustão central que eclode de modo aparentemente brusco, sob a forma de uma crise, seguida de uma aguda reação emocional negativa, de rejeição, ao que antes era objeto de sua dedicação no trabalho. Culmina com dificuldades de concentração nas atividades e queda do desempenho. Muitas vezes é desencadeada conjuntamente, com sintomas depressivos e de ansiedade como perda de disposição, dificuldade para levantar e alterações do sono.

Os profissionais que desenvolvem o *Burn-out* são, em sua maioria, aqueles que prestam serviços a outras pessoas, especialmente os denominados cuidadores, isto é, aqueles que cuidam de outras pessoas. Têm sido constatadas altas frequências da síndrome em professores/as, enfermeiras/os, médicos/as e assistentes sociais em diferentes países.[9]

Certamente, o surgimento da Síndrome do esgotamento profissional está relacionada às pressões sofridas continuadamente para que os indivíduos atinjam metas cada vez mais avançadas com imposição de tempo e exigências de produtividade. O desfecho disto tudo é a burocratização do trabalho e a diminuição do contato interpessoal.

Após tudo que foi evidenciado acima, constata-se a importância da utilização de algumas medidas preventivas simples que podem reduzir o número de vítimas das doenças ocupacionais, tais como o apoio preventivo tanto no local de trabalho como nos espaços exteriores, o revezamentos das funções exercidas, a instituição de pausas a cada hora trabalhada "repouso passivo", implementação de Ginástica Laboral "repouso ativo".

6. A contribuição da ergonomia no ambiente de trabalho

A Ergonomia vem ganhando grande destaque no ambiente corporativo e fabril, pois, cada vez mais, está sendo solicitada a atuar na reestruturação produtiva dos postos de trabalho, adequando-os, e ajudando em situações de mudanças ou de introdução de novas tecnologias.

---

[9] SILVA, E. S. Psicopatologia no trabalho: Aspectos contemporâneos. In: MENDES, R. *Patologia do Trabalho*. 2. ed. São Paulo: Atheneu, 2003, p. 64-98.

Entende-se por ergonomia[10] a ciência que parte do homem e direciona-se ao meio ambiente de trabalho, adequando máquinas, mobílias, instalações e instrumentos. Tem por objetivo promover a máxima segurança, conforto, eficácia e satisfação dos trabalhadores em seus ambientes produtivos, visto que a inadequação dos postos de trabalho à população de trabalhadores constitui um problema social importante gerando malefícios nas questões de saúde e produtividade.

A ergonomia contempla não apenas a organização e a melhora do ambiente físico de trabalho, como também o ajuste sonoro, luminoso, de temperatura, vibrações e gases.

A importância que a Ergonomia tem na vida dos trabalhadores já é notória, proporcionando uma melhor qualidade de vida, uma diminuição no número de doenças ocupacionais, psicológicas e acidentes de trabalho, tornando os trabalhadores mais motivados e produtivos.

É de suma importância ressaltar também o impacto econômico que a ergonomia tem sobre as empresas. Empresas que cuidam de seus trabalhadores e do ambiente de trabalho, em geral, possuem um aumento na produtividade e assim, consequentemente, um aumento da lucratividade, isto sem mencionar a economia com tratamentos de saúde. Esta perspectiva fica ainda mais evidente após o surgimento de novas tecnologias, como a automação dos setores da economia, o surgimento de *softwares* e da robótica. O impacto das inovações tecnológicas sobre a indústria faz com que aumente, ainda mais, as necessidades de adequação das máquinas ao funcionamento humano.

A mudança do conteúdo e da natureza do trabalho, através da utilização da automação de tarefas manuais, repetitivas e monótonas, nas quais o papel do homem se limita apenas à supervisão, ao controle e à manutenção, bem como seus resultados na saúde do trabalhador e na eficácia dos meios de produção vem sendo o grande objetivo da ergonomia atualmente.

O objetivo da Ergonomia, sem dúvidas, se moldou pela mudança que ocorrera no cenário trabalhista: o trabalhador que antes era operador foi distanciado do seu objeto de trabalho e transformou-se em supervisor do processo (vigência das máquinas, programação e manipulação). Os esforços humanos deram lugar ao elevado rendimento das máquinas modernas. A consequência disto foi uma modificação da natureza da atividade humana, tornando muito mais necessária à cognição do homem do que a força física.

---

[10] Segundo a International Ergonomics Association – IEA,2000, ergonomia é uma disciplina científica que *estuda interações dos homens com outros elementos do sistema, fazendo aplicações da teoria, princípios e métodos de projeto, com o objetivo de melhorar o bem-estar humano e o desempenho global do sistema.*

7. Acontribuição da ginástica laboral no ambiente de trabalho

A Ginástica Laboral, também chamada de "repouso ativo", é um recurso comumente utilizado por empresas e fábricas na tentativa de diminuir a incidência de doenças relacionadas ao ambiente de trabalho. Esta ginástica consiste em alongamentos e posições funcionais pré-programadas para proporcionar um relaxamento temporário dos músculos mais utilizados no dia a dia do trabalhador.

Além disso, a atividade é desenvolvida por fisioterapeutas ou educadores físicos, profissionais habilitados para manter a saúde global e muscular do indivíduo, sendo esta atividade realizada no próprio ambiente de trabalho, proporcionando pausas sadias e proveitosas para o trabalhador, melhorando, assim, o seu ambiente de trabalho, tanto nas relações interpessoais como no espaço físico, adequando este a regras ergonômicas.

Tanto a Ergonomia, quanto a Ginástica Laboral, ou qualquer outra medida que vise à prevenção de patologias deve ser pensada levando em consideração o cargo ocupado pela pessoa, suas vivências, formação e interesses, personificando as ações interventivas para que, assim, estas surtam mais efeitos.

8. Conclusão

Como já demonstrado, a saúde do trabalhador é "algo" frágil e de fácil declínio. Sendo assim, cada vez mais vem se mostrando necessária uma melhora no ambiente laboral, e uma especial atenção para todo e qualquer fator que possa afetar negativamente a saúde física ou mental de um operário, seja ele um operário "intelectual" ou um operário "braçal". Se estes fatores não forem observados e reparados, corre-se o risco de desenvolver-se um ambiente problemático, com estresses e patologias, que certamente afetarão o rendimento da empresa como um todo.

Sabemos que o ambiente de trabalho sofreu diversas transformações durante os anos que se passaram, sendo talvez uma das mais importantes transformações da atualidade, o surgimento da tecnologia no ambiente laboral. Esta tecnologia vem se expandindo cada dia mais e ganhando, assim, novas funções no ambiente corporativo.

Entretanto, os progressos tecnológicos podem incidir negativamente sobre o organismo humano, surgindo assim novos problemas desconhecidos e não abordados. São as chamadas doenças da civilização moderna, que incluem, dentre outras: o sedentarismo, o estresse, o excesso de peso corporal (obesidade), que pode gerar inúmeros distúrbios como diabetes, hipertensão arterial sistêmica (vulgo pressão alta).

Sendo assim, sempre teremos que ficar atentos para as transformações sociais e ter em mente que uma transformação sempre acarretará problemas novos e que tendem a espalharem-se rapidamente, necessitando de atenção e cuidado por parte dos empresários e gerentes que buscam um ambiente laboral saudável.

9. Referências bibliográficas

ABRAHÃO, J. I. *Reestruturação Produtiva e Variabilidade no Trabalho*: Uma Abordagem da Ergonomia. Psic.: Teor. e Pesq.Vol.16, Brasília 2000.

BRASIL. *Constituição da República Federativa do Brasil*, DOU, 1988.

FREDIANI, Y. *Direito do trabalho*. São Paulo: Manole, 2011.

HELOANI, J. R.; CAPITÃO, C. G. Saúde Mental e Psicologia do Trabalho. *São Paulo em Perspectiva*, 2003, Vol. 17, p.102-108

LIMA, D. G. *Ginástica Laboral- Metodologia de implantação de programas com abordagem Ergonômica*. São Paulo: Fontoura, 2004.

NEVES, M.A.B. das. *As doenças Ocupacionais e as Doenças Relacionadas ao Trabalho*. São Paulo: LTR, 2011.

NUNES, E.E; NENDES J.M.R. A Trajetória do trabalhador portador de LER/DORT: Afinal que caminho é esse? *Revista Virtual Textos & Contextos*. n. 1, ano I, nov. 2002.

OLIVEIRA, S. G. de. *Proteção jurídica à saúde do trabalhador*. 2. ed. São Paulo: LTR, 1998.

ORGANIZACIÓN MUNDIAL DE LA SALUD. *Documentos básicos*. 26.ed. Ginebra: OMS,1976.

SILVA, E. S. Psicopatologia no trabalho: Aspectos contemporâneos. In: MENDES, R. *Patologia do Trabalho*. 2. ed. São Paulo: Atheneu, 2003. p. 64-98.